As quatro vidas de
Amélie Fontaine

Psicografia de Bertani Marinho
Pelo espírito Marius

As quatro vidas de
Amélie Fontaine

LÚMEN
EDITORIAL

As quatro vidas de Amélie Fontaine
pelo espírito Marius | psicografia de Bertani Marinho

Copyright @ 2015 by Lúmen Editorial Ltda.

1ª edição – fevereiro de 2015

Direção editorial: Celso Maiellari
Direção comercial: Ricardo Carrijo
Coordenação editorial: Sandra Regina Fernandes
Preparação: Alessandra Miranda de Sá
Revisão: Sandra Regina Fernandes
Projeto gráfico e arte da capa: Vivá Comunicare
Impressão e acabamento: Yangraf Gráfica

DADOS INTERNACIONAIS DE CATALOGAÇÃO NA PUBLICAÇÃO (CIP)
(CÂMARA BRASILEIRA DO LIVRO, SP, BRASIL)

Marius (Espírito).
    As quatro vidas de Amélie Fontaine / pelo espírito
Marius ; psicografia de Bertani Marinho. --
São Paulo : Lúmen Editorial, 2014.

    ISBN 978-85-7813-158-6

    1. Espiritismo 2. Psicografia 3. Romance espírita I. Marinho,
Bertani. II. Título.

14-12833   CDD-133.93

Índices para catálogo sistemático:
1. Romances espíritas psicografados: Espiritismo 133.93

Rua Javari, 668 - São Paulo – SP - CEP 03112-100
Tel./Fax (0xx11) 3207-1353

visite nosso site: www.lumeneditorial.com.br
fale com a Lúmen: atendimento@lumeneditorial.com.br
departamento de vendas: comercial@lumeneditorial.com.br
contato editorial: editorial@lumeneditorial.com.br
siga-nos nas redes sociais:
twitter: @lumeneditorial | facebook.com/lumen.editorial1

Para Martha Gallego Thomaz,
que, por longos anos, convicta,
divulgou a lei da reencarnação
(in memoriam).

Sumário

Prefácio

É para nós grande honra poder dirigir-nos aos leitores, a fim de levar a cada coração uma mensagem de paz e esperança. Mais que isso: apresentar, numa singela história, a certeza de que a vida não é apenas resultante de mecanismos bioquímicos temporários, mas um processo espiritual que sempre avança, que nunca termina.

Sentimo-nos privilegiados pela oportunidade de difundir entre tantas almas a convicção de que a vida continua, de que não temos apenas uma encarnação para poder expressar a perfeição latente em cada espírito. Amigos, a reencarnação é uma verdade, é uma realidade, é uma lei. E não poderia ser diferente, dado que apenas uma existência, por mais longa que possa ser, não é suficiente para o desabrochar desse gérmen de perfeição que o Pai incrustou na alma de cada ser humano. A Natureza exige um tempo bastante longo para que a semente da perfeição cresça, desenvolva-se e venha a dar belas flores e frutos saborosos. Não pudemos, pois, deixar de tocar neste assunto, que é de essencial importância para cada um de nós, encarnados e desencarnados.

Seguindo a trilha da lei da reencarnação, apresentamos neste volume o percurso de um espírito, desde os tempos longevos em que o Divino Amigo disseminava a Boa Nova entre o povo simples, sedento da Verdade, passando pela fase conturbada do findar da Idade Antiga e raiar da Idade Média, seguindo pelo século

XIX, em que nasce a Doutrina Espírita pela codificação kardequiana, até chegar ao século XX, quando a árvore floresce e começa a dar seus frutos. Tomamos, pois, quatro existências de um espírito que iniciou sua caminhada muito antes da Antiguidade registrada pela História e que prosseguiu depois do século XX, para um dia, muito à frente, amadurecer como espírito puro, de acordo com a escala espírita.

O intuito foi, dentro das nossas diminutas possibilidades, mostrar que a vida não termina com a morte. Foi ilustrar, por uma história comovente, que a morte é apenas a falência do organismo físico; é simplesmente a mudança temporária de domicílio. Não somos o corpo que apresentamos na dimensão terrena. Este é apenas um vestuário que, desgastado, é substituído por um novo. Somos, na verdade, Espíritos Imortais. Somos filhos de Deus e herdeiros do seu Reino, do seu Poder e da sua Glória.

Marius

PARTE 1

Nos tempos do Divino Mestre

CAPÍTULO 1

Seguindo Jesus

Esther, esposa de Aisar, revelou-se, desde a juventude, uma mulher muito inteligente. Agora, com quarenta e cinco anos e um filho já casado, sentia-se um tanto desorientada diante da vida. O marido, com cinquenta anos, ainda pastoreava ovelhas num campo próximo à residência de ambos. Sabedor da inquietação espiritual da esposa, Aisar gostaria de ajudá-la; entretanto, não tem conhecimentos suficientes que a possam apaziguar. Mas, em conversa com outro pastor, ficara sabendo de um homem, que alguns chamavam de Profeta, e que vinha conquistando a alma de muitos habitantes da região ou, pelo menos, despertando nelas as interrogações necessárias para o início de uma mudança de vida.

Ao chegar em casa, não deixou de tocar no assunto, e Esther desejou saber quem era esse novo Profeta escolhido por Deus.

– É um homem santo – disse uma vizinha. – Por onde passa, cura os doentes do corpo e até mesmo os da alma.

– É o Profeta que João Batista anunciou – falou outra amiga.

E, olhando desconfiada para os lados, uma terceira cochichou:

– Dizem alguns que é o libertador prometido, o salvador do povo de Israel, o Messias. Seu nome é Jesus.

Por outro lado, havia pessoas que pensavam de modo bem diferente. Certo dia, uma mulher toda empertigada olhou para Esther e disse com ares de desagrado:

– Dizem que esse homem é filho de um carpinteiro em Nazaré, na Galileia. Ora, de Nazaré pode vir alguma coisa boa?

Mesmo diante de algumas considerações negativas a respeito desse novo Profeta, Esther continuou ansiosa por conhecê-lo.

– Aisar, algo me diz que esse homem é mesmo de elevada estirpe. Porém, preciso ouvi-lo para saber se o que ele diz confirma meu pressentimento.

– Estão dizendo que ele passará por Jericó, pois se encaminha para Jerusalém. Não sei se é verdade, mas amanhã buscarei outras notícias.

Naquela noite, Esther sonhou que andava por uma estrada deserta. O sol era muito forte e ela estava sem água. A sede era insuportável. Já muito cansada, sentou-se diante de um arbusto e viu no topo do caminho a figura de um homem que vinha em sua direção. De início, assustou-se, mas, logo em seguida, sentiu uma paz que não lhe era comum. Levantou-se e viu diante de si a figura de um homem mostrando ainda sinais da juventude. Ele sorriu, e seu sorriso levou-lhe ainda mais tranquilidade. Em seguida, falou:

– Esther, quem me seguir nunca mais terá sede.

Neste instante, ela acordou. O sonho, entretanto, ficou marcado em sua memória. Nada disse a Aisar, mas ficou tentando encontrar o significado oculto nas imagens oníricas. A suavidade com que o homem pronunciara aquelas palavras e o porte sereno daquele viajante, aliados a uma força incomum, não passaram despercebidos à sonhadora. Todavia, o que significavam aquelas palavras intrigantes? Por acaso teriam a ver com o Profeta que ela buscava conhecer?

Por fim, angustiada, resolveu conversar com o marido. Depois de lhe contar o sonho e passar-lhe suas interrogações, Aisar lhe confessou:

– Eu também tive sonhos estranhos na noite passada, Esther. Não me lembro do conteúdo, mas sei que havia igualmente um jovem dizendo coisas incompreensíveis para mim. E o mais surpreendente é que, pela manhã, eu já não sentia mais aquela dor de cabeça que me acompanhou por três dias. Não sei o que dizer, mas é importante que conheçamos o homem de quem estão falando tanto.

– E quais são as notícias a respeito dele?

– É de conhecimento geral que ele passará mesmo por Jericó nos próximos dias. Não posso deixar as ovelhas, mas creio que você deva ouvir o que ele tem para nos dizer.

Assim, ficou acertado que Esther e um casal de vizinhos iriam ao local por onde passaria Jesus, a fim de poder vê-lo e – o que Esther mais queria – ouvir sua mensagem.

Os dias que decorreram foram de grande expectativa e ansiedade, até que Aisar soube que no dia seguinte Jesus passaria pela estrada de acesso a Jericó. Para lá se dirigiu Esther, acompanhada dos vizinhos.

Era ainda manhã quando, junto a uma pequena multidão que começava a se formar, Esther procurou um lugar mais à frente, para poder ver de perto o novo Profeta. Mais atrás, um cego de nome Bartimeu buscava também achegar-se aos que estavam na frente. Não demorou muito e um homem, acompanhado de pequena comitiva, surgiu ao longe na estrada. Quando se aproximou do local em que Esther se acomodara, esta levou um grande susto. "Meu Deus!", pensou, boquiaberta, "é o homem que eu vi em sonho". Bartimeu, assim que notou a presença de Jesus, começou a gritar:

– Jesus, Filho de Davi, tenha compaixão de mim!

Algumas pessoas próximas o repreenderam, dizendo que se calasse. No entanto, ele gritava ainda mais alto:

– Senhor, Filho de Davi, tenha compaixão de mim!

Ouvindo sua súplica, Jesus parou bem perto de Esther e falou com autoridade àqueles que rodeavam o cego:

– Chamem-no.

Deixando de censurá-lo, a multidão pediu que ele fosse à frente.

– Tenha confiança – disse um senhor –. Levante-se. Ele está chamando você.

O cego deixou a capa nas mãos de alguém e levantou-se de um salto, encaminhando-se para Jesus, que lhe perguntou:

– O que você quer que eu lhe faça?

O cego respondeu em tom suplicante:

– Rabi, que eu veja novamente!

O Mestre olhou compassivamente para aquele homem do povo e falou com segurança:

– Siga em frente, meu amigo. Sua fé acaba de salvá-lo.

No mesmo instante, Bartimeu, que se ajoelhara diante de Jesus, levantou-se e começou a enxergar.

As pessoas que se acotovelavam para ver o que se passava começaram a falar em voz baixa ou em tom muito alto:

– Ele é mesmo o Messias!

– Que grande Profeta!

– É o salvador do povo de Israel!

– É Filho de Deus!

Por um breve período, Jesus ainda conversou com algumas pessoas e depois, fixando os olhos em Esther, retomou seu caminho. Bartimeu não quis voltar para o campo, de onde viera. Emocionado, seguiu a comitiva que cercava o Divino Mestre.

Esther ficara petrificada. Até o olhar do Rabi era igual ao do homem com quem sonhara. Novamente uma onda de paz e tranquilidade tomou conta do seu ser, e ela se pôs a chorar diante de tanta emoção.

Depois de um tempo, alheia a tudo o que a cercava, enfim caiu em si e começou a seguir o casal com quem fora até a estrada.

– Eu conversei com um dos homens que faz parte da comitiva dele – comentou o vizinho –, e ele me assegurou que Jesus vai até a casa de Zaqueu, chefe dos publicanos. Se Aisar quiser vê-lo, ainda haverá tempo.

Esther disse que conversaria com o marido e quis logo voltar para casa, a fim de narrar o fenômeno que presenciara. Passou o resto do dia com a imagem de Jesus em sua mente. À noitinha, quando Aisar chegou ao casebre, Esther correu para lhe contar tudo o que vira naquela manhã.

– Aisar, eu vi uma cura maravilhosa do Profeta!

– Cura?

– Lembra-se de Bartimeu, filho de Timeu?

– O cego?

– Esse mesmo.

– Coitado. Anda sempre a mendigar. Está vivendo da ajuda do povo. Mas o que aconteceu com ele?

– Foi curado.

– O quê?

– Foi curado. Está enxergando.

– Não acredito.

– Mas é a pura verdade.

– Eu gostaria de vê-lo. Sei que fica às portas da cidade. Darei um jeito de ter com ele.

– Não vai ser possível.

– Por quê?

– Ele seguiu Jesus, o novo Profeta.

– Como assim?

– O Profeta está sempre cercado por várias pessoas. Pois, assim que Bartimeu pôde vê-lo, começou a glorificar a Deus e quis acompanhá-lo, junto de seus discípulos. Mas, no momento em que ele olhou para Bartimeu, pousou brevemente o olhar em mim, e senti uma tranquilidade tão grande, que não queria mais sair daquele lugar.

– Desde que sarei da dor de cabeça, tenho tido sonhos estranhos, dos quais me lembro apenas pequenas partes. Mas sempre acordo com a mesma sensação que você teve hoje.

– Ele é um homem santo, Aisar. É por isso que afirmam tratar-se de Jesus, o Filho de Deus.

– Sabe de uma coisa, Esther? Vamos atrás desse Profeta. Quero conhecê-lo. Deixarei as ovelhas com nosso filho e iremos, logo que possível, atrás dele. Não vai ser difícil localizá-lo.

– Disseram-me que ele seguiu para a casa de Zaqueu, o chefe dos publicanos. Não sei quanto tempo ficará hospedado, mas dali, segundo me falou uma senhora, ele seguirá para Betânia e enfim para Jerusalém, onde passará a Páscoa.

– Esta é uma grande oportunidade, pois nós também seguiremos para Jerusalém.

❧

Era a sexta hora, meio-dia, quando Aisar, acompanhado de Esther e de algumas outras pessoas, partiu à procura de Jesus. Entrando na parte nova de Jericó, foi até as proximidades da casa de Zaqueu. Sabia que não poderia ter acesso ao interior da casa, mas ficaria esperando que Jesus saísse para poder vê-lo e, quem sabe, ouvi-lo. Entretanto, recebeu a notícia de que Jesus já partira dali em direção a Bethabara, ou Betânia. Havia pelas proximidades um certo alvoroço, pois vazara a notícia de que Zaqueu havia aderido a Jesus e, depois disso, resolvera dar aos pobres a metade dos seus bens. Não se importando com tal fato, Esther conversou com o marido, e decidiram continuar a caminhada, dirigindo-se a Betânia, a cerca de trinta quilômetros de Jericó.

A caminhada não foi fácil, pois os anos começavam a pesar, tanto para Esther como para o marido. Ela se lembrava de que, em outras épocas, quando fora participar da Páscoa em Jerusalém, quase não sentira o ardor do sol e os pedregulhos da estrada. Mas agora os pés doíam e a sede era maior. Desse modo, demoraram-se a chegar ao destino. Todavia, durante o trajeto, ouviam muitos boatos de outras pessoas que, em grande número, caminhavam para Betânia, pois sabiam que Jesus ali estava e queriam também ver Lázaro.

– Lázaro estava morto – comentou um viajante para Aisar –, e Jesus fez com que ele voltasse à vida. É um milagreiro, como nunca se viu por estas terras. Dizem que as irmãs de Lázaro estavam aflitas, pois o jovem encontrava-se muito doente. Pediram, então, que chamassem Jesus, mas o Profeta demorou muito, e Lázaro faleceu. Várias pessoas fizeram comentários inconvenientes, dizendo que, se ele havia feito cegos enxergarem, também poderia ter impedido a morte de Lázaro.

– Esse povo não sabe com quem está lidando – disse Aisar com reverência.

– Também acho, pois ele chegou até a entrada da gruta e ordenou que tirassem a pedra que selava o local. Chegou mesmo a comentar que Lázaro apenas dormia. E, em seguida, com grande autoridade, disse para o moço sair dali. Contam ainda que uma das irmãs, chamada Marta, pensando que jamais Lázaro pudesse recobrar a vida, argumentou que já fazia quatro dias que o corpo fora ali depositado. E Jesus, olhando com firmeza para ela, respondeu: "Eu não lhe disse que, se você crer, verá a glória de Deus?". Ela nada retrucou. Então, retiraram a pedra, e o Profeta fez uma prece, agradecendo a Deus por tê-lo ouvido e porque, com a volta à vida daquele moço, as pessoas poderiam crer que ele, Jesus, fora enviado por Deus.

– Eu soube do fato, mas não conhecia tantos detalhes – falou Aisar, muito interessado na notícia.

– Pois é. Em seguida Jesus bradou: "Lázaro, vem para fora!". Imediatamente o jovem deixou a gruta, ainda com os pés e as mãos ligados com ataduras e o rosto envolto num sudário. E Jesus falou para que o desatassem e o deixassem andar. Agora ele está novamente vivo! Há por aí quem duvide disso. Portanto, quero ver com meus próprios olhos o jovem ressuscitado. E muita gente que está neste mesmo caminho também vai a Betânia para ver Lázaro.

Berthabara, ou Betânia, localizava-se a leste de Jerusalém, aos pés do Monte das Oliveiras.

Quando Aisar e Esther entraram na localidade, foram logo perguntando por Jesus. Disseram-lhes que ele estava na casa de Maria e Marta.

– Mas eu o vi seguir até a casa de Simão, que foi leproso. Lázaro estava com ele. Contaram-me que ele foi ali para jantar.

Outra pessoa afirmou que ele seguiria para Jerusalém, mas não sabia quando.

– Bem, nesse caso, é melhor que procuremos uma hospedaria para pernoitar – disse Aisar à esposa.

Na manhã seguinte, sabendo que Jesus partira para Jerusalém, o casal, que ainda não conseguira vê-lo desde o último encontro de Esther com o profeta, seguiu o mais rápido possível para essa cidade. Apesar da dificuldade, Esther esforçava-se por caminhar com rapidez. Aos poucos, foram aproximando-se de uma multidão que fazia o mesmo percurso. Rompendo a turba, chegaram perto de um homem que caminhava sobre uma jumenta. Havia pessoas que estendiam seus mantos pelo caminho, a fim de que ele passasse.

– É ele – Esther falou em um tom de voz alto. – É ele, o Profeta!

– Vamos nos aproximar – falou Aisar, acotovelando-se com outras pessoas que persistiam em seguir próximas de Jesus.

Andando rapidamente, o casal postou-se mais à frente, por onde deveria passar o Mestre. Muitas pessoas cortavam ramos das árvores, cobrindo de folhas a estrada. Outros os agitavam, gritando:

– Hosana ao Filho de Davi! Bendito seja quem vem em nome do Senhor! Hosana nas alturas!

A recepção ao Cristo era festiva e respeitosa. Esther e Aisar estavam comovidos. Aisar chegou a gritar, quando passava a comitiva:

– Este homem é Filho de Deus! É o Messias prometido! Hosana! Hosana!

Sua voz soou tão forte, que Jesus virou-se para seu lado, olhando-o nos olhos, enquanto a multidão bradava louvores à sua passagem.

– Ele olhou para mim – disse Aisar, emocionado. – Ele olhou para mim! Jamais me esquecerei.

– Foi o mesmo olhar que pousou sobre mim após a cura de Bartimeu. Você tem razão, Aisar. Esse é o Messias prometido.

Ao aproximar-se de Jerusalém, a multidão aumentou. A curiosidade fazia com que muitas pessoas fossem à rua para ver quem é que passava tão triunfalmente. E perguntavam entre si:

– Quem é esse homem?

Respondiam muitos em uníssono:

– Este é Jesus, o Profeta de Nazaré da Galileia.

Os discípulos agitavam-se e bradavam com a multidão, fazendo-lhe coro. Alguns fariseus que encontravam-se nesse meio, mostrando grande descontentamento, chegaram perto de Jesus e lhe disseram com impaciência:

– Mestre, modere os seus discípulos.

Jesus, olhando bem para eles, lhes respondeu:

– Eu lhes asseguro que, se eles se calarem, as pedras gritarão.

Desanimados, os fariseus comentaram entre si:

– Vejam, nada conseguimos. Todo mundo vai atrás dele.

Aproximando-se ainda mais da cidade e contemplando-a, Jesus chorou sobre ela, dizendo:

– Ah! Jerusalém. Se neste dia você conhecesse o que leva à paz! Porém, isto agora está oculto a seus olhos. Dias virão em que seus inimigos a cercarão com trincheiras, a rodearão e a apertarão por todos os lados. E a deitarão por terra juntamente com seus filhos que aí moram, e não lhe deixarão pedra sobre pedra, porque você não reconheceu o tempo em foi visitada!

Aisar e Esther, nesse momento, não estavam muito próximos de Jesus, de modo que não perceberam bem o que acontecia. Apenas as últimas palavras foram ouvidas.

– Aisar, parece que Jesus está chorando.

– Não diga isso. Ele está limpando o suor da testa. Afinal, está muito quente, não acha?

– E essas últimas palavras, o que significam?

– Não sei, mas parece que ele está falando que Jerusalém vai ser arrasada. Quer saber de uma coisa? Acho que não escutamos bem. Vamos nos aproximar mais.

Ao passar o cortejo diante do templo, alguns meninos bradaram:

– Hosana ao Filho de Davi!

Os principais sacerdotes e escribas, cientes das maravilhas que o Mestre fizera, indignaram-se, falando-lhe:

– Está ouvindo o que lhe dizem?

E Jesus respondeu:

– Sim. Vocês nunca leram que *da boca dos pequeninos e das crianças que ainda são amamentadas é que tiraste perfeito louvor*?

Por fim, observando tudo, como já fosse tarde, Jesus, acompanhado dos doze apóstolos, deixou o local e saiu da cidade, dirigindo-se para Betânia.

Seguindo-o de longe, Aisar e Esther também voltaram, acompanhados de várias pessoas, que comentavam tudo o que tinham visto e ouvido. Um tema era comum em todas as conversas:

– Dizem, à boca-pequena, que os principais sacerdotes resolveram assassinar o Profeta.

– Não digam isso – censurou Esther.

– É verdade. A notícia já se espalhou pelo povo.

– Mas como podem fazer uma coisa dessas com um Filho de Deus?

– Inveja, Esther, inveja – sussurrou Aisar.

Em Betânia, o casal pousou na mesma hospedaria em que pernoitara no dia anterior. Apesar da grande vontade de seguir os passos de Jesus, o cansaço era muito grande, de modo que era manhã aberta quando Esther acordou sobressaltada.

– Aisar! Já é tarde! Perdemos a hora.

Pagando rapidamente o pernoite, o casal, informado de que Jesus voltara a Jerusalém, rumou para lá. Outras pessoas faziam o mesmo percurso. Já em meio do caminho, quando passavam por uma figueira, um senhor de cabelos grisalhos falou agitado:

– Ei, esperem! Esta figueira secou de ontem para hoje.

– Como o senhor sabe disso?

– Passo muito por aqui e conheço o caminho palmo a palmo.

Nesse momento, uma senhora que permanecera no local para descansar disse, temerosa:

– Foi ele!

– Ele quem?

– O Profeta Jesus.

– A senhora pode explicar melhor?

A senhora levantou-se, aproximando-se do grupo de pessoas, e comentou, ainda emocionada:

– O Profeta ia para Jerusalém e uma grande multidão o seguia. Eu estava entre as pessoas. Quando ele chegou a este local, falou que estava com fome e dirigiu-se para a figueira. Ao aproximar-se, notou que só havia folhas, pois agora não é tempo de figos. Olhando para a árvore, expressou com força na voz: "Que ninguém jamais coma do seu fruto. Nunca mais nasça de seus galhos fruto algum". Nesse instante, aconteceu o que ninguém esperava. Até me arrepio, quando olho agora para a figueira.

– O que foi que aconteceu?

– Ela começou a secar, a secar, até ficar como vocês estão vendo.

Houve quem acreditasse nas palavras daquela mulher; outros, porém, afirmavam que ela devia estar maluca, afinal como poderia uma figueira secar assim rapidamente?

Um velhinho que se achegara ao grupo falou, para que todos ouvissem:

– Os seguidores desse homem santo, quando viram a figueira a secar, disseram-lhe: "Rabi, a figueira que o senhor condenou secou". E ele respondeu mais ou menos o seguinte: "Tenham fé em Deus. Se tiverem fé e não hesitarem, farão não apenas isto, mas, até mesmo se disserem a este monte: 'Erga-se e atire-se ao mar', e não titubearem em seu coração, mas acreditarem que se realizará o que dizem, assim lhes acontecerá".

– Verdade? – perguntou uma senhora, que se aproximara mais do grupo de pessoas.

– Não só é verdade, como ele disse mais: "Tudo o que vocês pedirem com fé, em oração, confiem que já receberam, e assim acontecerá". Um dos seus discípulos ainda lhe pediu: "Aumente a nossa fé!". Sabem o que ele respondeu? "Se vocês tiverem fé como um grão de mostarda, poderão dizer a esta amoreira: 'Arranque-se e plante-se no mar', e ela lhes obedecerá". As pessoas ainda comentavam sobre estas últimas palavras, quando o Rabi acrescentou: "Quando estiverem orando, se tiverem alguma coisa contra alguém, perdoem-no, para que também seu Pai que está nos céus perdoe suas ofensas".

Aisar olhou para Esther, sem saber o que dizer. Ela, com grande convicção, comentou apenas:

– Outra pessoa talvez não conseguisse realizar o que ele fez, mas o Filho de Deus tem poder até para coisas maiores.

Aisar deu de ombros, e o casal prosseguiu viagem, acompanhando várias pessoas que também recomeçaram a se deslocar.

CAPÍTULO 2

As últimas parábolas

Chegando a Jerusalém, Aisar e Esther acomodaram-se numa pensão muito simples e, cansados como estavam, dormiram por muito tempo, preferindo descansar bem na segunda-feira, para aproximar-se do Mestre a partir da terça.

No dia seguinte, já refeitos, saíram da estalagem e perguntaram aos transeuntes onde estava Jesus. Responderam-lhes que o Mestre se dirigira para o templo, e foi para lá que seguiram.

Enquanto isso, Jesus havia entrado no templo e começara a ensinar a Boa Nova, quando foi interpelado pelos principais sacerdotes e anciãos do povo, que lhe perguntaram:

— Com que autoridade você faz estas coisas? E quem lhe deu o poder para fazê-las?

Com tranquilidade e segurança, respondeu-lhes o Cristo:

— Também eu lhes farei uma pergunta. Se me responderem, eu igualmente lhes direi com que autoridade faço estas coisas. Digam-me: o batismo de João era do céu ou dos homens? Respondam-me.

Pegos de surpresa, sacerdotes e anciãos passaram a confabular, falando entre si:

— Se dissermos que o batismo de João era do céu, ele nos dirá: 'Por que, então, não creram nele?'. Se dissermos que era dos homens, tememos que a multidão possa nos apedrejar, pois todos estão convictos de que João era, de fato, um profeta.

Assim, preferiram responder:

– Não sabemos.

E Jesus apenas retrucou:

– Eu também não lhes digo com que autoridade faço estas coisas.

Passado o incidente, Jesus retomou seus ensinamentos, quando então o casal que o procurava entrou no templo, acomodou-se o mais próximo possível do Mestre e, em silêncio, ouviu suas palavras:

– Que lhes parece? Um homem tinha dois filhos. E, chegando-se ao primeiro, disse: "Filho, vá trabalhar hoje na vinha". E ele respondeu: "Não quero". Porém, depois, reconsiderando sua atitude, foi até lá. Dirigindo-se depois ao segundo, disse a mesma coisa. Este respondeu: "Eu irei, pai". Entretanto, não foi. Qual dos dois filhos realizou a vontade do pai?

Pessoas que encontravam-se muito próximas do Mestre responderam:

– O primeiro.

Jesus olhou bem para todos ali e continuou:

– Em verdade lhes digo que os publicanos e as prostitutas precederão a vocês no Reino de Deus. Pois João Batista veio e apontou-lhes o caminho de justiça, e não acreditaram nele. Os publicanos e as prostitutas creram nas suas palavras. Porém, vocês, mesmo vendo-o, não se arrependeram depois, nem lhe deram fé.

Ouviu-se um vozerio no templo. As pessoas falavam entre si, procurando certificar-se do que lhes dissera Jesus. Outras advertências lhes fez o Mestre, que, depois de certo tempo, iniciou novo ensinamento:

– Escutem outra parábola.

Fez-se um grave silêncio. O Mestre prosseguiu:

– Havia um proprietário que plantou uma vinha, cercou-a de um muro, abriu nela um lagar e construiu uma torre. Em seguida, arrendou-a a alguns lavradores e partiu para o estrangeiro. Chegada a época da colheita, enviou seus servos aos lavradores, a fim de receberem sua parte dos frutos da vinha. Entretanto, os lavradores agarraram os servos, espancaram um, mataram outro e apedrejaram o terceiro. Pela segunda vez, enviou outros servos, em maior número do que os primeiros. Mas eles os trataram da mesma forma. Por fim, enviou-lhes seu filho, pensando: "Eles irão poupá-lo". Os lavradores, porém, assim que avistaram o filho, confabularam entre si: "Este é o herdeiro. Vamos dar cabo dele, para que a herança seja nossa". Agarraram-no, lançaram-no fora da vinha e o mataram. Pois bem, quando vier o dono da vinha, que irá fazer com os lavradores?

Um homem, que não despregava os olhos de Jesus, respondeu, indignado:

– Certamente destruirá de maneira horrível esses infames e arrendará sua vinha a outros lavradores, que entregarão os frutos no tempo devido.

– Que isso não aconteça! – falaram duas senhoras que estavam bem na frente. E Jesus respondeu-lhes:

– Vocês nunca leram nas Escrituras: "A pedra que os construtores rejeitaram tornou-se a pedra angular. Isso foi feito pelo Senhor e é admirável aos nossos olhos"? Digo-lhes, pois, que lhes será tirado o Reino de Deus e confiado a um povo que produza seus frutos.

As pessoas que lotavam o templo começaram a se perguntar a quem se referia o Mestre ao dizer isso. Várias discussões se processaram, em voz baixa ou não, procurando cada ouvinte entender o significado real das palavras que tinham acabado de ser pronunciadas. Os sumos sacerdotes e os fariseus, porém, perceberam que Jesus se referia a eles. Pensaram imediatamente em prendê-lo, mas ficaram com medo da multidão, que o considerava um profeta.

Como que aproveitando o tempo que ainda lhe restava, antes de ser preso e sacrificado, Jesus voltou a falar:

– O Reino dos Céus é semelhante a um rei que celebrou as núpcias do filho. Ele enviou seus servos a fim de chamar os convidados para o casamento, mas estes recusaram o convite. Sendo assim, o rei enviou outros servos com esta recomendação: "Dizei aos convidados: 'Eis que preparei meu banquete; os meus bois e os animais cevados já estão mortos e tudo está pronto. Venham às bodas'". Os convidados, porém, sem dar a menor atenção, foram-se embora, um para seu campo, outro para seu negócio, e os restantes, agarrando os servos, os maltrataram e os mataram. Diante dessa notícia, o rei ficou encolerizado e, enviando seus exércitos, exterminou esses assassinos e incendiou-lhes a cidade. Em seguida, disse aos servos: "A festa está preparada, mas os convidados não eram dignos. Vão, pois, às encruzilhadas e convidem todos os que encontrarem". E esses servos, saindo pelos caminhos, reuniram todos os que encontraram, maus e bons, de modo que o salão de festas ficou repleto de convidados. Quando o rei entrou para examiná-los, viu ali um homem que não estava com a veste nupcial e lhe indagou: "Amigo, como você entrou aqui sem a veste nupcial?". Ele, porém, ficou calado. Ordenou, então, o rei aos servos: "Amarrai-lhe os pés e as mãos e lançai-o às trevas exteriores, onde haverá choro e ranger de dentes". Porque muitos são chamados e poucos escolhidos.

Os fariseus, afastados do povo, dando sinais de descontentamento, combinaram entre si surpreender Jesus em alguma palavra mal escolhida e, depois, entregá-lo à autoridade do governador. Para tanto, enviaram seus discípulos juntamente com os herodianos, partidários da dinastia de Herodes, para enredá-lo em alguma palavra. E estes aproximaram-se do Cristo, dizendo-lhe:

– Mestre, sabemos que o senhor é verdadeiro e ensina o caminho de Deus. Sabemos também que não dá preferência a ninguém, pois não considera um homem pelas aparências. Diga-nos, pois, qual a sua opinião: é justo pagar tributo a César ou não? Devemos ou não pagar?

Jesus, porém, conhecendo a malícia e a hipocrisia que alimentavam na alma, respondeu:

– Hipócritas! Por que vocês me põem à prova? Mostrem-me a moeda do imposto.

Apresentaram-lhe a moeda de um denário, e ele perguntou:

– De quem é esta imagem e a inscrição?

– De César – responderam-lhe.

Então, Jesus, olhando fundo nos olhos daqueles homens, acrescentou:

– Deem, pois, a César o que é de César, e a Deus o que é de Deus.

Pegos de surpresa diante da resposta arguta de Jesus, os discípulos dos fariseus e os herodianos calaram-se e, sem argumentos, resolveram retirar-se.

Aisar e Esther a tudo observavam, sem atinar muito bem com o que acontecia. As palavras do Divino Mestre lhes soavam fortes e carregadas de verdade, entretanto, faltava-lhes o necessário para o entendimento. Às vezes, faziam um curto comentário, mas na maior parte do tempo calavam-se para bem escutar e procurar compreender.

Jesus, depois de ter passado toda a manhã fazendo continuadas pregações, afastou-se durante algum tempo, e várias pessoas saíram do templo para alimentar-se. Entre elas, o pastor e sua esposa. Com o que tinham de dinheiro, comeram pouco e andaram em confabulação pelos arredores. Depois, diante do forte calor do sol, voltaram para certificar-se de que Jesus continuaria com suas conversações. Quando conseguiram um local mais próximo de onde estivera o Mestre, este surgiu com a sua comitiva de apóstolos. Alguns saduceus, que negavam a ressurreição, aproveitaram-se para interrogá-lo:

– Mestre – disseram-lhe –, Moisés nos deixou escrito: "Se alguém morrer sem ter filhos, o seu irmão se casará com a viúva e dará descendência para o seu irmão morto". Ora, havia entre nós sete irmãos. O primeiro, tendo-se casado, morreu e, como não tivesse descendência, deixou a mulher para o seu irmão. O segundo desposou-a e morreu também sem deixar descendência. O terceiro igualmente se casou com ela e assim todos os demais, tendo morrido sem deixar descendência. Por fim, após todos eles, faleceu também a mulher. Pois bem: na ressurreição, de qual dos sete será ela esposa? Pois os sete a desposaram.

Jesus, imperturbável, respondeu:

– Vocês estão enganados, desconhecendo as Escrituras e o poder de Deus. Com efeito, na ressurreição, nem eles se casam nem elas se dão em casamento, mas serão todos como os anjos no céu. Quanto à ressurreição dos mortos, não leram o que Deus lhes declarou: "Eu sou o Deus de Abraão, o Deus de Isaac e o Deus de Jacó"? Ora, ele não é Deus de mortos, mas de vivos.

As pessoas que ouviram as palavras do Mestre ficaram maravilhadas com a resposta. Nesse momento, um dos escribas, tomando a palavra, disse:

– Mestre, o senhor falou bem!

Aisar e Esther permaneciam mais ouvindo que falando. O intelecto de cada um deles não era amadurecido o suficiente para que pudessem ter um entendimento preciso do que dizia Jesus. Todavia, as palavras expressas pelo Cristo dirigiam-se a seus corações, de modo que se sentiam fortalecidos e extremamente felizes por estarem ali, no templo, podendo ver e ouvir aquele que consideravam já o maior dos profetas.

Nesse meio-tempo, os fariseus, cientes de que Jesus silenciara os saduceus, reuniram-se em grave confabulação. Depois de várias sugestões, um deles, que era escriba e doutor da lei, reconhecendo que Jesus havia respondido muito bem, interrogou-o para o experimentar, dizendo:

– Mestre, qual é o maior mandamento da lei?

A resposta foi rápida:

– "Amarás ao Senhor de todo o teu coração, de toda a tua alma e de todo o teu entendimento." Esse é o maior e o primeiro mandamento. O segundo é semelhante a ele: "Amarás o teu próximo como a ti mesmo". Desses dois mandamentos dependem toda a Lei e os profetas.

O escriba, confuso diante de tal resposta, falou, olhando bem para Jesus:

– Muito bem, Mestre. O senhor respondeu corretamente ao afirmar que Deus é o único e não há outro além dele. E que devemos amá-lo de todo o coração, de toda a alma e de todo o entendimento. E amar o próximo como a nós mesmos é mais do que todos os holocaustos e sacrifícios.

Jesus, vendo que ele havia respondido com inteligência e sinceridade, disse-lhe gravemente:

– Você não está longe do Reino de Deus. – Em seguida, notando que os fariseus estavam reunidos, perguntou-lhes Jesus: – O que vocês pensam a respeito do Cristo? Ele é filho de quem?

Responderam-lhe com rapidez:

– De Davi.

E Jesus prosseguiu:

– Como é, então, que Davi, falando sob inspiração, o chama de Senhor ao dizer: "O Senhor disse ao meu Senhor: senta-te à minha direita, até que eu ponha os teus inimigos debaixo dos teus pés"? Ora, se Davi o chama *Senhor*, como pode ser seu filho?

Os fariseus permaneceram em silêncio, pois não encontraram nenhuma resposta. Nesse momento, observando que o povo que enchia o templo estava atento, disse aos presentes e a seus discípulos:

– Na cadeira de Moisés estão sentados os escribas e os fariseus. Portanto, observem e façam tudo o que lhes disserem. Mas não imitem suas ações, pois eles falam, mas não praticam. Amarram fardos pesados e insuportáveis e os põem sobre os ombros dos homens, mas eles mesmos, nem com um dedo, se dispõem a movê-los. Praticam todas as suas ações para serem vistos pelos outros. Com efeito, usam largos filactérios[1] e longas franjas, gostando de andar com longas túnicas. Apreciam os lugares de honra nos banquetes, os primeiros assentos nas sinagogas, receber saudações nas praças públicas e ser chamados de mestres. Quanto a vocês, não permitam que lhes cha-

---

1 - Caixinhas que contêm uma faixa de pergaminho com passagens bíblicas. (Nota do espírito)

mem de mestres, pois um só é seu Mestre, e todos vocês são irmãos. E a ninguém na Terra chamem de Pai, porque vocês têm apenas um Pai, que está nos céus. Nem permitam que os chamem de Líder, pois um só é seu Líder: Cristo. Entre vocês, o mais importante é aquele que serve. Quem se engrandece será humilhado, e quem se humilha será engrandecido.

Aisar olhou para Esther e cochichou em seu ouvido:

– Nunca alguém me chamará de líder. Sou apenas guia das ovelhas que pastoreio.

– Penso que o Profeta está dizendo para não sermos soberbos – respondeu Esther.

– Isso eu também não sou.

Nesse momento, Jesus observava as pessoas que se dirigiam ao Tesouro do Templo. Enquanto a maior parte contribuía com pequenas moedas, as pessoas mais abastecidas lançavam no cofre quantias bem maiores. Uma viúva muito pobre, que se misturava à multidão, aproximou-se do cofre de ofertas e lançou duas moedinhas de ínfimo valor. Vendo isso, o Mestre chamou os discípulos para junto de si e comentou:

– Em verdade lhes digo que esta viúva, que é pobre, contribuiu com mais do que todos os que ofereceram moedas ao Tesouro. Pois todos os outros deram do que lhes sobra. Ela, porém, com tanta necessidade, ofereceu tudo o que tinha, tudo o que possuía para viver.

Assim como chegou, a mulher desapareceu no meio do povo. O tempo foi passando, e o casal, que escolhera conhecer o Profeta mais de perto, mudava de lugar, seguindo para frente, sempre que alguém mais próximo do Mestre se retirava. Num dos momentos em que haviam conseguido um lugar melhor, alguns gregos dirigiram-se ao apóstolo Filipe e lhe pediram para ver Jesus. O apóstolo conversou com André, e ambos informaram o Mestre, que respondeu:

– É chegada a hora em que o Filho do Homem será glorificado. Em verdade, em verdade lhes digo: se o grão de trigo que cai na terra não morrer, permanecerá só. Mas, se morrer, produzirá muito fruto. Quem ama sua vida a perde e quem odeia sua vida neste mundo a conserva para a vida eterna. Quem quiser servir-me, siga-me. Onde estiver eu, aí também estará o meu servo. Se alguém me serve, meu Pai o honrará.

Reinava um grande silêncio no templo. Jesus, fixando os olhos na multidão, prosseguiu:

– Minha alma está agora conturbada. Que direi? Pai, salve-me desta hora? Mas foi precisamente para esta hora que eu vim. Pai, glorifique seu nome.

Após ter Jesus pronunciado essas palavras, ecoou do alto uma voz, que disse:

– Eu O glorifiquei e O glorificarei novamente!

As pessoas que lotavam o templo, e que tudo tinham escutado, diziam ter sido um trovão. Outros afirmavam:

– Foi um anjo quem falou.

Jesus, porém, disse:

– Essa voz não ressoou para mim, mas para vocês. É agora o julgamento deste mundo. O príncipe deste mundo será lançado fora. E, quando eu for suspenso acima da terra, atrairei todos a mim.

Jesus falava nesse momento da morte que teria na cruz. Algumas pessoas, aproveitando-se do silêncio que se fez, indagaram:

– Nós sabemos pela lei que o Cristo permanecerá para sempre. Como o senhor diz que é preciso que o Filho do Homem seja *suspenso*? Quem é esse Filho do Homem?

Jesus, sereno, lhes respondeu:

– Por pouco tempo a luz estará entre vocês. Caminhem enquanto há luz, a fim de que as trevas não os apanhem, pois quem caminha na escuridão não sabe para onde vai. Enquanto vocês têm a luz, creiam na luz, para se tornarem filhos da luz.

Tendo dito essas palavras, Jesus fixou o olhar na multidão e retirou-se com seus discípulos. Aisar e Esther sentiram mais uma vez o fulgor dos olhos do Mestre, que penetrou seus corações. Desconhecendo o rumo que tomara a comitiva, não tiveram outra saída a não ser voltar em completo silêncio para a hospedaria. Lá, inteiramente comovidos, comentavam entre si:

– Você percebeu que o Profeta lançou um profundo olhar sobre nós, Aisar?

– Percebi, Esther. Foi como uma lança entrando fundo no meu coração. É verdade que não entendi muito do que ele disse, mas suas palavras saem de seu coração, e a simples presença dele fez-me sentir tão bem como nunca.

– O mesmo aconteceu comigo. Eu respirava ali um ar diferente. Parecia sair dele uma energia tão suave, que tudo o que eu queria era permanecer escutando sua voz, ainda que pouco entendesse do que ele dizia.

– Esther, ele é mesmo um homem santo, é o Profeta, o nosso Profeta, e eu creio totalmente nele.

– Ele é o enviado de Deus, o Messias. Temos de aproveitar ao máximo o tempo em que aqui estivermos para a Páscoa, aproximando-nos cada vez mais dele.

– Procurarei saber para onde ele foi e iremos até lá.

***

Ao deixar o templo, Jesus rumaria com os discípulos para o Monte das Oliveiras. Como diz o evangelista João:

> Embora Jesus tivesse realizado tantos sinais diante dos judeus, não creram nele, a fim de que se cumprisse a palavra dita pelo profeta Isaías: "Senhor, quem acreditou naquilo que ouviu de nós? E a quem foi revelado o braço do Senhor?" Eles não podiam crer porque Isaías disse ainda: "Cegou-lhes os olhos e endureceu-lhes o coração, para que não vejam com os olhos, não compreendam com o coração nem se convertam e eu os cure". Isaías disse essas palavras porque contemplou a sua glória e falou a respeito dele. Todavia, também entre os chefes havia muitos que acreditavam nele, embora, por causa dos fariseus, não o confessassem, para não serem expulsos da sinagoga. É que tinham em maior conta a glória dos homens que a glória de Deus. Entretanto, Jesus proclamou: "Quem crê em mim não é em mim que crê, mas em quem me enviou, e quem me vê, vê aquele que me enviou. Eu, a luz, vim ao mundo para que aquele que crê em mim não permaneça nas trevas. Se alguém ouvir minhas palavras e não as guardar, eu não o julgo, pois não vim para julgar o mundo, mas para salvar o mundo. Quem me rejeita e não acolhe as minhas palavras tem quem o julgue: a palavra que anunciei, essa é que há de julgá-lo no último dia; porque eu não falei de mim mesmo, mas o Pai que me enviou ordenou-me o que devo dizer e o que devo anunciar. E eu sei que o seu mandamento é vida eterna. O que digo, portanto, eu o digo como o Pai me ordenou".

***

Após sair do templo, caminhava o Cristo com os discípulos, quando estes se aproximaram dele para fazê-lo observar a construção. Um deles lhe disse:

– Mestre, veja que pedras e que construção magnífica!

E, como os demais falassem a respeito do templo, que era ornado de belas pedras, Jesus lhes falou:

– Estão vendo tudo isto? Em verdade, lhes digo: não ficará aqui pedra sobre pedra que não seja demolida.

Quando Jesus chegou ao Monte das Oliveiras, sentou-se de frente para o templo, e os discípulos Pedro, Tiago, João e André aproximaram-se dele e lhe perguntaram:

– Diga-nos: quando vai acontecer essa destruição? E qual o sinal de sua vinda e da consumação dos tempos?

Respondeu-lhes o Mestre:

– Atenção, para que ninguém os engane. Pois muitos virão em meu nome, dizendo: "Eu sou o Cristo". E enganarão a muitos. Vocês haverão de ouvir sobre guerras e rumores de guerras. Cuidado para que não se alarmem. É preciso que aconteçam essas coisas, mas ainda não é o fim. Levantar-se-á nação contra nação e reino contra reino. E haverá fome, peste e terremotos em todos os lugares. Tudo isso será o princípio das dores. Nesse tempo, vocês serão entregues aos tormentos, serão mortos e odiados por todos os povos por causa do meu nome. E surgirão falsos profetas em grande número, enganando a muitos. Pelo crescimento da impiedade, o amor de muitos esfriará. Porém, aquele que perseverar até o fim, esse será salvo. Este Evangelho do Reino será pregado no mundo inteiro, como testemunho para todas as nações. E então virá o fim.

Os discípulos olhavam-se mutuamente, sem muito entender. Entretanto, Jesus continuou:

– Quando vocês virem Jerusalém cercada pelos exércitos, saberão que está próxima a sua devastação. Quando virem os horrores da desolação, de que fala o profeta Daniel, instalada no lugar santo, então, os que estiverem na Judeia, fujam para as montanhas; aquele que estiver no terraço, não desça para apanhar as coisas da sua casa; e aquele que estiver no campo, não volte atrás para buscar a sua veste! Ai das mulheres grávidas e daquelas que estiverem amamentando nesses dias! Roguem para que sua fuga não ocorra no inverno ou em dia de sábado. Pois nesses dias haverá uma grande tribulação, tal como nunca houve desde o princípio do mundo até agora nem tornará a haver jamais. E, se esses dias não fossem abreviados, nenhuma vida se salvaria. Mas, por causa dos eleitos, esses dias serão abreviados. Então, se alguém lhes disser: "Eis aqui o Cristo!" ou "Ei-lo ali!", não acreditem. Pois hão de surgir falsos Cristos e falsos profetas, que farão grandes sinais e prodígios para enganar, se possível, até mesmo os eleitos. Tenham cuidado, pois eu já previ tudo para vocês. Se lhes disserem: "Ei-lo no deserto", não saiam; "Ei-lo no interior da casa", não acreditem. Porque, assim como o relâmpago sai do Oriente e brilha até o Ocidente, assim será a vinda do Filho do Homem.

Um dos discípulos perguntou:

– Onde, senhor?

E Jesus respondeu:

– Onde estiver o cadáver, aí também se ajuntarão os abutres.

Mais uma vez, os discípulos silenciaram, não entendendo o significado das palavras do Mestre. Jesus prosseguiu:

– Logo após a tribulação daqueles dias, o sol escurecerá, a lua não dará a sua claridade, as estrelas cairão do céu e os poderes dos céus serão abalados. Então, aparecerá no céu o sinal do Filho do Homem e todas as tribos da Terra baterão no peito e verão o Filho do Homem vindo sobre as nuvens do céu com poder e grande glória. Ele enviará seus anjos para reunir, ao som da grande trombeta, os seus eleitos dos quatro ventos, de uma extremidade do céu até a outra. Assim que começarem a acontecer essas coisas, ergam-se e levantem a cabeça, porque estará próxima a sua libertação.

Os acontecimentos envolvendo a prisão, o julgamento e a crucificação avizinhavam-se rapidamente, de modo que Jesus aproveitou a ocasião para, ainda, ministrar aos discípulos novos ensinamentos. Disse-lhes, pois:

– Aprendam da figueira esta parábola: quando o seu ramo se torna tenro e as suas folhas começam a brotar, vocês sabem que o verão está próximo. Assim, igualmente, quando virem acontecer todas essas coisas que anunciei, saibam que o Reino de Deus está próximo e que o Filho do Homem também se aproxima, estando às portas. Em verdade lhes digo que esta geração não passará até que tudo isso aconteça. O céu e a terra passarão, mas não passarão as minhas palavras. Quanto ao dia e à hora, porém, ninguém sabe: nem os anjos do céu, nem o Filho, mas apenas o Pai.

Conversou Jesus mais um pouco, enquanto os discípulos se reagrupavam à sua volta, dizendo para que estivessem vigilantes e orassem em todo o tempo, a fim de que fossem dignos de escapar de tudo o que teria de acontecer. Reforçou suas palavras, para que os discípulos estivessem atentos e preparados. "Vigiai e orai", falou-lhes mais uma vez, e deu início a nova parábola:

– Andem com os rins cingidos e com as lâmpadas acesas. Sejam semelhantes a homens que esperam seu senhor voltar das festas de casamento, para lhe abrirem a porta assim que chegar e bater. Felizes os servos que o Senhor, à sua chegada, encontrar vigilantes. Em verdade lhes digo que Ele se cingirá e os porá à mesa, e, passando de um a outro, os servirá. E, caso venha pela segunda ou terceira vigília, felizes serão se assim os encontrar. Compreendam isto: se o dono da casa soubesse a que hora viria o ladrão, vigiaria e não deixaria que sua casa fosse arrombada. Vocês também fiquem preparados, porque o Filho do Homem virá numa hora em que não estarão esperando.

Pedro, pensando um pouco, perguntou:

– Para nós é que foram ditas essas palavras, ou para todos?

Respondeu-lhe o Mestre:

– Quem é o administrador fiel e prudente que o senhor constituirá sobre seu pessoal para dar nas horas certas a ração de trigo? Feliz o servo que o senhor, ao chegar, encontrar assim ocupado. Em verdade lhes digo: ele o constituirá administrados de todos os seus bens. Se, porém, sendo mau, aquele servo disser em seu coração: "Meu senhor ainda demora para chegar", e começar a espancar os seus companheiros, e a comer e a beber com os beberrões, o senhor daquele servo virá em dia imprevisto e hora desconhecida. Ele o punirá, impondo-lhe a sorte dos hipócritas. Aí haverá choro e ranger de dentes.

Valendo-se da reflexão a que se entregavam os discípulos, continuou Jesus:

– O Reino dos Céus será semelhante a dez virgens que, tomando suas lâmpadas, saíram ao encontro do noivo. Cinco delas eram insensatas e cinco, prudentes. As insensatas, tomando as lâmpadas, não levaram azeite consigo. As prudentes, porém, levaram vasos de azeite junto das lâmpadas. Como o noivo se atrasou, todas acabaram cochilando e dormindo. Por volta da meia-noite, alguém falou: "Aí vem o noivo! Saiam ao seu encontro!". Todas as virgens levantaram-se e trataram de preparar as lâmpadas. As insensatas disseram então às prudentes: "Deem-nos do seu azeite, pois as nossas lâmpadas estão se apagando". "Não", responderam as prudentes. "Não há o suficiente para todas nós. Procurem os vendedores e comprem para vocês". Enquanto elas foram comprar o azeite, chegou o noivo, e as que estavam preparadas entraram com ele para o banquete de núpcias, fechando-se a porta. Finalmente, chegaram as outras virgens, dizendo: "Senhor, senhor, abra-nos!". Mas ele respondeu: "Em verdade lhes digo: não as conheço!". Vigiem, portanto, pois vocês não sabem o dia nem a hora.

As palavras de Jesus causavam impacto em seus discípulos, embora só mais tarde viessem a entender seu real significado. E, nesse dia, Jesus ainda narrou mais uma parábola:

O Reino dos Céus é também semelhante a um homem que, tendo de viajar para o exterior, chamou seus servos e lhes confiou seus bens. A um deu cinco talentos, a outro dois e, ainda a outro, um, de acordo com a capacidade de cada um. E partiu em seguida. Imediatamente, o que recebera cinco talentos saiu a negociar com eles e, depois de algum tempo, ganhou outros cinco. Do mesmo modo, o que recebera dois ganhou outros dois. Mas aquele que recebera apenas um pegou-o e foi abrir uma cova no chão, enterrando-o ali. Após muito tempo, o senhor daqueles servos voltou e pôs-se a ajustar contas com eles. Aproximando-se o que recebera cinco talentos, entregou-lhe outros cinco, dizendo:

– O senhor me confiou cinco talentos. Aqui estão outros cinco que ganhei.

Disse-lhe o senhor:

– Muito bem, servo bom e fiel! Sobre o pouco você foi fiel, sobre o muito o colocarei. Entre na alegria com seu senhor!

Chegando também o dos dois talentos, disse:

– O senhor me confiou dois talentos. Aqui estão outros dois que ganhei.

Disse-lhe o senhor:

– Muito bem, servo bom e fiel! Sobre o pouco você foi fiel, sobre o muito o colocarei. Entre na alegria com seu senhor!

Enfim, achegou-se o que recebera um talento, e disse:

– Eu sabia que o senhor é um homem severo, que colhe onde não semeou e junta onde não espalhou. Assim, amedrontado, enterrei seu talento no chão. Aqui está o que é seu.

A isso, respondeu-lhe o senhor:

– Servo mau e preguiçoso, você sabia que colho onde não semeei e que junto onde não espalhei? Pois então devia ter depositado meu dinheiro com os banqueiros e, ao voltar, eu receberia com juros o que é meu. Tirem-lhe o talento que tem e deem-no àquele que tem dez, porque a todo aquele que tem será dado e terá em abundância, mas, daquele que não tem, até o que tem será tirado. Quanto ao servo inútil, lancem-no fora, nas trevas. Ali haverá choro e ranger de dentes![2]

Jesus ainda teve tempo para exortar seus discípulos a respeito da caridade que devemos aos que necessitam dos nossos préstimos, a quem chamou de "meus irmãos mais pequeninos". O que fizermos em benefício dos menos afortunados, a ele estaremos fazendo. E também o que deixarmos de fazer em benefício deles é ao Mestre que deixamos de fazer. Essa última advertência foi feita para ilustrar a fraternidade universal que deve reinar entre os homens, visto que todos foram criados por Deus à sua imagem e semelhança e, portanto, são todos irmãos. Quando deixamos de praticar a caridade, quando nos fazemos alheios à fraternidade, estacionamos na caminhada do auto-aperfeiçoamento e, com isso, sofremos as consequências decorrentes de nosso gesto insano. Em outras palavras, de acordo com a qualidade da semente que lançamos ao solo, tal será a qualidade dos frutos que colheremos.

O dia esgotava-se e, enquanto Jesus dialogava com seus discípulos, avizinhavam-se a festa dos Ázimos e a Páscoa. Disse, pois, finalmente o Mestre:

– Vocês sabem que daqui a dois dias acontecerá a Páscoa, e o Filho do Homem será entregue para ser crucificado.

Enquanto Jesus continuava a conversa, ciente do que iria lhe acontecer muito em breve, os sumos sacerdotes e os anciãos do povo reuniam-se no pátio do palácio do Sumo Sacerdote chamado Caifás, decidindo, juntos, que prenderiam Jesus por meio de um ardil e que o matariam. Concordaram, porém, que não fosse durante a festa, para não haver tumulto em meio ao povo.

⌘

Aisar e Esther tentaram saber para onde se dirigira Jesus e sua comitiva, mas não obtiveram nenhuma resposta satisfatória. Uns diziam que ele havia retornado a Betânia e só voltaria no dia seguinte, ou que estava oculto na casa de algum amigo em Jerusalém, e outros simplesmente não tinham nenhuma informação.

– Não desistiremos, Aisar. Esse é o Grande Profeta.

---

2 - Parábola dos Talentos, Mateus, capítulo 25, versículo 14 a 30.

– É o Messias prometido.

– Certamente, ele estará aqui para as festividades da Páscoa.

– Se já não estiver aqui mesmo, em Jerusalém, entre amigos, como nos disseram. De qualquer modo, tenho certeza de que logo o veremos novamente. Tenhamos paciência, Esther.

– Sim. Mas continuemos com as nossas buscas, sempre que possível.

Como previsto, Jesus dirigiu-se à casa onde se daria a celebração da Páscoa. Ali reuniu-se com os apóstolos, participando da última ceia. Ofereceu aos apóstolos um novo mandamento:

– Assim como eu os amei, amem-se também uns aos outros. Nisto todos conhecerão que são meus discípulos, se tiverem amor uns pelos outros.

Prometeu ainda o Consolador que traria ensinamentos de todas as coisas e recordaria tudo o que ele, Jesus, havia dito. Entre outros ensinamentos, o Mestre fez três orações: uma por si mesmo, outra por seus discípulos e uma terceira por todos os cristãos. Em seguida, preparou os discípulos para o que haveria de vir em seguida: –Deixo-lhes a paz, a minha paz lhes dou. Não a dou como o mundo a dá. Não se perturbe nem se intimide o seu coração. Vocês ouviram o que lhes disse: "Vou e retorno para vocês. Se vocês me amassem, certamente se alegrariam por eu ir ao Pai, porque o Pai é maior do que eu". Se agora lhes disse, antes que aconteça, é para que, ao acontecer, vocês creiam. Já não falarei muitas coisas com vocês, pois vem o príncipe do mundo. Ele nada pode contra mim, mas para que saiba o mundo que amo o Pai e faço como o Pai me ordenou. Levantem-se! Saiamos daqui!.

Preparado para os acontecimentos que se aproximavam, Jesus partiu com os apóstolos para a outra margem da torrente de Cedron e dali seguiu para o Monte das Oliveiras, chegando a um horto chamado Getsêmani, onde entrou com sua comitiva. Foi ali que se deu a prisão, efetuada por uma escolta e guardas com lanternas, archotes e espadas. Seguiam com o apóstolo Judas e a mando dos chefes dos sacerdotes, dos escribas, dos fariseus e dos anciãos do povo. Mesmo tendo Pedro tentado defender Jesus, posteriormente todos os discípulos fugiram, deixando o Mestre a sós com os guardas.

Jesus foi inicialmente conduzido a Anás, sogro de Caifás, o Sumo Sacerdote naquele ano. Dali foi enviado ao próprio Caifás, que havia dado aos judeus este conselho: "É conveniente que um só homem morra pelo povo". Na casa de Caifás estavam reunidos os chefes dos sacerdotes, os escribas e os anciãos.

O sumo sacerdote começou a interrogar Jesus a respeito de seus discípulos e de sua doutrina, obtendo a seguinte resposta:

– Eu falei abertamente ao mundo. Sempre ensinei na sinagoga e no templo, onde todos os judeus se reúnem. Nada falei às escondidas. Por que este interrogatório? Pergunte aos que ouviram o que lhes falei, pois sabem o que eu disse.

Diante de tal resposta, um dos guardas deu uma bofetada em Jesus, dizendo:

– É assim que se responde ao Sumo Sacerdote?

Tornou Jesus:

– Se falei mal, dê prova do mal; mas, se falei bem, por que você me bate?

Pedro assistia de longe ao que se passava e, quando perguntado se não era um dos discípulos de Jesus, negou o fato por três vezes.

Não foi apenas um guarda a bater em Jesus. Os homens que o guardaram durante a noite zombavam dele e também o espancavam. Chegaram a vendar-lhe os olhos, dizendo em seguida que profetizasse quem é que lhe havia batido.

Era de manhã quando, após reunião do Conselho dos Anciãos do Povo, foi o Mestre conduzido ao Sinédrio, o Conselho de Juízes. Procuravam os chefes dos sacerdotes e o Conselho um falso-testemunho contra Jesus, para condená-lo à morte, mas nada conseguiram, ainda que falsas testemunhas houvessem se apresentado com depoimentos incoerentes. Duas dessas falsas testemunhas declararam que Jesus teria dito poder destruir o templo e reedificá-lo em três dias: "Destruirei o templo feito pelas mãos dos homens e, em três dias, edificarei outro, que não será feito pelas mãos dos homens". Mas também esse testemunho era incoerente. Nesse momento, o Sumo Sacerdote levantou-se e interrogou Jesus:

– Você nada responde? Nada fala aos que depõem contra você?

Jesus permaneceu calado. E o Sumo Sacerdote lhe disse:

– Eu o conjuro pelo Deus Vivo que nos diga se você é Cristo, o Filho de Deus.

Respondeu-lhe Jesus:

– Se eu lhe disser, não serei acreditado e, se o interrogar, não obterei resposta. Bem foi dito. Eu o sou. Além disso, digo-lhe que, de agora em diante, o senhor verá o Filho do Homem sentado à direita do Poder de Deus, vindo sobre as nuvens do céu.

Ouviram-se muitas vozes.

– Logo, você é o Filho de Deus?

Jesus respondeu:

– Vocês dizem que eu sou.

Ouvindo isso, o Sumo Sacerdote rasgou suas vestes, dizendo:

– Blasfemou! Que necessidade ainda temos de testemunhas? Todos ouviram a blasfêmia! Nós mesmos ouvimos de sua boca. Que lhes parece?

Escutou-se como resposta:

– É réu de morte.

Houve quem cuspisse no rosto de Jesus e lhe desse socos. Ele foi retirado do recinto pelos guardas, a bofetadas.

De Caifás, Jesus foi levado ao prefeito da Judeia, Pôncio Pilatos. Era madrugada quando os acusadores chegaram ao pretório, residência do procurador romano.

– Que acusação há contra este homem? – perguntou Pilatos.

Responderam-lhe:

– Se não fosse malfeitor, não o traríamos até aqui.

– Tomem-no e o julguem de acordo com a sua lei.

Responderam os acusadores:

– Não nos é permitido condenar ninguém à morte. Entretanto, encontramos este homem corrompendo nossa nação, proibindo de pagar tributo a César e dizendo ser ele Cristo, o rei.

<hr />

Aisar saíra a procurar notícias sobre Jesus. Depois de muitos boatos desencontrados e contraditórios, ouviu algo que o deixou lívido e estarrecido. De início, não acreditou, mas várias pessoas contaram-lhe a mesma coisa. Voltou, pois, espavorido até a hospedaria para conversar com Esther.

– Esther, aconteceu a pior coisa do mundo!

– O que foi, Aisar? Sente-se. Você está branco e trêmulo. Tome um pouco de água.

Depois de respirar por alguns momentos, Aisar deu a notícia:

– O Profeta foi preso!

– O quê? Não pode ser. Alguém mentiu para fazer graça com você.

– Não, Esther. A notícia está correndo de boca em boca.

– Mas como pode ter acontecido essa desgraça?

– Não sei, porém me disseram que ele foi levado para Anás, sogro do Sumo Sacerdote.

– Vamos para lá. Ficaremos aguardando na rua. O Profeta tem de ser solto. Ele nunca fez mal algum.

– Dizem que ele irritou os fariseus, os escribas, os sacerdotes e outros grandalhões.

– Precisamos de notícias verdadeiras. Vamos à rua, Aisar.

Ainda atônita com o que ouvira, Esther puxou Aisar pela mão e saíram ambos à procura de Jesus. Seguiam para onde morava Anás, quando receberam a notícia de que Jesus fora transferido para o Sinédrio e, de lá, para o Pretório. Tomando informações sobre a localização da residência de Pôncio Pilatos, rumaram até o local. Havia uma multidão diante da porta do Pretório. Acotovelando-se, conseguiram um lugar de onde avistaram a figura do procurador e, à sua frente, o Mestre, cujo olhar suave os conquistara e cujas palavras haviam penetrado fundo em seus corações.

– Aisar, ele está machucado. Há sangue em seu rosto.

A figura de Jesus causou na alma daquelas duas pessoas simples uma comoção sem igual e uma dor intensa, como nunca haviam sentido. Nesse momento, Pilatos perguntou a Jesus:

– Você é o rei dos judeus?

Diante do silêncio da multidão, respondeu o Mestre com uma pergunta:

– Isso partiu mesmo do senhor ou outros lhe disseram de mim?

Respondeu Pilatos:

– Por acaso eu sou judeu? O seu povo e os chefes dos sacerdotes entregaram-no a mim. O que, afinal, você fez?

A resposta foi rápida:

– Meu reino não é deste mundo. Se deste mundo fosse, meus ministros teriam combatido para que não me entregassem aos judeus. Mas o meu reino não é daqui.

Perguntou-lhe Pilatos:

– Logo, você é rei?

– Como foi dito: eu sou rei. Para isso nasci e para isso vim ao mundo, para dar testemunho da verdade. Quem é da verdade escuta a minha voz.

Nesse momento, Pilatos indagou:

– O que é a verdade? – E saiu dali para conversar com os judeus, dizendo aos chefes dos sacerdotes e, depois, à multidão: – Não vejo nenhuma culpa neste homem.

Os sumos sacerdotes, entretanto, contra-argumentaram, dizendo que ele sublevava o povo, ensinando por toda a Judeia, tendo começado pela Galileia e chegado até Jerusalém.

Diante das acusações, Pilatos perguntou a Jesus se não ouvia os testemunhos contra ele. Mas o Cristo nada respondeu. Pilatos ficou admirado e, tendo ouvido falar da Galileia, perguntou se ele era galileu. Sabendo que era da jurisdição de Herodes, enviou-o ao tetrarca, que se achava em Jerusalém.

Ao ver Jesus, Herodes alegrou-se, pois, tendo ouvido muito a seu respeito, desejava conhecê-lo, esperando dele algum milagre. Todavia, o Mestre não respondeu a nenhuma das perguntas do governador da Galileia. Os chefes dos sacerdotes e escribas ali presentes continuavam a acusar Jesus com veemência. Herodes, passando a tratar Jesus com desprezo, escarneceu dele, mandou cobri-lo com um manto alvo e o devolveu a Pilatos. Este convocou os chefes dos sacerdotes, os magistrados e o povo, dizendo-lhes:

– Este homem foi-me apresentado como agitador do povo, mas, ao interrogá-lo diante de todos, não encontrei nele nenhum dos delitos de que é acusado. Nem mesmo Herodes, pois o devolveu a nós. Assim, ele nada fez que mereça a morte. Mandarei castigá-lo e o soltarei.

De acordo com a tradição, era necessário que Pilatos soltasse um preso, a pedido do povo, por ocasião da festa da Páscoa. Assim, Pilatos argumentou:

– É costume que eu solte um preso na Páscoa. Querem que eu solte o rei dos judeus?

E, aos gritos, a multidão respondeu:

– Esse não, mas Barrabás.

Barrabás, ou Bar Abbas, nascido na cidade de Jopa, ao sul da Judeia, tinha sido remador de botes. Porém, devido à falta de pagamento dos impostos, que eram muito altos, as autoridades romanas lhe tomaram seus pertences, o que o deixou extremamente revoltado. Tornou-se, a partir daí, um temido salteador de estradas. Também atacou com sua quadrilha uma guarnição de soldados romanos e roubou bens dos sacerdotes do templo. Por tal motivo, foi procurado e caçado pelos redutos da região, sendo finalmente preso, junto de seus cúmplices, Dimas e Jestas. Foi ainda acusado de sedição e homicídio. A condenação foi a morte por crucificação. Portanto, a sua soltura não seria normalmente esperada. Pilatos, sabendo que os chefes dos sacerdotes haviam entregado Jesus por inveja, tentou mudar a situação, perguntando novamente:

– Quem vocês querem que eu solte: Barrabás ou Jesus, chamado o Cristo?

Aisar e Esther tremiam diante do que estava acontecendo. Em primeiro lugar, não entendiam como poderia alguém acusar o Profeta de alguma transgressão. Justamente ele, que falara palavras tão belas ao povo sofrido, que fizera curas e orientara tantas vidas. E, em segundo lugar, por que haviam pedido para que Pilatos soltasse o temível Barrabás e não Jesus, que sempre pregara a paz e o amor.

Esther recordava-se do dia em que vira Jesus pela primeira vez, fazendo com que o cego Bartimeu voltasse a enxergar. Antes de seguir com sua comitiva, ele pousara o olhar sobre ela, que o sentiu como se fosse uma bênção derramada sobre todo o seu ser. Nunca tivera sensação semelhante, de modo que resolvera conhecê-lo melhor. E, exatamente agora que aquilo começava a se concretizar, eis que acontecia algo que só podia ser um pesadelo, e não a realidade.

Aisar também estava atônito diante do desenrolar dos acontecimentos, que previa um fim trágico para essa história, costurada com um amor inigualável pelo ser humano, como o demonstrava o Profeta com suas palavras e atos. Completamente confuso, perguntou a um homem ainda jovem, que gesticulava a seu lado:

– Será que estou ouvindo bem? Estão pedindo que Pilatos solte Barrabás e não Jesus?

– É isso mesmo. Queremos Barrabás, e não o blasfemo e corruptor de almas. Esse tem de morrer.

Aisar tentou responder, mas a multidão gritava em delírio ao seu redor.

Olhou para Esther, que chorava de modo inconsolado. Nesse momento, ouviu a voz de Pilatos, que ressoou em meio ao povo ensandecido:

– Quem vocês querem que eu solte: Barrabás ou Jesus, chamado o Cristo?

O que Esther e Aisar escutavam não parecia a realidade, mas o vozerio não dava margem a dúvidas:

– Saia daqui com este homem. Solte Barrabás!

Nesse momento, a esposa de Pôncio Pilatos mandou que lhe dissessem para nada haver entre ele e "esse justo", pois havia sofrido muito em sonho por causa dele. Entretanto, os sumos sacerdotes e anciãos persuadiram o povo para que pedisse Barrabás e fizesse morrer Jesus. Pensando em soltar o Mestre, Pilatos perguntou-lhes de novo:

– Qual dos dois querem que lhes solte?

Aisar e Esther gritaram com toda a força: "Jesus, o Cristo! Jesus, o Cristo!", mas a voz da multidão encobriu totalmente suas palavras com o clamor de apenas um nome:

– Barrabás!

O prefeito da Judeia ainda perguntou:

– Que farei, então, de Jesus, chamado o Cristo?

– Que seja crucificado – foi a resposta ouvida em uníssono.

Inconformado, Pilatos indagou novamente:

– Que farei de Jesus, que vocês chamam "rei dos judeus"?

Ouviu-se mais uma vez a mesma resposta:

– Crucifique-o! Crucifique-o!

Pela terceira vez, perguntou Pôncio Pilatos à multidão:

– Que mal fez este homem? Não encontro nele nenhuma causa de morte. Ele será castigado e depois o soltarei.

Mas, instada pelos chefes dos sacerdotes e pelos anciãos, a multidão começou a gritar, furiosa:

– Crucifique-o!

O clamor do povo aumentava cada vez mais, de modo que Pilatos mandou que Jesus fosse flagelado. Os soldados levaram-no para o átrio, compartimento vizinho, reunindo em torno dele toda a guarda. Em seguida, despiram-no e jogaram sobre seu corpo um manto púrpura. Insatisfeitos, teceram toscamente uma coroa de espinhos, colocando-a em sua cabeça.

Fizeram, ainda, com que segurasse com a mão direita um caniço. E, para finalizar, ajoelhavam-se, zombando dele, como se o adorassem, enquanto diziam:

– Salve, rei dos judeus! Salve, rei dos judeus!

Enquanto assim gracejavam, davam-lhe bofetadas, cuspiam nele e, tomando-lhe o caniço, batiam-lhe na cabeça.

Pilatos foi novamente para fora e disse ao povo:

– Trago este homem até vocês, a fim de que saibam que não encontro nele nenhum crime.

Surgiu nesse momento a figura de Jesus diante do povo. Ele estava com a coroa de espinhos e recobria-se com o manto púrpura. Pilatos, olhando para ele e em seguida para a multidão, disse:

– Eis o homem!

Ao vê-lo, os chefes dos sacerdotes e os guardas falaram em alta voz:

– Crucifique-o! Crucifique-o!

Pilatos, sem outras palavras, apenas disse:

– Tomem-no e o crucifiquem, pois não encontro nele crime algum.

Como resposta, ouviu dos presentes:

– Nós temos uma lei e, segundo ela, esse homem deve morrer, porque se fez Filho de Deus.

Atemorizado com essas palavras, Pilatos entrou novamente no Pretório e perguntou a Jesus:

– De onde você é?

Jesus, entretanto, permaneceu em silêncio.

– Você não me responde? Não sabe que tenho poder para soltá-lo e também para crucificá-lo?

Respondeu-lhe, então, o Mestre:

– Nenhum poder haveria sobre mim, se não lhe fosse dado do Alto. Por isso, quem me entregou ao seu poder cometeu maior falta.

Pilatos tentou soltá-lo, mas a massa gritava, intimidando-o:

– Se ele for solto, o prefeito não se mostrará amigo de César! Pois todo aquele que se faz rei declara-se contra César.

Ao ouvir isto, Pilatos levou Jesus para fora e o fez sentar-se no tribunal. Era o dia da preparação da Páscoa e quase à hora sexta.

– Eis o vosso rei!

A multidão, entretanto, gritava:

– À morte! À morte! Crucifique-o!

Perguntou Pilatos:

– Hei de crucificar o seu rei?

Responderam secamente os chefes dos sacerdotes:

– Não temos outro rei senão César.

Notando que o tumulto aumentava e que nada iria conseguir, pediu que lhe levassem uma vasilha com água e lavou as mãos diante do povo, dizendo:

– Sou inocente do sangue deste justo. A responsabilidade é de vocês.

Ouviram-se muitas vozes entre a multidão, dizendo:

– Que o seu sangue caia sobre nós e sobre nossos filhos.

Nesse momento, foi solto Barrabás. Quanto a Jesus, após o açoitamento, foi entregue para ser crucificado.

CAPÍTULO 3

Momentos finais

Aisar e Esther não acreditaram no que acabava de acontecer e não tinham noção do que ainda estava por vir. Aisar esboçou uma palavra contra Pilatos, mas foi contido pela esposa.

– Nada podemos fazer, Aisar, a não ser acompanhar a caminhada do Profeta.

– É verdade – respondeu mais calmo –. Ele ainda pode fazer um grande milagre, acabando por derrotar seus inimigos.

Esther não respondeu. Apenas comentou:

– Apesar de toda a dor no coração que estejamos sentindo, vamos acompanhar os passos do Mestre. Os últimos passos.

Os guardas tiraram de Jesus o manto púrpura, vestiram-no com as vestes que ele estivera usando e o levaram para fora. Foi-lhe colocada sobre os ombros uma pesada cruz, e ele seguiu em silêncio pelas ruas quentes de Jerusalém. De longe, Esther e Aisar seguiam o cortejo com lágrimas nos olhos.

Passava pela rua um homem de Cirene, região do Norte da África, onde hoje está a Líbia, localidade onde havia importante comunidade judaica. Chamava-se Simão, donde o nome de Simão Cireneu. Ao verem-no, os guardas o chamaram e puseram-lhe a cruz às costas, a fim de que a carregasse atrás de Jesus.

O fúnebre cortejo prosseguiu, sob o calor intenso do sol e o lamento de algumas mulheres que choravam e batiam no peito, em profunda lamentação. Jesus dirigiu-se a elas com algumas palavras que não puderam ser ouvidas pelo casal, que seguia mais atrás. Esther falou baixinho para o marido:

– Aisar, eu não consigo olhar para esse inocente, que sofre por ter pregado o bem. Não sei se aguento chegar até o local da crucificação.

– Nós quisemos segui-lo em vida, Esther. Temos agora de acompanhá-lo quando segue para a morte. Ficaremos de longe para não presenciar tanto sofrimento.

O tempo parecia não passar. Às vezes, os soldados se aproximavam de Jesus com gritos grosseiros. Esther não sabia bem o que acontecia nesses momentos. Parecia-lhe que Jesus não conseguia carregar o madeiro, apesar da ajuda de Simão Cireneu. Finalmente, depois de terem saído da cidade, além das muralhas, chegaram à base de uma colina chamada Gólgota, em aramaico, ou Calvário, cujo significado é "Lugar da Caveira". Nesse momento, foi oferecida a Jesus uma mistura de vinho com mirra e fel, que ele recusou. A subida pela colina foi também um suplício para aquele corpo já torturado pela sevícia dos soldados, que não lhe davam trégua. Depois de algum tempo, entretanto, Jesus chegou ao topo, aguardando pela crucificação. Mais um pouco e o seu corpo foi suspenso, como ele previra, junto a seus discípulos.

Esther olhou para aquele homem ensanguentado, com a cabeça a pender sobre o peito, e quase desmaiou.

– Meu Deus! A que ponto pode chegar a ignorância dos homens.

Aisar nada falou, permanecendo imerso em pensamentos desoladores. A cena inacreditável, porém, prosseguia. Foram também crucificados dois malfeitores, um a cada lado do Mestre.

Assim que o corpo de Jesus foi levantado, os soldados, tomaram-lhe as vestes e as repartiram em quatro partes, uma para cada um. Como a túnica não tinha costura, fizeram um sorteio entre eles. Em seguida, sentaram-se e puseram-se a guardá-lo. No topo da cruz, Pilatos mandou colocar a inscrição em hebraico, latim e grego: "Este é Jesus Nazareno, o Rei dos Judeus". Quando os sumos sacerdotes viram o cartaz, não gostaram do que leram e pediram que Pilatos o trocasse por outro com as palavras: "Ele disse: 'Sou o Rei dos Judeus'". O prefeito, entretanto, apenas respondeu:

– O que escrevi, escrevi.

Muitas pessoas permaneceram no local da crucificação a observar tudo o que acontecia. Havia quem zombasse da situação de Jesus, dizendo:

– Você, que destrói o templo e em três dias o reconstrói, salve a si mesmo! Se é o Filho de Deus, desça da cruz!

Também os sumos sacerdotes, juntamente com os escribas e anciãos, escarneciam dele, comentando entre si:

– Salvou os outros e não consegue salvar a si mesmo. Se é o rei de Israel, o Messias, que desça agora da cruz, para que vejamos e creiamos nele!

Os soldados também o insultavam, aproximando-se de Jesus, oferecendo-lhe vinagre e o incitando a desvencilhar-se daquela situação. Um dos ladrões, crucificado a seu lado, ofendeu-o, dizendo:

– Não é você o Cristo? Salve-se e venha nos salvar!

O outro malfeitor, porém, repreendeu-o:

– Você nem ao menos teme a Deus, ainda que esteja sofrendo a mesma condenação? Quanto a nós, padecemos com justiça, estamos pagando pelos nossos atos, mas este aqui nada fez de mal. – E acrescentou: – Jesus, lembre-se de mim quando estiver no seu Reino.

O Mestre respondeu-lhe:

– Em verdade lhe digo: hoje mesmo você estará lá comigo.

A resposta de Jesus à injustiça descomunal praticada contra ele pelos poderosos e pela massa insuflada por eles pôde ser resumida nas palavras que se originaram em seu coração misericordioso: "Pai, perdoai-lhes, porque não sabem o que fazem..."

De longe, observando os acontecimentos, havia uma concentração de conhecidos e amigos de Jesus, além de muitas mulheres que o haviam seguido desde a Galileia até Jerusalém, para servi-lo. Entre eles estavam Aisar e Esther, em completo silêncio. Ao pé da cruz, permaneciam apenas Maria, sua mãe, acompanhada por sua irmã, por Maria Madalena, Salomé e um dos discípulos do Mestre. Ao olhar fixamente para a mãe, falou Jesus:

– Senhora, eis aí o seu filho! – Pousando, em seguida, os olhos no discípulo, disse-lhe: – Eis aí a sua mãe!

Era já quase a sexta hora, entre meio-dia e três da tarde, quando o sol desapareceu, tornando o tempo escuro. Aproximava-se a nona hora, quando Jesus bradou:

– Meu Deus, meu Deus, por que me abandonastes? – Depois caiu o silêncio.

Passado algum tempo, disse Jesus com dificuldade:

– Tenho sede.

Havendo ali um vaso cheio de vinagre, um homem embebeu uma esponja com o líquido, colocou-a na ponta de uma vara e deu de beber ao Cristo.

Havia quem ainda zombasse de Jesus, dizendo:

– Deixe disso. Vamos ver se Elias virá salvá-lo.

Depois de beber do vinagre na esponja, Jesus falou apenas:

– Está consumado! – Soltando em seguida um grito, concluiu: – Pai, em vossas mãos entrego o meu Espírito. – Assim dizendo, inclinou a cabeça e expirou.

Olhando para Jesus, tendo por fundo o céu escurecido, o centurião que estava diante dele e os soldados que o guardavam olharam para a imagem do crucificado e para o povo, dizendo:

– Na verdade, este homem era justo! Este homem era verdadeiramente o Filho de Deus!

A multidão começou a se dispersar, e muitas pessoas seguiram para seus lares, batendo no peito. Como era a Preparação, véspera do sábado, para que não ficassem os corpos na cruz, foram quebradas as pernas dos dois malfeitores ao lado de Jesus, antes que dali fossem retirados. Como Jesus já estivesse morto, um soldado, em vez de quebrar-lhe as pernas, abriu o seu lado com uma lança, tendo dali saído sangue e água.

Os amigos do Mestre, assim como as mulheres que o haviam acompanhado, permaneceram à distância, observando tudo o que acontecia. Aisar e Esther, ainda mais afastados, não conseguiam compreender como um justo fora sacrificado sem nenhuma consideração. Com lágrimas nos olhos, sentaram-se no chão e deram vazão ao choro que estava preso no peito.

Enquanto os fatos se sucediam no Calvário, um homem rico, chamado José, natural de Arimateia e ilustre membro do Sinédrio, foi ter com Pilatos, pedindo que lhe permitisse retirar o corpo de Jesus. Na verdade, ele era também um discípulo do Mestre, mas isso permanecia em segredo, por medo dos judeus. Sendo Pilatos informado pelo centurião de que Jesus já morrera, ordenou que o corpo fosse entregue a José.

De posse da concessão, José dirigiu-se ao Calvário, desceu da cruz o corpo do Cristo e o envolveu em um lençol limpo que havia comprado. Nicodemos, doutor e líder dos judeus, também foi ao Calvário, levando uma quantidade de mirra e aloés. Juntamente com José, envolveu o corpo de Jesus em panos de linho com os aromas, à maneira como os judeus costumavam sepultar.

Havia naquela localidade um jardim e, nele, um sepulcro novo, cavado na rocha e de propriedade de José de Arimateia. Ali foi colocado o corpo do Mestre. Em seguida, José rolou uma grande pedra para fechar a entrada do sepulcro e retirou-se. Já era a nona hora (quase seis da tarde), despontando o sábado, que tinha início às dezoito horas.

Enquanto todas essas providências eram tomadas, as mulheres que tinham vindo da Galileia com Jesus tudo observavam, vendo o sepulcro e como Jesus fora sepultado. Em seguida, deixaram o local.

Esther e Aisar, mais afastados, acompanharam tudo, retornando depois, completamente abatidos, para a hospedaria em que se haviam alojado.

Os sumos sacerdotes e os fariseus reuniram-se com Pilatos, alertando-o:

– Senhor, lembramo-nos de que aquele impostor disse em vida: "Depois de três dias, ressuscitarei!". Mande, portanto, que o sepulcro seja guardado com segurança até o terceiro dia, para que não aconteça de os discípulos o furtarem e depois dizerem ao povo: "Ele ressuscitou dos mortos!". Esse engano seria pior que o primeiro.

Obtida a permissão, mandaram selar a entrada do sepulcro de Jesus e colocaram soldados nela, montando guarda.

CAPÍTULO 4

A grande notícia

Aisar e Esther pagaram, com o restante do dinheiro que tinham juntado, a hospedaria onde haviam permanecido por uns dias. Cabisbaixos, voltaram para a parte antiga de Jericó, onde residiam. A viagem foi cansativa e sem muitas palavras. Quando chegaram em casa, Aisar foi ter com o filho, que ficara pastoreando as ovelhas.

— Como está, Isaac?

— Bem, pai. Muito bem. E o senhor? E a minha mãe?

— Voltamos bem, mas muito tristes. O Profeta que seguimos e de quem ouvimos tantas palavras sábias foi preso, condenado e morto numa horrenda cruz.

— Ouvi alguma coisa, mas, como fiquei quase o tempo todo aqui, não pude obter informações mais precisas.

— Pois é. Tudo acabou. E acabou de uma maneira inesperada. Mas falaremos mais à noite. Deixe que eu assuma o meu posto. Vá ver a sua mãe.

Isaac foi rapidamente até a casa, onde encontrou Esther fazendo algumas arrumações.

— Mãe, como está?

— Bem, meu filho, bem. E você?

— Eu também, mas soube que a senhora está muito triste pela morte do Profeta Jesus.

– Seu pai ficou desolado, mas eu, não sei bem por que, ainda creio em alguma reviravolta nesse caso.

– Como assim? Jesus não morreu?

– Não tenho explicações, Isaac, mas a esperança ainda mora no meu coração. O olhar do Profeta, pousado sobre mim e seu pai, não me sai da cabeça. Era terno e penetrante. Parecia convidar-nos para uma mudança essencial em nossa existência. Não era um olhar de morte, e sim de vida.

Esther contou ao filho sobre o que ouvira da boca de Jesus e, depois da conversa, ficou a meditar sobre o conteúdo das parábolas que escutara com tanto interesse. Quando Aisar voltou do pastoreio, ela ainda procurou tirar-lhe a marca de tristeza do rosto, buscando infundir-lhe ânimo e esperança.

– Foi tudo em vão, Esther.

– Não foi, Aisar. Ainda que ele esteja morto, as suas palavras continuam vivas em nosso coração.

– De que servem palavras diante da morte?

– São palavras de vida, e não de morte. Se encontrarmos outras pessoas que tenham ouvido as suas lições, poderemos aumentar o nosso conhecimento e melhorar a nossa vida. Pense nisso.

– Não sei, Esther. Estou muito confuso.

– Vou recordá-lo de uma coisa. Quando Jesus falou a respeito da figueira, está lembrado? Ele disse mais ou menos o seguinte: "Vejam a figueira e todas as outras árvores. Quando elas brotam, só de olhar para elas, já sabemos que o verão está chegando. Do mesmo modo, quando vocês virem acontecer coisas, como o cerco de Jerusalém por exércitos, fiquem sabendo que o Reino de Deus está próximo". Depois de falar assim, Aisar, lembro-me bem de que ele completou suas palavras, dizendo: "O céu e a terra passarão, mas não passarão as minhas palavras!".

– Você tem razão, ele disse isso. Mas...

– As palavras dele não hão de passar porque permanecerão para sempre. São palavras de vida, Aisar, e não de morte. Portanto, não choremos mais a sua morte, mas procuremos nos alimentar da vida de suas palavras.

– Pensarei nisso.

– Não sabemos escrever, por isso temos de guardar tudo o que ele disse em nossa memória. Repassemos para os outros o que sabemos e busquemos conhecer dos outros o que ainda desconhecemos dele.

A partir daí, Esther voltou ao bom humor de sempre. Aisar, porém, embora não falasse nada, ainda guardava no peito a decepção por tudo o que ocorrera diante dos seus olhos. Quanto a Isaac, quando não estava pastoreando, aproveitava para ir à cidade e procurar notícias. Sempre que voltava, Aisar ficava ansioso por saber o que andavam dizendo do Mestre. Foi assim que, num dos dias seguintes, Isaac voltou correndo para o campo à procura do pai.

– Pai! Pai! Tenho notícias. O senhor não sabe o boato que circula em Jericó e Betânia.

– Fale logo, Isaac.

– Está passando de boca em boca que o túmulo de Jesus foi encontrado vazio.

– Só essa faltava. Roubaram o corpo dele!

– Não, pai. A história não acaba aí.

– Então, conte logo. Você me mata de curiosidade.

– O que estão dizendo é o seguinte: algumas mulheres foram visitar o túmulo de Jesus e o encontraram vazio.

– Você já disse isso.

– Calma! Essas mulheres tinham levado consigo aromas para ungir o corpo do Profeta. Como a pedra que selava o sepulcro fora afastada, elas entraram e viram dois homens, que usavam vestes resplandecentes. Assustaram-se e baixaram os olhos. Entretanto, um dos homens, que era jovem e usava uma túnica branca, falou para que não temessem. Ele sabia que procuravam Jesus Nazareno. E perguntou por que elas procuravam entre os mortos aquele que estava vivo.

– Vivo? Pois eu o vi morrer...

– Eu sei. Mas o jovem falou que ele havia ressurgido diante dos homens. Chegou até a mostrar o sepulcro vazio. E pediu que elas repassassem a notícia aos discípulos do Cristo.

– Você me assusta, Isaac!

– É o que estão dizendo. E tem mais: aquele jovem disse que Jesus estava indo para a Galileia. Isso me contaram pedindo que eu guardasse segredo. Mas para o meu pai não há nenhum segredo.

– Você agiu bem, Isaac. Vou falar com a sua mãe. Ela também precisa saber.

Enquanto isso, as mulheres que haviam recebido a notícia – Maria Madalena, Joana e Maria, mãe de Tiago – correram para passar a informação aos discípulos. Outras mulheres que estavam com elas também diziam a mesma coisa. Os discípulos não acreditaram no que ouviam. "Isso é loucura!", pensavam eles. E contaram a Simão Pedro e a João:

– Tiraram o Senhor do sepulcro, mas desconhecemos o seu paradeiro.

Pedro, ao ouvir essas palavras, resolveu ir até o sepulcro e levou João consigo. Os dois saíram numa grande correria, mas João, mais jovem, chegou primeiro e, olhando de fora para o túmulo, viu apenas panos de linho no chão. Quando Pedro o alcançou, entrou logo no sepulcro e também avistou no chão os panos de linho – o sudário que fora colocado sobre a cabeça de Jesus. Nesse momento, João juntou-se a ele para melhor observar o que ocorrera. Em seguida, voltaram para casa, muito surpresos com o que havia acontecido.

⚜

Maria Madalena, que Jesus libertara de cinco espíritos inferiores, voltou para o sepulcro e ficou do lado de fora a chorar. Depois, inclinando-se para dentro, viu dois jovens vestidos de branco, que identificou como anjos. Um estava sentado à cabeceira do túmulo, e o outro aos pés dele. Vendo-a, perguntaram por que chorava. E ela respondeu amargurada:

– Porque retiraram daqui o meu Senhor e não sei onde o puseram.

Após dizer isso, voltou-se para trás e viu Jesus de pé, mas não o reconheceu. E perguntou-lhe o Mestre:

– Mulher, por que você chora? A quem procura?

Madalena, pensando que se tratava do jardineiro, falou-lhe:

– Se foi o senhor quem o tirou daqui, diga-me onde o colocou e eu irei buscá-lo.

Jesus, no entanto, olhando para ela, disse-lhe:

– Maria!

Nesse momento, ela o reconheceu e respondeu apenas:

– Mestre!

Jesus, com muita suavidade, pediu que ela fosse até os discípulos e lhes dissesse o que ouvira de sua boca: "Subo para meu Pai e vosso Pai, meu

Deus e vosso Deus". Maria Madalena foi eufórica até os discípulos, que ainda choravam a morte de Jesus. E disse-lhes:

– Eu vi o Senhor. Ele está vivo. – Porém, para sua surpresa, mesmo ouvindo a narração do que havia sucedido, os discípulos não acreditaram.

Jesus também apareceu a dois discípulos que caminhavam para a aldeia de Emaús, distante uns doze quilômetros de Jerusalém. Eles dialogavam a respeito dos acontecimentos desde a morte do Mestre, quando este se aproximou e pôs-se a caminhar com eles. Os discípulos, porém, não conseguiram reconhecê-lo. Depois de algum tempo, Jesus perguntou:

– Que conversas são essas que estão trocando no caminho?

Um deles, chamado Cléofas, não acreditando no que acabara de ouvir, perguntou-lhe:

– Você é o único peregrino em Jerusalém que não sabe o que aí se passou nestes dias?

Jesus indagou:

– O que aconteceu?

– Falamos sobre Jesus, o Nazareno, que foi um profeta poderoso em palavras e obras diante de Deus e de todo o povo. Os sumos sacerdotes e os nossos magistrados o entregaram para ser condenado à morte e o crucificaram. Nós, porém, esperávamos que ele fosse o salvador de Israel. Entretanto, além de tudo isso, é hoje o terceiro dia desde que se deu tudo isso. É verdade que algumas mulheres que estavam conosco nos assustaram, porque tinham ido ao sepulcro de madrugada e, não tendo encontrado o corpo de Jesus, voltaram dizendo que haviam visto uma aparição de anjos que lhes afirmaram estar ele vivo. Alguns dos nossos foram ao sepulcro e confirmaram o que as mulheres tinham dito, mas não o viram.

Jesus, então, olhando bem para eles, mostrou-lhes como estavam fora da realidade e eram lentos em sua crença. Afinal, era necessário que o Cristo sofresse todas essas coisas antes de entrar na sua glória. E, principiando por Moisés, discorreu sobre os profetas, interpretando-lhes em todas as Escrituras o que a ele dizia respeito.

Quando se aproximaram de Emaús, Jesus fez menção de seguir adiante. Os discípulos, entretanto, insistiram com ele:

– Fique conosco. Já é tarde e está anoitecendo.

Atendendo ao apelo, Jesus permaneceu com eles. Mais tarde, sentou-se à mesa com os discípulos, tomou o pão e o abençoou. Depois, partiu

-o, dando um pedaço a cada um. Somente nesse momento os seus olhos abriram-se e conseguiram reconhecer o Mestre. Mas, neste exato instante, ele desapareceu. Comentaram eles entre si que, no momento em que Jesus falava a respeito das Escrituras, sentiram o coração abrasado. Na mesma hora, resolveram voltar para Jerusalém, a fim de contar aos outros o que lhes acontecera.

Encontrando os demais discípulos reunidos, ouviram deles:

– O Senhor ressuscitou e apareceu também a Simão.

E eles narraram o que lhes ocorrera no caminho e como haviam reconhecido o Mestre ao partir o pão.

❧

Em outra ocasião, estando ainda os discípulos a portas fechadas, por medo dos que haviam levado o Mestre à morte, Jesus postou-se no meio deles, desejando-lhes a paz. Eles, porém, foram tomados de espanto e temor, por não saberem ao certo de quem se tratava. E Jesus lhes perguntou por que estavam perturbados; por que duvidavam. Assim, mostrou-lhes as mãos, os pés e o lado que fora transpassado pela lança. Nesse momento, os discípulos se alegraram, mas, como na sua alegria e admiração ainda restava alguma dúvida, ele perguntou se tinham algo para comer. Deram-lhe um pedaço de peixe assado e um favo de mel, que Jesus comeu. Depois, saudou-os de novo, dizendo:

– A paz esteja com todos vocês! Assim como o Pai me enviou, também eu os envio. – Após dizer estas palavras, soprou sobre eles e lhes disse: – Recebam o santo espírito. Aqueles a quem perdoarem as faltas, estas lhes serão perdoadas. Aqueles aos quais retiverem, lhes serão retidas.

Jesus também apareceu para Tomé, que não estava na reunião com os demais e havia duvidado. Nessa ocasião, as suas incertezas dissiparam-se, e Jesus lhe falou:

– Você acreditou porque viu. Felizes os que não viram e creram!

Diz o Evangelho que Jesus reapareceu a sete discípulos que estavam nas margens do mar de Tiberíades. Pedro lhes havia dito que iria pescar, e eles quiseram acompanhá-lo. Entraram no barco e foram em busca de peixes, mas nada encontraram. Quando amanheceu, Jesus estava na praia, mas eles não o reconheceram. Perguntou-lhes se tinham consigo algum peixe, e a resposta foi negativa. Disse-lhes, então, que lançassem a rede à direita do barco, pois ali os achariam. Eles assim fizeram e, depois de algum tempo, quando quiseram retirar a rede das águas, não conseguiram por causa da grande quantidade de peixes. Foi então que um deles disse a Pedro:

– É o Senhor!

Todos aproximaram-se do Mestre, que lhes pediu que lhe levassem alguns dos peixes que haviam pescado. Quando assim fizeram, Jesus convidou-os a comer. Deu-lhes, em seguida, pedaços de pão e peixes, ficando ali a dialogar com eles.

Diz-se que Jesus apareceu por dez vezes aos apóstolos, ministrando-lhes os últimos ensinamentos e revestindo-os de autoridade para pregarem a Boa Nova.

É interessante o epílogo do evangelista João, que diz, entre outras coisas: "Jesus fez, ainda, junto aos discípulos, muitos outros sinais que não estão escritos neste livro. Esses, porém, foram escritos para que vocês creiam que Jesus é o Cristo, o Filho de Deus, e para que, ao crer, tenham vida em seu nome".

A grande notícia que os seguidores do Cristo receberam foi, sem dúvida, o fato de que Jesus havia dado continuidade à sua missão de pregar a Boa Nova por meio de seus apóstolos. Sua vida não tivera fim com o sepultamento do corpo; ela continuava, assim como continuou por todos os séculos, como continuará por toda a eternidade. Como ele mesmo disse um dia: *"Eu sou o Caminho, a Verdade e a Vida"*.

CAPÍTULO 5

Aprendizes do Evangelho

As notícias sobre as aparições de Jesus correram de boca em boca, chegando a Jericó. Aisar, que estava sempre em busca de novas informações, logo ficou sabendo e foi contar à esposa.

– Você sabe da última, Esther?

– Falam tanta coisa por aí, Aisar, como posso saber de que se trata?

– Jesus tem aparecido aos seus apóstolos.

– O Profeta?

– Exatamente. Estou repetindo o que me foi dito, inclusive por Isaac. Se isso for verdade...

– ... ele é mesmo o Filho de Deus, o Messias prometido!

– Eu gostaria de tirar isso a limpo. Vou até Jerusalém. Você fica com Isaac. Voltarei em poucos dias.

– Mas temos tão pouco dinheiro; como irá acomodar-se por lá?

– Dá-se um jeito... dá-se um jeito. Fique tranquila, logo estarei de volta com notícias mais exatas. Enquanto isso, Isaac ficará apascentando o rebanho.

No dia seguinte, Aisar partiu para Jerusalém. Lá chegando, foi logo atrás de notícias que pudessem falar sobre o paradeiro do Mestre. Os informes eram desencontrados, de modo que obter uma informação verídica não era fácil. Depois de muitas perguntas e outras tantas respostas, voltou Aisar para repassar à esposa e ao filho tudo o que escutara.

– Ouvi muitas coisas, Esther. Vou falar o que me pareceu mais certo. Dizem que o Profeta está de fato vivo. Morreu, segundo vimos, mas apareceu umas dez vezes a seus discípulos e conversou com eles.

– E o que ele disse, Aisar?

– Orientou que pregassem a todos o que ele lhes havia ensinado.

– Conhecemos pouco do que ele pregou, mas esse pouco é suficiente para sabermos que ele é mesmo o Messias prometido, o Filho de Deus que nos veio trazer as chaves da felicidade eterna.

– Também não tenho dúvida.

– E onde estão os seus discípulos? Você não conversou com eles?

– Esse é o problema. Devem estar fechados em algum lugar, mas não consegui informação nenhuma que me levasse até eles.

– Vamos aguardar mais algum tempo. Tenho certeza de que vai chegar o dia em que entraremos em contato com eles.

Depois disso, Aisar retomou o seu trabalho de pastor, auxiliado pelo filho Isaac, e Esther continuou com os afazeres da casa.

Passou-se mais de um ano até que, numa noite, Esther tivesse um sonho: ela e Aisar caminhavam por uma longa estrada recoberta de areia dourada. Bem à frente, vinha um homem andando a passos largos. Quando se aproximou deles, reduziu os passos e, a sorrir, disse-lhes, olhando bem em seus olhos:

– Deixem tudo que têm e sigam-me.

Imediatamente, eles mudaram o rumo e passaram a seguir aquele homem, que possuía um brilho incomum à volta do corpo.

Quando Esther estava prestes a dizer alguma coisa, acordou rapidamente.

O sonho a deixou intrigada. Quem era aquele homem? Por que dissera para que o seguissem e, sem mais nem menos, tinham mudado o rumo, passando a acompanhá-lo? E por que havia aquela luz brilhante ao redor de seu corpo? Não demorou muito para que ela desse um grito, que acordou Aisar.

– É ele! É ele!

– O que você está dizendo, Esther?

– Sonhei com o Profeta! Sonhei com Jesus! – Completamente entusiasmada, ela contou o sonho ao esposo. E, por fim, disse entre lágrimas:
– Não, não foi sonho, Aisar. Não foi sonho.

– Então o que foi?

– Eu vi o Messias! Eu vi Jesus! Estava tudo muito claro para ser sonho. Quase todas as noites eu sonho, mas nunca aconteceu como hoje. Não sei como dizer. Tudo foi tão real, tão verdadeiro. Foi mais uma visão que um sonho.

Aisar ficou pensando um pouco, enquanto a esposa recordava tudo o que havia presenciado. Por fim, Esther comentou:

– O Profeta nos chama, Aisar. Não podemos deixar de obedecê-lo. Senti o mesmo olhar penetrante, que me atingiu outras duas vezes. Ele nos quer em seu caminho. Temos de segui-lo.

– E como vão ficar as ovelhas?

– Conversaremos com Isaac. Deixaremos tudo para ele e iremos no encalço de Jesus.

– Você está se esquecendo de uma coisa: dizem que Jesus foi para o céu, para o mundo dos espíritos. Como é que poderemos segui-lo?

– Quem está se esquecendo é você, Aisar. Não se lembra mais de que ele tinha vários discípulos? É com eles que deveremos estar, pois quem estiver com eles estará com Jesus.

Aisar silenciou. Como poderiam deixar tudo e sair para uma aventura, sem a certeza de que agiam de maneira correta? Parecia-lhe uma loucura largar tudo para seguir alguns homens que, afinal de contas, não eram Jesus, mas apenas alguns discípulos, desconhecidos do casal. Ele teria de convencer a esposa a deixar as coisas como estavam.

O dia passou sem que se tocasse mais no assunto. Apenas quando Isaac voltou do pastoreio é que Esther lhe contou o sonho.

– E a senhora quer largar tudo apenas por um sonho, mãe?

– Já lhe disse que não se trata apenas de um sonho. E mais: lembra-se do sonho do faraó nas areias do Egito? O sonho pareceu-lhe esquisito, de modo que acordou muito preocupado. Você já pensou se ele o tivesse considerado "apenas um sonho" e não tivesse pedido a interpretação de José?

– O povo egípcio teria passado por maus bocados na época das "vacas magras".

– Quer dizer que foi o sonho que salvou o povo, não é mesmo?

– É verdade.

– Com relação ao meu sonho, acontece algo semelhante. Jesus quer a nossa felicidade; quer que estejamos com ele, na pessoa dos seus discípulos.

– E por que ele só falou para a senhora?

– Não sei. Talvez outras pessoas tenham tido sonhos como esse, quem sabe? Isaac, o olhar dele não engana. É penetrante, é forte, é verdadeiro. Seu pai já sentiu a força do seu olhar.

– Isso é verdade, Isaac. Nunca vi uma pessoa com um olhar tão forte e tão suave ao mesmo tempo.

– Mas daí largar tudo e partir para uma aventura sem nenhum roteiro é demais, não acham?

– Eu disse isso à sua mãe, mas ela não se convence.

A conversa continuou por mais algum tempo, sem que ninguém cedesse. Chegou por fim a hora de dormir. Foi difícil conciliar o sono, tanto para Aisar como para Esther. Mas, depois de muito matutar, o pastor cedeu ao cansaço e, no meio da noite, teve um sonho que o deixou perturbado. Sonhou que apascentava com tranquilidade o seu rebanho. A estrada ao lado estava completamente vazia. De repente, viu um homem de cabelos soltos e vestes brancas que seguia por ela. Suas passadas eram firmes e seguras. Logo atrás, vinha uma multidão de pessoas. Ninguém levava nada nas mãos. As pessoas apenas caminhavam no percurso do homem, conversando entre si. Nesse momento, Aisar ouviu uma voz muito clara a dizer-lhe:

– Venha você também!

Acordou, ainda com a voz a ecoar em sua mente: "Venha você também!". Meditou por alguns minutos, depois acordou a esposa.

– Eu sonhei com ele, Esther – contou a ela.

Sonolenta e sem entender bem o que o marido lhe dizia, Esther indagou:

– Ele quem?

– O Profeta!

Ao ouvir isso, ela despertou inteiramente e pediu:

– Conte-me como foi, Aisar.

Depois de relatar o breve sonho, o pastor concluiu:

– Não pude ver o seu rosto, mas a silhueta era dele. Em seguida, quando ouvi a voz a chamar-me, não tive mais dúvidas: era o Profeta. Era a mesma voz que ouvimos no templo, quando ele contava parábolas ou respondia às perguntas que lhe faziam. Ele quer que nós o sigamos, Esther. Ele nos escolheu.

Ao dizer isso, uma emoção tão forte tomou conta do coração daquele simples pastor, que ele começou a chorar, enquanto a esposa também derramava lágrimas, intensamente comovida. Após alguns momentos de alegria incomum, Aisar falou para a mulher:

— Se ele nos chama, não podemos mais ficar aqui. Temos de partir. Faremos como você me disse há pouco: iremos a Jerusalém e, uma vez lá, por certo seremos inspirados a seguir até o local onde os apóstolos nos acolherão.

❦

Isaac achava uma loucura os pais saírem de casa, sem saber muito bem para onde deveriam dirigir-se. Mas eles estavam resolutos, de modo que o filho nada pôde fazer em contrário. Deixaram tudo o que possuíam para Isaac e, apenas com a roupa do corpo e dinheiro para uns tantos dias, rumaram para Jerusalém. No caminho, encontraram-se com outro casal, com quem iniciaram conversa.

— Então vocês querem seguir os ensinamentos do Messias?

— Exatamente. Estamos indo a Jerusalém a fim de obtermos informação sobre o local onde se reúnem os seguidores do Cristo.

— Pois eu ouvi dizer que ele subiu ao céu – disse a mulher.

— Uma coisa é verdadeira: ele não morreu – respondeu Esther.

— Isso é verdade – concordou o homem. – Logo vi que não se tratava de um homem qualquer.

— Você chegou a vê-lo? – perguntou Aisar.

— Assisti a uma coisa fenomenal que ele fez.

— Pois nos conte, por favor!

O homem diminuiu o passo e, olhando bem para Aisar e Esther, falou:

— Um tempo atrás, fiquei sabendo que a filha de Jairo, chefe da sinagoga, havia falecido. Fui até sua casa, como outras pessoas estavam fazendo. Quando já me encontrava em seu interior, onde havia grandes lamentações dos parentes, e vi que a garotinha de doze anos parecia morta, entrou um homem dizendo com imponência: "Por que esse alvoroço e esse choro? A menina não está morta. Apenas dorme". Pois sabe que muita gente começou a rir? Um senhor ao meu lado chegou a perguntar: "Esse homem está bem do juízo?". Jesus não se perturbou. Apenas mandou que saíssemos da casa, ficando ali apenas ele, os pais e as pessoas mais chegadas da família. De fora, ouvimos quando ele disse: "Menina, eu lhe ordeno: levante-se!". Em pouco tempo, a menina apareceu à porta da rua. Estava tão viva quanto nós. Todos ficaram estupefatos. Ninguém sabia o que dizer. Jesus ordenou que não espalhassem a notícia. Apenas pediu que dessem de comer à garota e saiu, acompanhado de três discípulos. O que posso dizer desse fato? Que ele é um homem comum? Certamente não é.

– Não tenho dúvida de que ele era capaz disso e de outras maravilhas – completou Aisar.

Foram até Jerusalém em conversa animada com o casal, o que fez o tempo de viagem parecer curto, pelo diálogo amigável que travaram durante todo o trajeto. Lá chegando, despediram-se e cada casal seguiu por um caminho diferente. Aisar foi perguntando aqui, perguntando ali, até que lhe falaram de um casarão que estava sendo habitado por discípulos de Jesus.

– Quem chefia as atividades dessa casa é um tal de Simão Bar Jonas, que hoje é chamado de Pedro – disse-lhe um homem que conversava com uns amigos no centro da cidade.

Depois de várias indicações e muito tempo, enfim Aisar e Esther chegaram diante de uma casa precária, que mais parecia um galpão. Um tanto acanhados, ficaram parados, apenas olhando o movimento das pessoas. Algumas saíam conversando, outras aguardavam numa fila.

– O que será que estão fazendo? – perguntou Aisar.

– Por que não perguntamos a alguém? – respondeu Esther.

Aisar adiantou-se um pouco e pediu informação a um casal vestido de andrajos, que acabava de sair do casarão.

– Como você pode ver, minha esposa está com a perna machucada. Pois fizeram um curativo e ainda permitiram que nos alimentássemos antes de irmos embora.

– E quem são eles? – quis saber Aisar.

– Dizem que são discípulos de Jesus, que fez muitas pregações e curou muitas pessoas, antes de ser crucificado e morto. Há quem diga que Jesus continua vivo, mas eu não cheguei a vê-lo, não.

Aisar agradeceu, trocou algumas palavras com a esposa e continuou em pé, apenas observando o movimento. Faltava-lhe coragem para entrar na casa e pedir informações. Havia, entretanto, um homem que observava o casal há algum tempo. Distraído, Aisar não percebeu a sua presença, até que ouviu a pergunta:

– Estão precisando de alguma ajuda?

Pensando tratar-se de mais um assistido da casa, Aisar respondeu:

– Eu gostaria de falar com um dos moradores da casa, mas vejo que não vai ser fácil. Não conheço ninguém aqui e estão todos no interior fazendo algum tipo de trabalho.

– Creio que possa ajudá-los. Meu nome é Filipe.

– Eu sou Aisar e esta é a minha esposa, Esther.

– Vejo que se trata de boas pessoas. Vamos entrar. Conversaremos em algum canto.

Assim dizendo, Filipe levou-os para o interior da Casa do Caminho – como era chamado o local – e, num canto em que não havia ninguém, fez com que se sentassem num banco, perguntando:

– O que realmente vocês desejam?

– Pensamos em seguir Jesus, ou melhor, os seus ensinamentos, e nos disseram que aqui vivem alguns de seus discípulos. Pensamos que poderíamos aprender muito com eles, pois conviveram com o verdadeiro Messias, de quem tivemos o privilégio de escutar alguns ensinamentos. Entretanto, somos pobres e incultos, de modo que teríamos de aprender muito a respeito da doutrina do Profeta.

– Querem apenas aprender ou também aplicar? – perguntou diretamente Filipe.

– Aprender e aplicar – foi a resposta de ambos.

– Pois bem, eu sou um dos discípulos que conviveram com o Mestre.

Nesse momento, tanto Aisar quanto Esther baixaram respeitosamente a cabeça e fizeram menção de ajoelhar-se, quando o discípulo pediu-lhes com humildade:

– Por favor, eu sou igual a vocês. Não me devem nenhuma reverência. Apenas quero dar cumprimento ao desejo que vocês alimentam no coração. Vou apresentar-lhes a Pedro, que dirá se podem conviver conosco. Porém, devo dizer-lhes que as poucas pessoas que aqui estão trabalham de sol a sol, não havendo muito tempo para confabulações. Vocês aprenderão a doutrina de Jesus, nosso Mestre, por meio do trabalho e da oração.

– É isso que nós queremos, não é, Esther?

– Sim, deixamos tudo e aqui viemos para seguir as pegadas do Profeta. Não recusamos trabalho. Queremos somente aprender com quem teve a honra de conviver com ele e, ao mesmo tempo, dedicar esforços em favor de pessoas como estas que aqui se encontram solicitando nossos préstimos.

Filipe, inspirado pela doutrina do Cristo, ficou satisfeito com as respostas e pediu que esperassem até à noitinha, quando poderia levá-los a Pedro.

– Enquanto isso, peço-lhes que encontrem algum trabalhador da casa e o ajudem em seus serviços.

Aisar e Esther separaram-se, buscando cada qual um trabalhador. Aisar foi ajudar Bartolomeu, que cuidava das feridas de um menino, e Esther foi à cozinha, onde passou a auxiliar uma jovem chamada Débora, que preparava um caldo suculento.

O dia passou muito rápido. Aisar, que nada entendia de enfermagem, foi aprendendo vagarosamente com Bartolomeu, que demonstrava grande paciência diante do desconhecimento do aprendiz. Já Esther trabalhou com desenvoltura, pois era exímia cozinheira.

Ao final do dia, quando os trabalhos de assistência a um grande número de necessitados foram encerrados, Filipe chamou o casal, dizendo que iria apresentá-los a Simão Pedro, o chefe da casa. Depois de algum tempo, estavam diante de um senhor idoso, que parecia cansado. Explicou a Filipe que conseguira vários donativos nesse dia, mas que teria de sair no dia seguinte para angariar mais doações, pois aumentava o número de necessitados que acorriam àquela casa de assistência fraterna. Em seguida, com um largo sorriso, perguntou:

– Então vocês querem colaborar conosco?

– Sim senhor – respondeu Aisar. – Queremos aprender com os que aqui trabalham os ensinamentos do Profeta, do Messias, que aprendemos a amar.

Pedro sorriu mais uma vez.

– O que vocês fazem?

– Eu sou pastor, mas comecei a aprender como fazer curativos. Na verdade, faço o que me mandarem. Não escolho trabalho. Quanto à minha esposa Esther, é uma excelente cozinheira.

– Fico muito contente – respondeu Pedro –, pois estamos precisando de mais braços nesta casa, que está se tornando pequena para acolher tantos pobres que vêm pedir socorro. Poderão vir aqui todos os dias?

Aisar baixou a cabeça e ficou pensativo. Esther, vendo que o marido não sabia o que dizer, esclareceu:

– Nós deixamos as nossas ovelhas e o nosso lar, em Jericó, e escolhemos seguir aqueles que nos possam repassar os ensinamentos do Messias. Tivemos a oportunidade de ouvi-lo e, depois disso, nada mais pôde nos satisfazer. Não conseguimos viver sem o conhecimento das suas lições. Como poderemos aplicá-las em nossa vida, se não as conhecermos?

– A senhora tem razão, mas posso dizer-lhe que hoje mesmo já começaram a pôr em prática os ensinamentos do Mestre, ajudando os seus irmãos menos favorecidos. Se entendi bem, vocês não têm onde dormir, não é mesmo?

– É verdade – respondeu Aisar. – Pensamos que poderíamos ficar em algum canto da casa, já que somos pobres e não temos nenhum luxo.

– O desprendimento é uma das lições de Jesus, Aisar. Já que vocês se predispuseram a trabalhar pelo bem do próximo, daremos um jeito. As coisas aqui estão muito apertadas, mas creio que solucionaremos esse problema.

A partir desse dia, Aisar e Esther tornaram-se trabalhadores da Casa do Caminho. Trabalhavam de sol a sol para poder dar conta do número de pessoas que ali chegavam à espera de mãos fraternas.

Em vários dias, Aisar saiu com Pedro para conseguir donativos que suprissem a demanda infindável. Em outros momentos, fazia curativos, examinando as feridas dos assistidos pela casa. Assim, passaram-se dois anos. Modificações foram feitas, ampliando-se os locais de atendimento. Outras pessoas também chegaram para ajudar nas várias atividades que os serviços exigiam.

Nesse meio-tempo, o casal conheceu Maria de Madalena, Joana de Cusa, Maria e sua irmã Marta, Prócoro, Nicanor, Barnabé e outros servidores da Casa do Caminho. E o que os comoveu sobremaneira foi o contato com Maria, mãe de Jesus. Com ela, aprenderam a amar e a seguir a doutrina do Cristo, pregada pelo seu coração e exemplificada pela sua vida.

Já entravam no terceiro ano de trabalho ininterrupto, quando Aisar passou a sentir fortes dores no peito. Assim, numa noite de inverno, depois das costumeiras orações, ele entregou suavemente a sua alma a Deus.

Depois que os pais deixaram o lar, Isaac tornou-se cada vez mais intros-pectivo. Pensava muito no gesto destemido de Esther e Aisar, e refletia so-bre a real identidade desse Jesus que lhes mudara a cabeça a ponto de tudo abandonarem para seguir aqueles que haviam convivido com esse profeta.

Pôde vê-los uma única vez, quando conseguira alguém para cuidar do rebanho por algum tempo e partira para Jerusalém, a fim de saber como estavam. Ficou impressionado com o clima de fraternidade que reinava en-tre aquelas pessoas que haviam se despojado de seus haveres para servir o próximo. Voltara pesaroso para casa, pois nunca se sentira tão bem em toda a vida como ao estar junto daqueles homens e mulheres que pensavam mais nos outros que em si mesmos. Já não achava mais uma loucura o que os pais haviam feito. Na verdade, eles tinham escolhido a melhor parte.

Quando recebeu a notícia de que seu pai havia falecido, tomou uma de-cisão irrevogável. Faria como ele e sua mãe: venderia a sua casa, venderia o rebanho e partiria para a Casa do Caminho, entregando a seus dirigentes o que houvesse conseguido com a venda. Sem ter noção disso, ele agia como não agira outro jovem, quando, certa vez, perguntara a Jesus o que deveria fazer para herdar a vida eterna. Jesus lhe respondera:

– Vá, venda o que tem, dê aos pobres e terá um tesouro no céu. Depois, venha e siga-me.

Isaac realmente vendeu tudo e partiu para Jerusalém acompanhando uma caravana, já que tinha medo de ser assaltado. Lá chegando, foi ime-diatamente à Casa do Caminho. Apresentado a Simão Pedro, contou o que fizera e foi recebido de braços abertos. Reformas foram feitas com o dinheiro recebido do jovem.

Esther ficou feliz com a presença do filho, que passou a executar o mes-mo trabalho do pai, aprendendo a fazer curativos. À noite, ele ouvia, ma-ravilhado, as narrativas sobre a vida de Jesus e suas magníficas parábolas. Numa dessas noites memoráveis, Isaac escutou atentamente um discípulo, que lhe disse ter falado Jesus, certo dia, sobre os dois fundamentos em que podemos construir a nossa vida: a rocha e a areia. O velho discípulo olhou bem para o jovem e lhe falou de maneira pausada:

– Disse o Mestre: "Todo aquele que ouve as minhas palavras e as pratica será comparado a um homem prudente, que edificou a sua casa sobre a rocha. Caiu a chuva, transbordaram os rios, sopraram os ventos e bateram com ímpeto contra ela, que não caiu porque fora edificada sobre a rocha. Entretanto, todo aquele que ouve as minhas palavras e não as pratica será comparado a um homem insensato, que edificou a sua casa sobre a areia. Caiu a chuva, transbordaram os rios, sopraram os ventos e bateram com ímpeto contra ela, que desabou, sendo grande a sua ruína".

Isaac ficou pensativo, como quem meditasse sobre o que ouvira. O discípulo, notando que o jovem não entendera o suficiente, explicou:

– Neste belo ensinamento, Isaac, Jesus nos instruiu a respeito de duas classes de Homens: aqueles que vivem a doutrina pregada por ele e os que não a vivem. Os primeiros, ele os compara ao homem prudente que construiu a sua casa sobre a rocha. São as pessoas que têm uma vida fundada nos preceitos da moral; são as que cumprem a Lei de Deus. Quando surgem os obstáculos, as tentações, as perturbações, as adversidades, elas permanecem sustentadas pela sua fé no poder divino e na compassividade do Pai. Já os que não vivem a doutrina pregada pelo Cristo, ele os compara ao homem que construiu sobre a areia movediça. São os que, mesmo tendo ouvido a Verdade, dão preferência aos prazeres momentâneos, às facilidades, aos vícios, ao ódio, ao orgulho e ao egoísmo. Estes cairão diante dos contratempos da vida, por não terem onde se sustentar. Quando as tormentas da vida, em forma de adversidades e provações, se abatem sobre a sua alma, produzem danos profundos, que exigem dificultosas e duradouras indenizações. Todavia, quando tais tormentas ocorrem na direção dos homens sensatos, são amainadas pela sua fé e serenidade, símbolo da rocha que nenhum temporal pode abater.

Isaac ficou maturando os pensamentos a respeito do que escutara nas poucas palavras do apóstolo. Outro discípulo, pedindo licença, acrescentou:

– O que acabamos de ouvir é a perfeita interpretação do ensino ministrado pelo Mestre. Gostaria, entretanto, de mostrar, com toda humildade, um outro lado, que adorna o primeiro. Jesus compara, nesta bela parábola, a crença humana com uma casa. A crença verdadeira assemelha-se à casa firme, alicerçada sobre a rocha; a falsa crença é semelhante a uma casa instável, construída sobre a areia movediça. Com isto, mostra-nos o Mestre que há dois tipos de crença: a *crença verdadeira*, que se origina da análise racional, do estudo sério e da observação sistemática; trata-se de uma crença ativa, que nasce da reflexão, da razão; por outro lado, há a *falsa crença*, que é passiva, meramente tradicional e fundamentada em dogmas incertos; nela não há análise nem reflexão, mas aceitação destituída de razão. A crença verdadeira é o símbolo da casa edificada sobre a rocha e a falsa crença representa a casa construída sobre a areia. Nós, que abraçamos os ensinamentos do Cristo, encontramos a Verdade que procurávamos, a Verdade que liberta. Ouvimos os ensinamentos da boca de Jesus e observamos todas as suas manifestações espetaculosas. Analisando o que vimos e escutamos, concluímos que o Caminho, a Verdade e a Vida é o pregado e exemplificado pelo Mestre. Meus irmãos, certamente nós, que aqui estamos e seguimos o Cristo, construímos sobre a rocha.

Isaac maravilhava-se com os ensinamentos que recebia à noite, quando as estrelas brilhavam faiscantes sobre a sua cabeça. Ao terminar as atividades, que cumpria com todo ânimo e dedicação, aguardava ansiosamente qual seria a lição daquela noite. E assim foi por algum tempo, até que sua mãe começou a dar sinais de que o período de permanecer neste planeta chegava ao fim. Sempre próximo dela, pediu que diminuísse o ritmo de seu trabalho, mas Esther não queria deixar de servir aqueles que precisavam dos seus préstimos. Continuou firme no preparo das suculentas sopas que eram servidas a partir das solicitações dos discípulos, que angariavam fundos com dificuldade, a fim de que as atividades da Casa do Caminho não fossem paralisadas.

Numa tarde, Esther sentiu-se muito cansada e, instada por uma discípula, sentou-se para livrar-se um pouco da fadiga que tomara conta do seu corpo. Minutos depois, quando foi procurada por uma trabalhadora da casa, sua alma já partira para o mundo espiritual.

Isaac sentiu muito a ausência da mãe, mas o seu coração estava alimentado com o Evangelho pregado naquela casa humilde, que procurava pôr em prática os ensinamentos do Divino Mestre. Nascia na humildade daquele recanto quase esquecido de Jerusalém o Cristianismo autêntico, que mudaria a face do planeta com o perfume inebriante do amor e da caridade, que vê no próximo um verdadeiro irmão, nascido do âmago de Deus.

Por essa época, o coração de Isaac já se consumia no ardor da Verdade pregada por Jesus. Foi depois de poucos meses que resolveu sair dali para levar o Evangelho a outras pessoas, por onde passasse. Após deixar a localidade e enquanto fazia pequenos trabalhos no comércio central da cidade, para sua sobrevivência, acabou por conhecer Ezequiel, um comerciante de boa índole, que lhe ofereceu emprego permanente, cedendo-lhe também um pequeno cômodo nos fundos da casa a fim de que pudesse dormir. Todavia, Isaac ainda não sabia como falar a respeito do Mestre para as pessoas com quem deparava. Não encontrava jeito para abordá-las e discorrer sobre o pensamento do Profeta. Estava já desanimado quando, numa noite, depois de vários meses de convivência diária, Ezequiel fez-lhe uma pergunta totalmente inesperada:

— Isaac, você já ouviu falar em Jesus, chamado o Cristo?

A pergunta pegou-o de surpresa. Com cautela, respondeu:

— Sim, meus pais chegaram a vê-lo e a ouvi-lo.

— E o que você pensa da sua doutrina?

Mais uma vez, Isaac teve de pensar com rapidez, antes de responder:

— Ele prega o amor a Deus e aos semelhantes.

— Exatamente. E você concorda com isso?

— Bem, há muitos profetas, e cada qual tem uma maneira própria de ensinar o que pensa ser a verdade.

— Você ainda não me respondeu. O que pensa a respeito da doutrina de Jesus?

— Se nós amássemos a Deus e vivêssemos como irmãos, a vida poderia ser melhor, não é mesmo?

— Então você concorda com esse pensamento?

— Ezequiel, o senhor me aperta na parede, para que eu não tenha por onde sair. Qual a razão disto?

— Porque eu creio que Jesus é o Messias esperado e me coloco entre os últimos dos seus discípulos. E você? Qual é a sua opinião?

A resposta sincera de seu patrão fez com que Isaac se lembrasse da história que Simão Pedro havia contado a respeito de si mesmo, quando negara Jesus por três vezes. A vergonha foi tanta, que ele começou a chorar.

— Você é uma boa pessoa, Isaac. Gostaria de poder falar-lhe a respeito do Divino Rabi.

Isaac, enxugando as lágrimas, contou a vivência que tivera na Casa do Caminho e, diante do patrão, pediu perdão a Jesus por ter-se esquivado de confessar a sua escolha pela doutrina do Mestre.

— O senhor acaba de me dar o bom exemplo, Ezequiel. Perdoe a minha covardia.

– Você mesmo me falou há pouco das três negações de Pedro, quando Jesus foi preso. E hoje ele não é o líder desse punhado de heróis que pregam a Boa Nova?

– É verdade.

– Você também pode mudar e tornar-se um dos pregadores do Evangelho. Por que não? É verdade que devemos ter cuidado. Mas é também verdade que não podemos ficar calados, enquanto a ignorância e o mal se espalham entre os homens.

– O senhor tem toda a razão, Ezequiel. Eu caí no meio do caminho e agora estou enlameado à beira da estrada.

– Não se fixe no erro, Isaac, ou você permanecerá nele. Olhe para o que quer e não para o que rejeita. O que importa não é a queda, mas o levantar-se. Levante-se e caminhe firme para o seu objetivo.

– O meu objetivo é pregar a doutrina do Profeta.

– Pois é isso o que você tem a fazer. Amanhã à noite eu o levarei à casa do meu amigo Shamir e conversaremos a respeito. Você vai gostar dele.

A noite seguinte estava muito bonita. Uma grande lua prateada iluminava as ruelas por onde Ezequiel levava Isaac. Pararam defronte de uma casa isolada e sem nenhuma iluminação aparente. Ezequiel bateu três vezes na porta, fez uma pausa e bateu mais duas vezes. Depois de algum tempo, surgiu o rosto de um senhor idoso.

– Ezequiel, meu irmão, entre!

– Obrigado, Shamir. Estou trazendo o meu amigo Isaac para você conhecer. Ele trabalha comigo no comércio.

– Quem é amigo de Ezequiel é meu amigo. Entre, jovem!

Os dois, conduzidos pela luz amarelada da lâmpada de Shamir, seguiram por um longo corredor, desceram uma escada e foram dar numa sala onde havia um pequeno castiçal com uma vela acesa. A pedido do amigo, Ezequiel sentou-se, convidando Isaac a fazer o mesmo. Shamir, de frente para eles, olhou para ambos e perguntou:

– Então, em que posso servi-los?

Ezequiel tomou a palavra:

– Isaac trabalha comigo há vários meses. É pessoa de confiança.

– Acredito.

– Sua mãe viu, certo dia, Jesus curar um cego e correu para contar ao marido. Este quis saber quem era esse homem que fazia os cegos enxergarem. A história começa aí. Depois, eles tiveram oportunidade de ouvir as últimas pregações do Rabi. Presenciaram até seu julgamento e crucificação. Mais tarde, ao saberem que Jesus tinha aparecido a seus discípulos, doaram tudo que tinham ao filho e seguiram em busca destes, a fim de aprender com eles a doutrina do Mestre. Instalaram-se na Casa do Caminho e ali permaneceram até a morte. Isaac vendeu o pouco que herdara e foi permanecer junto à mãe, assim que o pai faleceu. Ali ouviu da boca de Simão Pedro e de outros discípulos os preceitos pregados por Jesus. Mesmo após a morte da mãe, permaneceu ainda por um bom tempo servindo naquela casa de bênçãos. Depois, pensando em pregar o Evangelho a outras pessoas, deixou o local e acabou se encontrando comigo. Começou a trabalhar em meu comércio e somente ontem vim a saber da sua real história. Ele acalenta o sonho de disseminar a Boa Nova entre o povo judeu. "Nada melhor", pensei, "do que conhecer o meu grande amigo Shamir".

— Bela história a sua, Isaac. Quer dizer que você aprendeu as lições do Mestre com Simão Pedro?

— Meu contato maior foi com discípulos mais recentes, mas, sem dúvida, tive o privilégio de ouvir Simão Pedro.

— E quer agora repassar os seus conhecimentos aos que ignoram a Verdade pregada pelo Messias?

— Exatamente isso, Shamir. Mas não sei como fazê-lo.

— Não vai ser fácil. Há muitas pessoas que odeiam os pregadores da Verdade. Mas, sem dúvida, há também aquelas que querem beber da fonte que não seca. Vamos fazer o seguinte: conte-me, resumidamente, o que você conhece a respeito da doutrina de Jesus e, em seguida, veremos como agir daqui para frente.

Isaac, com alguma timidez, relatou ao velho Shamir tudo o que sabia. O amigo de Ezequiel, após ouvir o relato, olhou para Isaac e disse com um sorriso nos lábios:

— Vou contar-lhe o que fazemos aqui. Você vai gostar. Costumamos nos reunir uma vez a mais ou menos cada quinze dias, eu, Ezequiel e outros seguidores do "Caminho". Mudamos a cada vez o dia da semana, para não sermos notados. Aqueles que detêm maiores conhecimentos sobre a doutrina do Mestre tomam a palavra e repassam aos demais alguns fragmentos da Boa Nova, que tentamos unir, formando um todo que corresponda à essência do que Jesus nos ensinou. Precisamos, entretanto, de muito cuidado, pois você sabe que nosso irmão Estêvão foi assassinado por Saulo, hoje convertido às nossas fileiras com o nome de Paulo. Também deve saber das prisões de Pedro, João e dos demais apóstolos...

– Sim, eu tenho conhecimento do que lhes aconteceu.

– Continuamos sendo perseguidos por todos quantos ainda têm o coração endurecido. Mas isso não impede que nos reunamos aqui. A ideia é, com o tempo, formarmos divulgadores da doutrina do Cristo, que sairão para outras localidades, pregando os ensinamentos do Messias.

– Pois é isto que estou querendo fazer, Shamir.

– Ótimo. Então você aceita participar das nossas reuniões?

– Eu me sentirei honrado por poder fazer parte deste grupo, e também muito agradecido. Obrigado, Ezequiel, por me trazer aqui. Obrigado, Shamir. Apenas uma pergunta: Ezequiel, como você teve coragem de me falar do Messias, apesar das perseguições, que ainda são uma triste realidade? E se eu o tivesse denunciado?

– Há algum tempo que eu o observo, Isaac. Obtive informações precisas sobre a sua pessoa.

– Quem poderia me conhecer aqui?

– Alguém que também participou da Casa do Caminho.

– Agora entendo.

– Mas não foi só isso. Os seus modos, a sua maneira de orar e de falar, tudo me dizia que eu estava diante de um seguidor do Caminho. Oramos muito, eu, Shamir e nossos irmãos em Cristo, antes de eu lhe fazer o convite.

Isaac ficou feliz por ter encontrado esse grupo de seguidores do Cristo e prometeu participar da primeira reunião, marcada para a semana seguinte. O tempo custou a passar, até que Ezequiel, numa tarde, chamou-o à parte.

– A reunião é hoje. Sairemos com todo o cuidado, depois que o sol se tiver posto. Esteja preparado.

No momento certo, Ezequiel saiu da casa, caminhando pelas vielas escuras dos arredores de Jerusalém. Isaac o seguia à distância, pelo outro lado da rua. Depois de serpentear pelos zigue-zagues das ruas estreitas, Isaac viu-se diante da porta da casa de Shamir. Entrando discretamente, sem demora encontrou-se junto de sete pessoas sentadas em semicírculo. Reinava o silêncio, cada um parecendo meditar sobre o conteúdo da reunião que logo teria início. O moço foi apresentado ao demais e, em seguida, Shamir fez uma prece, sinalizando depois a um senhor de seus cinquenta anos que desse início à sua preleção. Olhando com calma para os demais, ele falou em voz baixa:

– Ouvi, certa vez, da boca do Mestre o seguinte: "Ninguém, ao acender uma candeia, cobre-a com algum vaso ou a põe debaixo da cama. Em vez disso, coloca-a no velador, a fim de que os que entram vejam a luz". Sábias palavras, meus irmãos. Isto porque cada um de nós recebeu, a seu modo, a luz da Verdade pregada por Cristo. E essa luz não pode ser colocada sob a cama, não pode ser coberta por nenhum vaso. As plantas tenras necessitam da luz do sol para sobreviver; a criatura humana, plantinha frágil, necessita da Luz divina, a fim de que cresça e frutifique. Foi ainda Jesus quem disse: "Assim resplandeça a vossa luz diante dos homens, para que vejam as vossas obras e glorifiquem o vosso Pai, que está nos céus". Pois bem, já recebemos, e estamos agora recebendo, a Luz da doutrina do Cristo. Por que ocultá-la, quando deve brilhar nos quatro cantos da Terra?

Após breve pausa, prosseguiu o senhor:

– Há quem pense que ela deva permanecer aqui, nas areias que Jesus pisou, mas essa não era a sua vontade, quando nos estimulou a colocá-la sobre o velador, a fim de que todos pudessem vê-la. "Vós sois a luz do mundo", ele nos exortou. Cabe, agora, a todos nós difundi-la a quem quer que deseje vê-la. Sejamos prudentes, sim, mas não covardes, a ponto de ocultá-la dos olhos de quem poderia usufruir dos seus benefícios incomensuráveis. Não fiquemos mais apenas fechados sob a escuridão da noite sem estrelas. Saiamos às ruas e, prudentemente, preguemos a Boa Nova, que Jesus deixou para todos os homens e não apenas para meia dúzia de apóstolos e discípulos enclausurados no medo dos que se acovardam diante do dever. Que a Luz divina existente em nós comece a banhar todos os homens, em todos os lugares por onde nossos pés passarem. A finalidade da luz é iluminar; iluminemos, pois, o mundo com as palavras e os exemplos do nosso Mestre, o farol que ilumina os nossos passos. Que o Pai nos dê a coragem de testemunhar a Verdade, assim como Jesus a testemunhou!

As palavras soaram com força incomum no ambiente acanhado onde se achavam aquelas pessoas desejosas de seguir Jesus em suas palavras e em seus exemplos. Houve, porém, quem pedisse mais cautela diante da situação que os hebreus viviam sob o domínio de Roma. De forma disciplinada, todos discutiram o conteúdo inovador do expositor, que se confessou depois apenas um aprendiz dos ensinamentos do Cristo. Outros oradores falaram naquela noite, mas as palavras daquele senhor, que Isaac identificou como Benjamin, calaram fundo no coração do jovem. Já em casa de Ezequiel, as conversas prolongaram-se até o início da madrugada. Havia muito o que dizer sobre a reunião.

⬥

O tempo não parou na vida de Isaac. Muitas reuniões ele assistiu ainda na casa de Shamir, que desencarnou poucos anos depois. Mais alguns anos, e também Ezequiel desencarnou, deixando-lhe os negócios que soubera tocar com grande tino.

Por volta do ano 57, quando estava com 43 anos, Isaac teve a grande oportunidade de encontrar-se rapidamente com Paulo de Tarso, que fora até Jerusalém a fim de levar uma coleta que havia levantado para a comunidade local. Desse breve encontro, guardou Isaac no coração o ardor do apóstolo no seu amor a Cristo. Ficou impregnada em sua alma a frase que Paulo repetiu de uma carta que havia escrito aos filipenses: "Esqueço-me do que fica para trás e avanço para o que está adiante, prosseguindo para o alvo, para o prêmio da vocação do alto, que vem de Deus em Cristo Jesus". Esse pensamento foi motivo de muitas reflexões a respeito do temor que tomava conta de sua pessoa quando resolvia pregar a Boa Nova aos gentios.

Mas, finalmente, depois de sete anos desse memorável encontro, Isaac resolveu prosseguir "para o alto", tomando a decisão de ir a Roma disseminar a Boa Nova. Sabedor de que Paulo de Tarso já pregara a Verdade cristã nessa cidade e que ali havia um núcleo de seguidores de Jesus, rumou para lá com o que sobrara da venda de seus bens, pois distribuíra quase tudo aos necessitados. Levava igualmente uma contribuição para essa comunidade, que desejava conhecer.

Era o ano 64 quando Isaac chegou à capital do Império Romano. Nero Claudius Cæsar Augustus Germanicus, simplesmente conhecido por Nero, imperava havia dez anos.

Apesar das conquistas militares e políticas e da construção de diversos teatros, assim como da promoção bem-sucedida de provas atléticas, o imperador deixara-se levar pela tirania e pela extravagância, o que lhe imprimira a alcunha de megalomaníaco e louco. Depois de certo tempo de império, foi responsabilizado pela morte da mãe, da primeira esposa e de ter mandado envenenar um meio-irmão. Havia entre os políticos romanos um espírito de insatisfação e revolta, que culminou com sua deposição pelo Senado e condenação à morte no ano 68. Dizem que, em vez de se entregar, pediu a um de seus súditos que lhe cortasse a garganta com uma adaga. Nesse momento, fez uma última declaração estrepitosa:

– O mundo acaba de perder um grande artista!

Pois foi em meio aos ruidosos acontecimentos em Roma, cujo protagonista era o imperador, que Isaac deu entrada na cidade em busca da comunidade cristã que sabia existir ali. Tal congregação era composta, em sua maioria, por gentios convertidos, o que lhe causava certo temor, por seu judeu. Entretanto, estava convencido de que não só os judeus, circuncisados, deveriam receber a Boa Nova, mas toda criatura humana, em todo o mundo, como afirmava Paulo a plenos pulmões.

Depois de procurar por algum tempo, viu-se diante de uma casa nas cercanias da cidade. Recebeu-o um homem, que se identificou como Aristóbulo. Depois de certa precaução e após ter tomado conhecimento da história de Isaac, Aristóbulo abriu seu coração, e ambos conversaram por longo tempo a respeito dos ensinamentos do Messias. Como haveria uma reunião de cristãos no dia seguinte naquela mesma casa, que se convertera em igreja doméstica, Isaac foi convidado a permanecer ali e a participar desse encontro cristão.

Mais de uma vez Isaac se reuniu com gentios e judeus, que haviam aderido à pregação do Cristo. No último dos encontros de que participou, um homem chamado Hermes fez uma preleção profética:

– Nada temamos, irmãos em Cristo. Nada temamos, pois poderemos ser perseguidos, presos e até mortos, mas a mão do nosso Divino Mestre nunca se apartará de nós. Foi ele quem disse: "Onde quer que dois ou três se acharem reunidos em meu nome, ali estou eu no meio deles". E o que estamos fazendo nós, senão nos reunirmos periodicamente em seu nome? Muitos gemidos poderão ser escutados, mas, depois de termos dado o nosso testemunho, o Senhor nos chamará para os seus braços, e a paz reinará em nossos corações. A ovelha que ama o seu pastor nunca se perde. E nós, ovelhas tresmalhadas, encontramos o redil e dela não sairemos mais. Se amanhã poderemos ser torturados e mortos, o Messias nos ressuscitará para a Vida Eterna. Sejamos fortes, irmãos, pois, depois da noite escura, raiará a manhã com os esplendores dos raios do sol...

Isaac não entendeu bem as palavras de Hermes. Saberia ele de alguma nova perseguição? Ou estaria apenas lembrando a cada ouvinte que, mesmo nos momentos mais difíceis, Jesus estaria ao lado de cada um, para acolhê-lo em seus braços e protegê-lo das agruras das tempestades espirituais? Foi assim pensando que ele dormiu em plena madrugada.

❦

Na noite seguinte, 18 de julho do ano 64, Isaac saía da casa de Asíncrito, integrante da comunidade cristã de Roma, quando ouviu pessoas falando em altas vozes:

– Está havendo um grande incêndio pelos lados do Circo Máximo!

Em pouco tempo, já se dizia que o fogo se alastrara pelas ruelas vizinhas e tomava proporções inimagináveis. O centro comercial de Roma estava totalmente em chamas, e o fogo se propagava com rapidez assustadora. Um dos motivos pelos quais o incêndio crescia cada vez mais eram as *insulae* – edifícios de madeira que chegavam a atingir quatro e até cinco andares, e eram altamente inflamáveis. Diz-se que, aproximadamente, quatro mil *insulae* e 130 casas aristocráticas foram tragadas pelo furor das chamas.

Muitas pessoas tentaram conter as labaredas, entre elas Isaac, que se expunha por vezes até perigosamente. O incêndio, porém, estava incontrolável e se estendeu por toda uma semana. Entre os edifícios consumidos totalmente pelo fogo estavam o templo de Júpiter Stator e o lar das virgens vestais. Expandindo-se em várias direções, o incêndio chegou aos Montes Palatino e Célio, destruindo as luxuosas casas dos senadores e atingindo também o porto fluvial, onde se localizavam os armazéns cheios de lenha e azeite. Com isto, adquiriu mais força, alimentado igualmente por fortes ventos, caminhando de maneira incontida para bairros mais remotos. Dos catorze bairros de Roma, apenas quatro ficaram intactos, sete foram parcialmente destruídos e três foram totalmente consumidos pelas chamas.

Quando do início do grande incêndio, Nero estava ausente, encontran-do-se em Anzio, localidade próxima de Roma, na região do Lácio. Ao saber do ocorrido, retornou para a cidade em chamas, tendo, segundo dizem, colaborado para combater a catástrofe. Há mais de uma versão a respeito do incêndio; sabe-se, no entanto, que, com a finalidade de atenuar o sofrimen-to dos atingidos pela calamidade, o imperador baixou o preço de alguns alimentos e prometeu reconstruir as casas dentro de uma nova estética, de acordo com a sua concepção visual. Todavia, a popularidade de Nero estava muito baixa, fosse pelas suas excentricidades, fosse pelo assassina-to de cidadãos pertencentes às altas camadas sociais de Roma. Desafetos, aproveitando a ocasião, lançaram o boato de que o fogo fora ordenado pelo imperador, que pretendia reconstruir a cidade.

A notícia espalhou-se tão rápida como o fogo, e logo grande parte da população estava crendo que de fato o responsável pelo incêndio era Nero. Acuado, procurou o imperador um "bode expiatório", a fim de desviar as atenções recaídas sobre sua pessoa. A escolha incidiu sobre os cristãos, vistos como supersticiosos, sectários e imorais por muitos romanos. Teve início então a perseguição cruel que levou muitos cristãos à fogueira e à cruci-ficação. Com o tempo, os circos também fariam execráveis espetáculos, lançando os cristãos às feras famintas.

Isaac estava reunido com Aristóbulo quando chegou a notícia de que os cristãos tinham sido incriminados pelo grande incêndio.

– Estamos sendo perseguidos sem dó nem piedade – avisou o informante.

Nesse momento, renasceram em sua memória as palavras proféticas de Hermes: "Muitos gemidos poderão ser escutados, mas, depois de termos dado o nosso testemunho, o Senhor nos chamará para os seus braços, e a paz reinará em nossos corações".

Propôs Aristóbulo que se separassem, para se reencontrarem nas cerca-nias de Roma um dia depois. Partiriam para novas terras, ali difundindo a palavra do Mestre.

Isaac saiu rapidamente e seguiu por ruelas, algumas ainda com fumaça preta subindo ao céu. Depois de andar por algum tempo, viu Menahem, um ancião que conhecera na casa de Aristóbulo. Ao notá-lo, fez menção de aproximar-se, mas o senhor fez ocultamente um sinal para que saísse dali.

Indeciso, Isaac ficou a olhar para ele, quando um soldado, que se escondera atrás de um pilar, gritou:

– Esse é um deles! Peguem o cristão!

Não foi possível correr muito, pois um pelotão que vinha em sentido contrário pegou-o com facilidade. Isaac tentava escapar, quando se recordou das palavras de Hermes: "Nada temamos, irmãos em Cristo. Nada temamos, pois poderemos ser perseguidos, presos e até mortos, mas a mão do nosso Divino Mestre nunca se apartará de nós". Nesse instante, uma paz indizível tomou conta do seu coração. A bordoada que levou na têmpora quase não foi sentida. Caído no meio da rua, pôde ver Menahem levar um golpe na nuca e desabar sobre as pedras do chão. Uma frase, porém, ainda escapou da boca do ancião:

– "Eu vim para que todos tenham vida, e a tenham em abundância". – Em seguida, ficou imóvel no chão, que já recebia o seu sangue.

Isaac, antes de levar a pancada de misericórdia, ainda teve tempo para dizer, também como Jesus, as palavras que lhe saíram do fundo da alma:

– "Senhor, em vossas mãos entrego o meu espírito".

No dia seguinte, Aristóbulo esperou por Isaac no local indicado até o entardecer. Quando a tarde começou a ceder lugar à escuridão da noite, uma certeza tomou conta do seu coração: "Isaac foi preso!", pensou. Enquanto seguia sozinho por uma estrada estreita, sob o clarão da lua cheia, uma imagem surgiu em sua mente. Ele viu seu novo amigo abraçado por várias pessoas que sorriam e cantavam louvores a Deus. "Isaac partiu!", constatou. Em seguida, ouviu uma voz inconfundível:

– Siga em frente, Aristóbulo! A palavra de Deus, que aprendemos com Jesus, tem de ser enviada aos quatro cantos da Terra. Não esmoreça. O nosso Mestre nunca nos desampara!

Se uma lágrima surgiu nos olhos daquele aprendiz do Evangelho, também a alegria infiltrou-se em sua alma, motivada pelo amor ao Divino Mestre. Realmente, era preciso que o Evangelho chegasse a todas as criaturas. Ele precisava continuar o seu caminho até encontrar comunidades que pudessem tomar conhecimento da Boa Nova e mudar sua vida. "Jesus é o bom pastor", refletiu, "e suas palavras têm de inundar o íntimo dos corações de suas ovelhas. Não posso mais perder tempo!". Prosseguiu sua caminhada em meio à noite que descera sobre os arredores de Roma.

O Cristianismo incipiente dava seus primeiros passos até conseguir alastrar-se pelos confins do mundo...

PARTE 2

Razão e fé

CAPÍTULO 6

Uma nova discípula

Isabel olhou bem para a mãe e perguntou, como se não entendesse:
– Convento?
– Exatamente, filha. Você não me disse que seu grande desejo era tornar-se monja?
– Quer dizer que...
– Quero dizer que seu pai finalmente concordou. Ele conversou com o bispo, e este com a abadessa. O que dependia de nós já foi feito. O restante é com você.
Lágrimas escorreram dos olhos de Isabel, que abraçou a mãe agradecendo pela decisão que fora tomada. Seu desejo maior era servir a Deus num monastério. Queria seguir o Evangelho de Jesus Cristo no recôndito de um mosteiro, onde, em pleno silêncio, pudesse escutar apenas as palavras divinas que ecoassem em seu coração.
Isabel pertencia a uma família de posse – seu pai era um abastado comerciante – e tinha sido prometida, desde a infância, ao filho de um grande mercador. Jordanus era o nome do adolescente, que sempre acompanhava o pai nas suas longas viagens em busca de mercadorias, que eram revendidas a preços elevados. Pois, numa dessas jornadas, a comitiva foi atacada por salteadores, que conseguiram ferir Jordanus. De volta para casa, ele viveu apenas mais dois dias, dominado pela febre. Em suas alucinações, clamava constantemente por Isabel, tendo falecido com o nome da jovem nos lábios.

Isabel, que conhecera Jordanus desde a infância, sofreu muito com a notícia, tendo decidido, a partir daí, entrar para o convento e dedicar-se à vida espiritual. Acalentava o sonho de dedicar a existência a Deus, seguindo o caminho do Cristo e orando pela salvação da humanidade. Até aquele momento, entretanto, seu austero pai recusara terminantemente satisfazer o desejo da filha, pois pretendia ainda casá-la com outro jovem de posses. Isso fez com que a surpresa do consentimento a deixasse aturdida. Aos poucos, foi se refazendo e perguntou à mãe por que o pai mudara de ideia com tanta rapidez.

– Não foi rapidamente, filha. Ele já vinha pensando nisso há algum tempo. Na semana passada, quando se viu diante da catedral, resolveu entrar e fazer uma oração. Pois bem: enquanto orava, sentiu um impulso muito grande de falar com o bispo. Levantou-se, foi procurá-lo e, para sua grande surpresa, vinha o prelado andando em sua direção. Quando se deu conta, já pedia ao bispo autorização para o ingresso de sua filha no monastério. Este ficou muito contente e prometeu que conversaria com a abadessa, pedindo a seu pai que retornasse em três dias. Quando ele voltou a falar com o bispo Agostinho, o pedido já fora atendido, bastando agora você conversar com a abadessa Perpétua.

– E quando será isso, minha mãe?

– Amanhã, filha.

– A senhora não sabe como estou alegre. Deus ouviu as minhas preces.

– E as minhas também.

– Mas a senhora sempre foi contrária...

– Da boca para fora. Eu apenas acompanhava a determinação de seu pai. No fundo, sempre quis ter uma filha no convento, dedicada a servir a Deus. Orei muito para que isso acontecesse.

– E papai, que sempre foi contrário à minha vocação?

– Aos poucos, minha filha, ele foi cedendo. Depois de muita conversa e inspiração divina, acabou por concordar.

– Mãe, passarei o dia em oração, para que o Senhor me inspire no que vou dizer.

– Ele irá inspirá-la, Isabel. Estou certa disso.

Estamos em Hipona, cidade provavelmente fundada pelos fenícios, que passou para o domínio romano, tornando-se província da Numídia, na África romana. É o ano 400 da nossa era. Isabel, com dezoito anos, desde criança mostrara-se voltada para as coisas de Deus. Sem demonstrar vaidade nem se mostrar mimada diante dos carinhos paternos, cresceu entre brincadeiras e oração. Tinha por volta de cinco anos quando, em sua casa, uma visita falava a respeito da parábola da figueira, e ela, inocentemente, virara-se para a mãe, dizendo:

– Ele tem os olhos mais fortes que já vi.

– Ele quem, Isabel?

– Jesus.

A mãe sorriu e retrucou:

– Acredito que seja verdade, mas você nunca viu os olhos de Jesus.

– Vi, sim.

– Isabel, é feio mentir.

– Não estou mentindo. Ele olhou para mim e nunca mais me esqueci.

Sem saber o que dizer, a mãe fez com que ela fosse retirada da presença do visitante, pedindo desculpas pela ingenuidade da criança.

Mas, em outra oportunidade, estava o pai muito encolerizado com os resultados de um negócio malfeito por um dos seus empregados, comentando que aquilo era imperdoável. Isabel o repreendeu de imediato:

– Pai, não se deve ficar assim, com tanta raiva.

– Filhinha, você não entende nada de negócios. Vá brincar.

– Não entendo de negócios, mas das palavras de Jesus eu entendo. Ele disse para perdoar setenta vezes sete.

O pai, que não era muito versado no Evangelho, achou engraçado, e depois foi conversar a respeito com a esposa.

– Ela disse isso? Foi Jesus quem falou assim. Mas nunca conversamos perto dela sobre tal assunto. Como ela ficou sabendo?

Chamando-a depois para explicar-se, Isabel respondeu:

– Ouvi isso de Simão.

– Que Simão?

– Simão Pedro, ora!

Mais alguns fatos como esses ocorreram na vida de Isabel, de modo que, ao saber de seu desejo de ingressar para o monastério, não houve muita surpresa por parte da mãe. A explicação, entretanto, para os acontecimentos ocorridos na infância da filha, ela nunca chegou a ter. Na verdade, Isabel era a reencarnação de Esther, esposa de Aisar, que vivera em Jericó e depois em Jerusalém, onde desencarnara. De fato, ela vira o Mestre e tivera o privilégio de escutar suas palavras para, posteriormente, conviver com alguns de seus discípulos, inclusive Simão Pedro.

Reencarnação era um conceito discutido por representantes da Igreja romana, sendo aceito por uns e não por outros, de maneira que não se chegou a pensar nessa possibilidade. Com o tempo, não ocorreram mais situações similares, e os fatos acontecidos na infância foram caindo no esquecimento.

<hr />

Aurélio Agostinho, conhecido mais tarde como Agostinho de Hipona, ou Santo Agostinho, era, no ano 400, o bispo efetivo da cidade. Sua irmã Perpétua, viúva, fundara um convento em Hipona, do qual era a superiora. Era com ela que Isabel teria de conversar a fim de poder ingressar na vida monástica.

A alma da jovem estava agitada, movida pela ansiedade do encontro que teria em breve. Era na oração que ela encontrava refúgio:

– Meu Senhor Jesus Cristo, atendei o meu pedido de querer aproximar-me de Deus por meio de vosso infinito amor. Que, por vossa intercessão, eu encontre aberto e receptivo o coração da madre superiora, para que possa, enfim, encontrar a paz que sempre pedi a Deus. Ali, no interior do mostério, Jesus, estarei orando pelos que ficam em meio às lides provocadas pelas tormentas do mundo. Estarei fora do mundo, mas orando sempre pelos que não tiverem a graça de se ver protegidos pelos vossos braços diante das ameaças que assolam a humanidade. Atendei o meu pedido, bom Pastor, e serei a vossa ovelha obediente e pronta para agir de acordo com a vossa orientação. Que eu possa, sorrindo, deixar a cidade do pecado para ingressar na cidadela do bem.

Depois dessa oração, Isabel seguiu com a mãe para o mosteiro. A fachada austera do prédio simbolizava a severidade da vida que era levada pelas monjas ali encerradas. Mas isso não assustava a alma de Isabel, que estava preparada para a reclusão, o trabalho e a oração constante a Deus. Quando se viu diante do monastério, o único temor era a possível recusa por parte da madre superiora. Mas não demoraria muito e ela teria finalmente a resposta do céu ao seu pedido insistente. Fosse positivo ou negativo, ela o receberia com humildade e obediência. As palavras ouvidas a seguir tiraram-na de suas reflexões:

– Queiram entrar.

Catarina, mãe de Isabel, sentiu um leve tremor ao passar pelo pesado portão de madeira e se ver dentro do convento. A iluminação tênue e as pedras frias do piso gelaram-lhe o coração. Então, era ali que poderia viver pelo resto da vida a sua querida filha? As paredes ásperas do corredor levavam a algum cômodo escuro, como se fossem um labirinto que pudesse tragar o incauto visitante. Como poderia alguém sobreviver naquele ambiente sombrio e misterioso? Estava para dizer algo, quando um vulto surgiu das brumas do corredor. Olhou temerosa para a filha, mas, ao vê-la sorrir, aquietou-se.

– Sejam bem-vindas. Sou Perpétua, a superiora deste convento.

O sorriso da abadessa tirou um pouco do temor que tomava conta de Catarina. Convidadas a dirigir-se para um aposento ao lado, entraram para a entrevista, que seria decisiva na vida de Isabel. Depois de trocar palavras com mãe e filha, Perpétua pediu licença e, deixando Catarina a sós, saiu com Isabel para outro aposento.

O tempo parecia longo demais. Que estariam conversando? Como estaria se saindo Isabel, com sua sinceridade e inocência? Ansiosa e tomada de grande temor, Catarina fechou os olhos e orou fervorosamente. Quando se deu conta, ouvia uma voz:

– Conversei o suficiente com a sua filha. Gostaria agora de trocar algumas palavras com a senhora.

Desta vez, foi Isabel que ficou isolada num pequeno quarto, esperando o resultado do diálogo entre a superiora e a sua mãe. Rememorando tudo o que conversara com a abadessa, Isabel dizia para si mesma que dissera tudo o que tinha para falar, portanto, dependia apenas da vontade divina. Após a ansiedade inicial, agora reinava a paz em seu coração. Entregou o problema a Deus e ficou no aguardo da resposta, da maneira como fosse decidida pela vontade divina.

Depois de algum tempo de espera, foi chamada para a saleta em que se encontravam sua mãe e a superiora. Esta, olhando-a nos olhos, disse com um leve sorriso:

– Conversei muito com você, Isabel, e também com sua mãe. Tenho a decisão que me cabe como abadessa deste monastério. Entretanto, é meu dever trocar ideias com o senhor bispo, a fim de obter a sua aprovação. Farei isto nos próximos dias. Até lá, ore muito e ponha-se à disposição da vontade de nosso Pai. Na verdade, a decisão será dele.

Estava encerrada a entrevista. Um certo desapontamento transpareceu nos lábios de Isabel; porém, ela esforçou-se por sorrir e despedir-se condignamente. Já fora da abadia, Catarina pediu-lhe que tivesse paciência e confiasse em Deus.

– A conversa que tivemos, filha, foi cordial e tranquila. Ela quis saber a respeito da sua infância e, em particular, da sua juventude. Felizmente, não tenho nada em seu desabono. Ela me pareceu interessada em admiti-la no convento, mas foi muito discreta, procurando manter sua decisão em segredo. Sejamos pacientes e aguardemos o momento certo da resposta.

Depois de três dias de espera angustiante por parte de Isabel e de sua mãe, finalmente o pai recebeu, por um emissário do bispo, a notícia de que Isabel deveria comparecer ao mosteiro. A notícia fez o coração da jovem acelerar. Conduzida pela mãe, recebeu da superiora a informação de que fora admitida para o período de provação. Os preparativos foram breves. Logo, Isabel transpunha os umbrais do convento, de onde nunca mais sairia.

⚜

Os anos passaram-se com muita rapidez. Aceita definitivamente no monastério, Isabel, agora irmã Isabel, dedicava-se de corpo e alma à vida monástica, tornando-se grande amiga de sóror Perpétua, irmã do bispo local, Agostinho de Hipona.

De sensualidade exacerbada e inteligência fulgurante, grande estudioso da filosofia, Agostinho tivera uma juventude conturbada. Fora fortemente influenciado pelo maniqueísmo, fundado por Maniqueu (216-276), e, depois, influenciado por Plotino (204-270) e seu neoplatonismo. Sua mãe, Mônica, sempre havia orado a Deus para que o filho se convertesse à fé católica, o que ocorreu no ano de 387, aos trinta e três anos, influenciado pelo bispo Ambrósio.

No convento, Isabel ouvia de Perpétua os ensinamentos cristãos de Agostinho, que combatia as heresias difundidas entre os cristãos, alterando a pureza da religião que ele desejava preservar. Numa tarde, a superiora chamou Isabel para uma conversa, quando lhe apresentou uma cópia da obra-prima de Agostinho: *Confissões*. Abrindo-a aleatoriamente, leu um pequeno trecho que tocou seu coração:

> Fazei com que eu Vos conheça, ó Conhecedor de mim mesmo, sim, que Vos conheça como de Vós sou conhecido. Ó virtude da minha alma, ingressai nela, adaptai-a a Vós, para a terdes e possuirdes sem mácula nem ruga. Esta é a esperança com que falo, a esperança em que me alegro, quando expresso uma alegria pura. Quanto aos outros bens desta vida, menos deveriam ser chorados quanto mais os choramos. E tanto mais se deveriam chorar quanto menos os choramos. Vós, entretanto, amastes a verdade, pelo que quem a pratica alcança a luz. Quero também praticá-la no meu coração, confessando-me a Vós e, nos meus escritos, a um grande número de testemunhas.

Isabel meditou muito sobre estas reflexões e o que mais tocou seu coração foi o trecho que dizia: "que Vos conheça como de Vós sou conhecido". Assim que leu essas palavras, como num *flash,* viu com os olhos da alma o olhar de Jesus, filho de Deus, pousado sobre ela, aquele doce e penetrante olhar, que transpôs o seu corpo para tomar conta de todo o seu ser. Havia uma certeza que não podia ser objeto de dúvida: ela já se vira diante do mestre. Mas como, se a humanidade palmilhava o ano 400, e o Messias havia feito sua passagem pela Terra séculos atrás?

Lembrou-se de que, quando criança, tinha essa mesma convicção. Então, nada mudara? Como, porém, explicar esse fato? O que pensaria a madre a esse respeito? E o bispo Agostinho?

Recordou-se da passagem evangélica, escrita por Mateus, em que Jesus afirmava que Elias já tinha vindo à face da Terra, mas não o haviam reconhecido. Nesse momento, os discípulos entenderam que ele falava a respeito de João Batista. Então, João Batista fora Elias em outra encarnação? Perpétua, a superiora, já lhe dissera a respeito da doutrina neoplatônica, que fora abraçada por Agostinho, cujo maior expoente fora Plotino.

O neoplatonismo era uma doutrina filosófica, nascida no século III, que se fundamentava nos ensinos de Platão e de Pitágoras. Sabia Isabel que essa corrente de pensamento tinha entre os seus princípios a reencarnação. Havia também conhecimento, por meio dos ensinamentos de Perpétua, que Pitágoras, Sócrates, Platão, Apolônio de Tiana e Empédocles endossavam a tese reencarnatória. Platão, por exemplo, adotava a reencarnação sob o nome de *palingenesia*, isto é, a doutrina do renascimento do indivíduo em vidas sucessivas. Usava-a como prova da imortalidade da alma. Segundo ele, havia duas razões para adotá-la: a primeira era que, na natureza, a morte sucedia a vida e, desse modo, era lógico admitir que a vida sucedia a morte, pois nada pode nascer do nada, e, se os seres que morriam não devessem mais voltar à Terra, tudo acabaria por desaparecer na morte.

A segunda razão era fundamentada na reminiscência, ou seja, o conhecimento que temos não é nada além do recordar da alma, que, tendo partido para o mundo espiritual, assimilou ali dados que são agora relembrados por nós. "Então", pensava Isabel, "será mesmo possível que eu já tenha vivido nos tempos de Cristo? Será possível que eu tenha mesmo contemplado os seus olhos santificados?".

Isabel queria, de algum modo, tirar essa pequena mancha que encobria a paisagem serena de sua alma entre as quatro paredes do convento. Apesar da amizade serena que tinha com a superiora, não tinha coragem para falar com Perpétua a esse respeito. Não sabia qual poderia ser a sua reação. Portanto, resolveu, naquele momento, que conversaria com a irmã Deocleciana, muito culta e de um amor exemplar a Jesus. Continuando, porém, a leitura, viu como uma indicação misteriosa o subtítulo: "A ignorância humana". E começou a ler:

Vós, Senhor, podeis julgar-me, porque ninguém "conhece o que se passa num homem, senão o seu espírito, que nele reside". Há, porém, coisas no homem que nem sequer o espírito que nele habita conhece. Mas Vós, Senhor, que o criastes, sabeis todas as suas coisas. Eu, ainda que diante de Vós me despreze e me tenha na conta de terra e cinza, sei de Vós algumas coisas que não conheço de mim. "Nós agora vemos como num espelho, em enigma, e não ainda face a face." Por isso, enquanto peregrino longe de Vós, estou mais presente a mim do que a Vós. Sei que em nada podeis ser prejudicado, mas ignoro a que tentações posso ou não posso resistir. Todavia, tenho esperança, porque sois fiel e não permitis que sejamos tentados acima das próprias forças. Com tentação, dai-nos também os meios para podermos suportar.

Confessarei, pois, o que sei de mim, e confessarei também o que de mim ignoro, pois o que sei de mim, só o sei porque Vós me iluminais; e o que ignoro, ignorá-lo-ei somente enquanto as minhas trevas se não transformarem em meio-dia, na vossa presença.

Esse pequeno trecho sensibilizou profundamente o coração inquieto de irmã Isabel. "Que belas palavras", refletiu. "O nosso bispo consegue harmonizar magistralmente o que sente na alma com o que sentiu Paulo de Tarso nas profundezas distantes do tempo. É justamente assim que nos devemos entender: um nada insignificante, diante do Todo majestoso, que é Deus. Quantas coisas que hoje desconhecemos, mas que ainda poderemos saber com a divina autorização do nosso Criador. Sei que estou vivendo as trevas da minha ignorância, mas sei igualmente que Deus pode transformá-las em meu iluminado meio-dia, dando-me a certeza de que já vi realmente os olhos do Messias pousados sobre mim."

Passaram-se semanas, e Isabel foi protelando o diálogo que escolhera ter com a irmã Deocleciana. Mas, na missa dominical em que o capelão fez um sermão pungente a respeito da passagem de Jesus sobre a Terra, num momento de santa emoção, ele repetiu as palavras do Cristo registradas pelo evangelista João:

– Eu sou o bom pastor. Conheço as minhas ovelhas, e as minhas ovelhas me conhecem, assim como o Pai me conhece e eu conheço o Pai.

Foi exatamente quando ouviu essas palavras que irmã Isabel viu, com os olhos da alma, o rosto de Jesus pousando seu olhar sereno e doce sobre ela, fazendo-a estremecer. "Não pode ser sonho", pensou. "Não pode ser ilusão. Eu já vi esses olhos antes, no calor das terras de Jericó e no ar abafadiço do templo de Jerusalém."

Com essa reflexão tomando conta de sua mente durante todo o dia, irmã Isabel repousou com tranquilidade e, na segunda-feira seguinte, num dos raros momentos de recreação, procurou irmã Deocleciana para uma conversa esclarecedora sobre o que lhe vinha acontecendo. Depois de lhe contar os pensamentos que lhe iam no interior, aguardou a resposta da freira, que, em seus sessenta e três anos, era uma das mais experientes religiosas do convento.

– Você fez bem em conversar comigo, Isabel. Há freiras que não conseguiriam entender o que acabo de ouvir. Afinal, como você poderia ter visto o nosso Divino Salvador se ele viveu há tantos anos?

– Quer dizer que a senhora não acredita no que acabo de lhe confessar?

– Não, não é isso que estou a lhe dizer. Mas certamente é o que pensam muitas das nossas irmãs. Daí ser necessário o silêncio. Mais que isso: o segredo. Trata-se de uma coisa que deve ser encerrada bem no fundo do seu coração. Haveria quem a julgasse dominada pelo demônio e quem a odiasse por uma heresia descomunal. Quanto a mim, penso como você: somos almas que já viveram em outros corpos, podendo, pois, ter vivido também nos tempos do Cristo. O padre Orígenes, célebre teólogo e criador da Escola de Cesareia, caminhava por essa trilha. Ele pregava a doutrina da preexistência da alma, isto é, dizia que a alma não é criada juntamente com o corpo; ela é anterior a ele. Significa que o espírito existe anteriormente à fecundação como um ser moral e intelectualmente formado. Os filósofos Sócrates e Platão admitiam a preexistência da alma e a sua sobrevivência à morte do corpo.

– A madre superiora falou-me um pouco a esse respeito, sem, no entanto, concordar ou não.

– Esses dois filósofos gregos afirmavam que o espírito passa por diversas existências, e não apenas uma, como dizem muitos hoje. Há quem chame essa doutrina de palingenesia. Trata-se da junção de duas palavras gregas: *palin* significa "de novo", e *gênesis* quer dizer "nascimento". Palingenesia é, portanto, a doutrina do renascimento do homem em vidas sucessivas. O padre Orígenes, de quem lhe falei, parecia dizer que a alma humana decaiu, degenerando-se, mas reerguer-se-á, expiando sua falta, representada pela rebelião contra a lei divina, numa série de existências sucessivas, em vários mundos, até alcançar a sua condição original de felicidade suprema. Isto significa que vivemos mais de uma existência e, por conseguinte, pode ser verdade que você tenha vivido anteriormente *nos tempos do nosso querido Mestre*.

– Irmã, a senhora começa a tirar-me um peso das costas.

– Mas tenha muito cuidado com as palavras, Isabel. Há quem não pense assim. Há mesmo quem diga que o padre Orígenes deva ser considerado um herege. Ele e outros que, em tempos passados, pensavam de modo semelhante. Bem, se aqueles que já partiram poderão ser um dia excomungados, aqueles que, entre nós, pensam como eles também o serão.

– Não falarei com mais ninguém, irmã Deocleciana.

– Conversarei mais a esse respeito com você. Agora, é bom que encerremos nosso diálogo.

Quando irmã Isabel se virou para sair, ouviu o ruído de passos no corredor. Avançou rapidamente e, ao olhar para os lados, notou um vulto desaparecendo pela porta dos fundos. Preocupada, rumou para aquela direção e, ao sair para o pátio, viu duas freiras conversando à sua direita. Todavia, à esquerda, notou um hábito desaparecendo atrás de uma coluna, e seguiu para lá. Havia uma porta que levava ao prédio contíguo. Entretanto, nada mais conseguiu avistar. Preocupada, Isabel contou à irmã Deocleciana o que havia acontecido.

– Por Deus, nós logo ficaremos sabendo de quem se trata, Isabel. Fique tranquila e ore para que tudo se arranje – respondeu a freira.

Isabel, entretanto, olhava atentamente para cada religiosa do convento, buscando identificar quem teria ouvido sua conversa com irmã Deocleciana. Nada conseguiu nessa observação.

Passados, porém, uns quinze dias, irmã Deocleciana pediu-lhe que fosse até sua cela, a fim de darem continuidade ao diálogo. Intuitivamente, a freira fez com que notassem que ambas se dirigiam para o corredor que dava acesso às celas e pediu que irmã Isabel deixasse a porta entreaberta. Em seguida, começou a conversar:

– Lembra-se do que lhe falei sobre o padre Orígenes, Isabel?

– Sim, e pensei muito em tudo o que me foi dito aqui.

– Pois bem, é dele esta frase: "Todas as almas chegam a este mundo fortalecidas pelas vitórias ou debilitadas pelas derrotas de uma vida pregressa". O que acha?

– Fico feliz, pois, como pude ver em nossa pequena biblioteca, ele é muito respeitado.

– E odiado. Não se esqueça de que há muitos religiosos e religiosas que são ferrenhamente contrários à ideia de vidas sucessivas e de palingênese.

– Não me esquecerei.

– É de Plotino esta frase: "Morrer é mudar de corpo como os atores mudam de roupa". – Tomando de uma cópia do Novo Testamento, irmã Deocleciana olhou sorridente para Isabel e, encontrando o texto que procurava, lhe disse: – Leia você mesma o que diz o nosso apóstolo Paulo de Tarso na primeira carta aos coríntios, capítulo quinze, versículo dezenove.

Irmã Isabel aproximou-se, tomou o exemplar em suas mãos e leu com assombro:

– "Se a nossa esperança em Cristo é tão somente limitada a esta vida, somos os mais infelizes de todos os homens". Ele disse isto?

– Você mesma leu. Sei, no entanto, que outras versões podem ser dadas, e não tenha dúvida de que o farão. Mas não é intrigante esta assertiva do apóstolo?

– Faz com que pensemos com muito cuidado sobre a nossa ou *nossas* existências.

Nesse momento, irmã Deocleciana sorriu levemente, foi até a porta e abriu-a de modo repentino. Encostada no batente estava uma jovem freira que, ruborizada de vergonha, ajoelhou-se, pedindo perdão.

– Por favor, irmã Lídia, levante-se e entre.

A freira, cabisbaixa, ainda pediu perdão à irmã Isabel, sentando-se na ponta da cama revestida por um lençol surrado.

– E então? Por que você estava a nos espionar, irmã Lídia?

– Na verdade, não estava espionando, irmã. Queria ouvir o que diziam, pois também chego a pensar como a senhora e irmã Isabel.

– Mas por que não pediu licença e entrou? Não é a primeira vez que isso acontece.

– Eu sei, mas achei que poderia não ser aceita. Perdão, mais uma vez.

– Perdoada você já está; diga-nos, entretanto, do seu interesse em participar da conversa.

– Ouvi as palavras da irmã Isabel, quando falava sobre o olhar de Jesus. Não tive esse privilégio; porém, sempre que medito, o olhar do apóstolo Paulo parece convergir para mim. É um olhar muito conhecido, como se eu já o tivesse visto realmente bem próximo de mim. Não é apenas imaginação, mas uma sensação de convivência familiar. Chego a pensar que vivi muito próxima desse homem santo, partilhando, em alguns momentos, de sua pregação. Nunca disse isto a ninguém, pois sei que poderia ser mal interpretada. Eu mesma chego a pensar que tudo não passa de ilusão do demônio, que quer arrastar-me para a cegueira do mal. No entanto, há uns quinze dias, eu passava pelo corredor, quando escutei as palavras de irmã Isabel. "Será que há alguém do mesmo parecer que eu?", pensei. E fui impelida a procurar ouvir mais. Passei todos estes dias a refletir sobre o que aqui se disse e, hoje, quando vocês vieram para cá, não pude evitar de procurar escutá-las novamente.

– Muito bem. Você chegou aqui de um modo errado, mas parece que não foi por acaso. Gostaríamos, porém, de ouvi-la mais. O que tem para nos dizer?

– Já sonhei várias vezes com um homem austero, todavia muito bondoso, que olha em meus olhos e diz palavras de elevação espiritual, baseadas no santo Evangelho. Nesse momento, tenho a certeza de estar diante do apóstolo dos gentios.

– E consegue se lembrar do que ele lhe diz? – perguntou irmã Isabel.

– Em geral, não. Mas, num desses sonhos, ele me disse algo que não pude esquecer.

– É possível repetir-nos? – quis saber irmã Deocleciana.

– Claro, claro. Devo dizer antes que já tive três vezes esse mesmo sonho, em que a mesma frase é repetida. Ele olha no fundo dos meus olhos e diz comovidamente: "Lídia, a sua vida deve ser consagrada a Deus, pelo exemplo do nosso Mestre Divino. Seja um testemunho vivo do Cristo". Tenho meditado muito sobre tal exortação.

– Ela é um convite à santidade, irmã Lídia – ponderou Isabel. – Mais que isso: é uma advertência. Não parece provir do demônio, que não diria tais coisas. Já ouvi histórias de religiosas desencaminhadas pelo demo, mas nunca pela prática da mensagem evangélica.

Irmã Deocleciana refletiu por alguns minutos, dizendo em seguida:

– É verdade. Creio mesmo que irmã Lídia deva ser convidada a participar dos nossos estudos e das nossas confidências. Concorda, irmã Isabel?

– Depois do que acabo de ouvir, não posso discordar.

– Temos, porém, de tomar bastante cuidado, pois muitos não pensam como nós e poderiam colocar sérios obstáculos em nossa vida. Sempre que aqui estivermos, a porta deverá estar entreaberta, e as nossas palavras deverão ser ditas em voz baixa. Teremos sempre o Evangelho sobre a mesa e começaremos os nossos encontros pela leitura de uma passagem, encerrando nossos breves diálogos da mesma forma. O objetivo deve ser o que disse o apóstolo Paulo à irmã Lídia: sermos um testemunho vivo do Cristo.

Estava encerrada a reunião.

Passaram-se os dias, e irmã Isabel via, cada vez mais, nas irmãs Deocleciana e Lídia, duas companheiras na fé que também alimentavam no fundo da alma a certeza de existências passadas. Irmã Deocleciana já lhe falara da admiração que tinha pelo apóstolo Paulo e, agora, a confissão de irmã Lídia, que julgava ter vivido nos tempos desse apóstolo da cristandade, fizera com que estudasse melhor as cartas que ele escrevera com as penas do coração. Pois foi quando lia, embevecida, a carta aos romanos que deu de frente com esta passagem: "Que diremos a isso? Se Deus é por nós, quem será contra nós?". "É verdade", refletiu. "Se estamos alimentando verdades em nosso coração, que podem diferir das crenças de nossas irmãs, nem por isso devemos temer, pois o que meditamos nasce do amor de Deus, que brilha em nosso coração. E, sendo assim, se Ele está conosco, quem poderá ser contra nós?"

Na sequência, leu ainda:

Quem acusaria os eleitos de Deus? Deus é que os justifica. Quem os condenaria? Cristo lá está. Morreu e até ressuscitou e está sentado à direita de Deus, intercedendo por nós. Quem nos separaria do amor de Cristo? A tribulação? A angústia? A perseguição? A fome? A nudez? O perigo? A espada? Pois está escrito: "Por tua causa estamos sendo trucidados, dia a dia; somos quais ovelhas do matadouro". Mas de tudo isso somos soberanos vencedores pela virtude daquele que nos amou. Estou certo de que nem a morte, nem a vida, nem anjos, nem potestades, nem coisas presentes nem futuras, nem criatura alguma será capaz de nos separar do amor de Deus, que está em Cristo, nosso Senhor.

"É verdade tudo o que diz o apóstolo", pensou irmã Isabel. "Quem pode nos separar do amor de Deus, ainda que pense diferente de nós? Nossas irmãs do convento não poderão fazê-lo, nem os padres a quem estamos submetidas, nem os irmãos que batalham pelo pão de cada dia sob o sol causticante do mundo. Nós permanecemos, com nossa crença secreta, nos braços do Senhor. E ninguém – ninguém! – nos tirará desse amor que abrasa a nossa alma."

Irmã Isabel continuou amiga de madre Perpétua, mas não tinha coragem de falar a respeito da crença que tomara conta do seu coração. Às vezes, era chamada para uma conversa a respeito da sua vocação religiosa ou mesmo de algum assunto referente apenas ao convento, quando ela se colocava honestamente, deixando clara a sua posição. Entretanto, não conseguia ir além, por não saber o que se passava na alma da superiora. E se ela fosse ferrenhamente contrária à ideia de existências sucessivas? E se achasse que as três feiras estavam sendo levadas pela falsidade e malícia do demo? Era verdade que nada deveriam temer, pois quem poderia separá-las do amor de Deus? Mas, por outro lado, era também necessária grande dose de bom senso. E, devido a isto, escolhera o silêncio, pelo menos até sondar melhor as crenças de madre Perpétua.

Nesse meio-tempo, enquanto lia *Confissões*, do bispo Agostinho, irmão de Perpétua, bateu com os olhos nesta passagem:

> Purificai os meus lábios e o meu coração de toda temeridade e mentira. Sejam as Sagradas Escrituras as minhas castas delícias. Que eu não seja enganado nelas, nem com elas engane os outros. Escutai a minha alma, Senhor, e tende piedade de mim, ó meu Deus, que sois luz dos cegos, força dos enfermos, e simultaneamente luz dos que veem e força dos fortes. Escutai compassivo a minha alma, ouvi-a enquanto clama do mais profundo abismo em que se encontra. Se os vossos ouvidos não estão presentes lá nesse abismo, para onde nos dirigiremos? Por quem chamaremos?

Irmã Isabel queria apenas a verdade, a comprovação de sua crença, a fim de que pudesse ter certeza absoluta de que já vivera anteriormente e pudera ouvir dos lábios de Jesus as suas eternas bênçãos. Por isso, passou a repetir todos os dias as palavras de Agostinho: "Purificai os meus lábios e o meu coração de toda temeridade e mentira". E procurou nas Sagradas Escrituras a confirmação do que lhe dizia o coração.

Foi nessa busca intensiva que encontrou uma passagem que parecia dar crédito à sua crença na reencarnação, na palingênese. Afirmava Mateus, no capítulo dezesseis, versículos treze e catorze, que Jesus perguntara a seus discípulos: "Quem dizem os homens ser o Filho do Homem?". Disseram: "Uns afirmam que é João Batista, outros que é Elias; outros, ainda, que é Jeremias ou um dos profetas". Isabel pensou bastante e concluiu que Jesus não poderia ser João Batista, pois eram contemporâneos. Todavia, se o povo pensava que ele poderia ter sido Elias, Jeremias ou qualquer um dos profetas do Antigo Testamento, era porque acreditava na reencarnação. E mais: Jesus não os repreendera por essa resposta.

O coração da freira tranquilizou-se ainda mais quando leu em João, capítulo três, versículos um a quinze:

Havia entre os fariseus um homem chamado Nicodemos, um dos principais entre os judeus. À noite, foi ele encontrar-se com Jesus e lhe disse: "Mestre, sabemos que o senhor veio da parte de Deus para ensinar, pois ninguém pode fazer essas obras poderosas que o senhor realiza, a não ser que Deus esteja com ele". Respondeu-lhe Jesus: "Em verdade, em verdade lhe digo: quem não nascer de novo não pode ver o Reino de Deus". Tornou-lhe Nicodemos: "Como pode um homem nascer de novo, sendo velho? Poderá entrar uma segunda vez no ventre de sua mãe e tornar a nascer?". Respondeu-lhe Jesus: "Em verdade, em verdade lhe digo: quem não nascer de novo pela água e pelo espírito não pode entrar no Reino de Deus". O que nasceu da carne é carne, o que nasceu do espírito é espírito. Não se admire do que eu disse: é preciso nascer de novo. O vento sopra onde quer e você ouve o seu ruído, mas não sabe de onde ele vem nem para onde vai: assim é todo aquele que nasceu do espírito". Nicodemos replicou: "Como isso pode acontecer?". Respondeu-lhe Jesus: "Você é mestre em Israel e desconhece essas coisas? Em verdade, em verdade lhe digo: nós dizemos o que sabemos e atestamos o que vimos, e, no entanto, você não aceita o nosso testemunho. Se não acredita quando lhe falo de coisas da terra, como haverá de crer quando lhe falar das coisas do céu? Porque ninguém subiu ao céu, senão aquele que desceu do céu: o Filho do Homem. Do mesmo modo como Moisés exaltou a serpente no deserto, assim é preciso que o Filho do Homem seja exaltado, a fim de que todo aquele que nele crê não pereça, mas tenha a vida eterna".

"Se Jesus disse isto", refletiu irmã Isabel, "não foi por acaso. A sua intenção era esclarecer-nos a respeito das vidas sucessivas de que falaram tantos pensadores pelo mundo afora. Conversarei a respeito com irmã Deocleciana e com irmã Lídia".

Passaram-se alguns dias e, novamente, reuniram-se as três freiras para conversar sobre o assunto que guardavam na alma e cuja elucidação era imperiosa para a paz de seus corações. Irmã Isabel falou a respeito do que lera e esperou os comentários de irmã Deocleciana.

– Concordo com as suas conclusões, Isabel. Jesus admoestou Nicodemos porque, mesmo sendo um doutor da lei, desconhecia totalmente o tema do "nascer de novo", a nossa reencarnação. Essa passagem deixa claro que Jesus era também um reencarnacionista. Entretanto, sei lá por que, falar sobre reencarnação não é assim tão simples. Há quem pense em tornar a reencarnação uma heresia.

– É verdade – disse irmã Lídia. – Também escutei isso.

– No entanto, me parece mais racional, no sentido de santificação do homem e mesmo de justiça divina, falar-se em existências sucessivas e reencarnação do que em uma única existência.

Irmã Isabel sorriu, satisfeita, concordando com as palavras da amiga, que continuou:

– Há, porém, uma passagem evangélica que precisamos entender muito bem para não pensarmos que Paulo é contrário à nossa convicção. Trata-se da carta aos hebreus. – A freira foi até sua pequena estante e, retirando uma cópia amarelada do Novo Testamento, abriu-o na passagem que buscava. – Está aqui: Hebreus, capítulo nove, versículo vinte e sete. Escutem o que diz o apóstolo: "E, do mesmo modo que está decretado ao homem morrer uma vez, ao que se segue o julgamento, assim também Cristo se imolou uma vez para tirar os pecados da multidão".

Irmã Lídia deixou escapar uma exclamação de desânimo, ao que irmã Deocleciana acrescentou:

– Senti-me como você na primeira vez que li este pequeno trecho, que parece jogar por terra a nossa crença na reencarnação. Todavia, pedi orientação a Jesus, comprometendo-me a relegar a minha crença, que, nesse caso, seria absurda, se realmente fosse certo que vivemos apenas uma única existência.

– E o que aconteceu? – perguntou irmã Isabel, pressurosa.

– Passados três dias, retomei essa passagem e uma ideia surgiu em minha mente: "Nada, nesta passagem, contradiz a doutrina reencarnatória. O que diz o apóstolo é que, no presente corpo, morreremos só uma vez, o que é perfeitamente compreensível. Não há quem duvide disso. Para cada vez que reencarnamos, morreremos uma única vez. Isto é, uma única morte para cada reencarnação".

– Irmã, a senhora detém a sabedoria! – exclamou irmã Lídia, eufórica.

– Não é bem assim, irmãzinha – retrucou a freira. – Quem me deu a resposta foi o nosso Mestre Maior. Afinal, foi ele quem disse isso.

– É verdade, irmã. Mas que a senhora mereceu essa resposta, mereceu, senão ela não teria surgido em sua mente – completou irmã Lídia com um sorriso jovial.

Alheia a qualquer situação que pudesse induzi-la à vaidade, irmã Deocleciana procurou mudar logo de assunto e falou, para quebrar o silêncio que se formara:

– Há passagens evangélicas que nos reforçam a crença na reencarnação. Esta, por exemplo. Está em Mateus, capítulo dezessete, versículos dez a treze. Logo após a transfiguração de Jesus no Monte Tabor, ele desceu com os seus discípulos e ordenou-lhes que não contassem a ninguém a visão que tinham tido até o momento propício. Vamos ao texto: "Os discípulos perguntaram-lhe: 'Por que razão os escribas dizem que é preciso que Elias venha primeiro?'. Respondeu-lhes Jesus: 'Certamente Elias terá de vir para restabelecer tudo. Eu lhes declaro, porém, que ele já veio, mas não o reconheceram e fizeram dele o que queriam. Assim também o Filho do Homem terá de padecer da parte deles'. Compreenderam então os discípulos que Jesus se referia a João Batista". – Irmã Deocleciana parou a leitura e olhou para as duas freiras à sua frente, perguntando: – O que pensam desta passagem?

– Está tão claro – ponderou irmã Isabel. – Jesus fala com tranquilidade sobre a reencarnação, como se fosse algo indiscutível e de conhecimento dos discípulos. Afinal, ele compreenderam que Jesus se referia a João Batista como reencarnação de Elias.

– Você falou tudo – disse irmã Lídia. – Concordo com as suas conclusões.

– Eu também penso o mesmo – continuou irmã Deocleciana. – Já sabíamos que pensadores e místicos pensavam desta mesma forma. Hermes Trimegisto, por exemplo, afirmava que "ninguém pode ser salvo sem renascer e sem livrar-se das paixões que entraram no último nascimento espiritual".

– Hermes Trimegisto não era o nome dado ao deus grego Hermes? – perguntou irmã Lídia.

– E ao deus egípcio Thoth – respondeu irmã Deocleciana. – Mas, embora seja um personagem mítico, representa o que pensavam egípcios e gregos – respondeu a freira.

– Parece que há muita gente que pensa como nós – considerou irmã Lídia.

– E também muita gente que raciocina de modo diferente – retrucou irmã Isabel –. E, por pensar de maneira diferente, querem que a reencarnação se torne uma heresia para a nossa Igreja Católica.

Irmã Deocleciana olhou bem para as duas e falou com amargor na voz:

– É por tal motivo que temos de guardar segredo a respeito dessa crença, por mais que queiramos disseminá-la pelos quatro cantos do mundo. Pensemos bem nisto. Mas não nos esqueçamos nunca de que o próprio Jesus pensava como nós.

Passos fizeram-se ouvir no corredor. Em seguida, alguém bateu levemente à porta.

– Pode entrar, por favor – pediu irmã Deocleciana.

Uma freira ainda jovem enfiou a cabeça pelo vão da porta e falou:

– Não, não, irmã. Só vim dizer que a nossa abadessa nos chama para uma reunião de emergência.

– Obrigada, irmã. Já estamos indo.

Estava encerrado o diálogo.

Nos dias que se seguiram, não se falou mais no assunto. Inclusive irmã Lídia veio a saber que algumas freiras estavam curiosas para conhecer o que era discutido entre quatro paredes na cela de irmã Deocleciana. A jovem freira respondeu, sem ocultar a verdade:

– Lemos e discutimos passagens do Evangelho. Jesus tem muito a nos dizer, até mesmo o que podemos não querer ouvir.

As freiras não entenderam bem o que lhes dissera irmã Lídia, mas, escutando a resposta rápida, não se incomodaram mais com esse tema. Apesar disso, as reuniões na cela de irmã Deocleciana não voltaram a acontecer, a fim de não fomentarem comentários comprometedores.

Irmã Isabel continuou a ler diariamente a cópia das *Confissões*, do bispo Agostinho, julgando ser um texto de grande elevação espiritual.

Depois de alguns meses, encerrada a leitura, estava para devolver a obra à madre Perpétua, quando, ao folhear aleatoriamente o livro, bateu os olhos no seguinte trecho, que já havia lido, mas cujo teor não lhe tinha ficado claro como naquele momento:

> Dizei-me, eu Vo-lo suplico, ó Deus, misericordioso para comigo que sou miserável, dizei se a minha infância sucedeu a outra idade já morta ou se tal idade foi a que levei no seio de minha mãe. Pois alguma coisa me revelaram dessa vida, e eu mesmo vi mulheres grávidas.
>
> *E, antes deste tempo, que era eu, minha doçura, meu Deus? Existi, porventura, em qualquer parte, ou era acaso alguém?*

"O quê?", pensou. "O meu bispo fez essa pergunta a Deus? O que pode significar isso, senão que ele também tem um pensamento semelhante ao meu? Aliás, como bem disse irmã Deocleciana, ele foi um neoplatônico, e os neoplatônicos creem na preexistência das almas e na reencarnação. Plotino, por exemplo, admite claramente a palingenesia, a reencarnação. O mesmo faz Amônio Sacas, o fundador do neoplatonismo e mestre de Plotino. O filósofo Porfírio foi igualmente favorável à tese da reencarnação. Sei que não posso citar esse pensador, pois ele foi inimigo do Cristianismo; porém, sigo as palavras do apóstolo Paulo: 'Examinai tudo. Retende o bem'. Se o meu respeitado bispo mostrou a sua dúvida, é porque ainda alimenta em seu íntimo a crença na reencarnação, e isto me dá ainda maior tranquilidade do que aquela que já havia conseguido." Com esses pensamentos, foi calmamente devolver à madre superiora o exemplar que lhe havia emprestado.

– O que achou do livro, irmã Isabel?

– Penso que mostra a humildade do nosso bispo e o seu amor exemplar a Deus. Permita-me o Pai que eu, humilde criatura, possa aproximar-me do bispo na expressão do meu amor ao Criador.

– Vejo que a leitura lhe fez bem.

Nesse momento, irmã Isabel sentiu um grande ímpeto de perguntar à superiora: "Ele fala de sua dúvida sobre a reencarnação. E a senhora, o que pensa disso?". Todavia, o temor foi mais forte, e ela acabou engolindo as palavras. A superiora continuou:

– Qual é a parte do livro que mais tocou o seu coração, irmã?

– Foi o início do Livro X, em que o bispo fala sobre o encontro com Deus. Há ali a frase que anotei e até já sei de cor. Ele, referindo-se a Deus, suplica-Lhe: "Fazei com que eu Vos conheça, ó Conhecedor de mim mesmo. Sim, que Vos conheça como de Vós sou conhecido".

– É uma das minhas frases prediletas. Mas o que, em particular, a tocou?

– Eu penso, madre, que a sabedoria e o amor estão originalmente unidos.

– Como assim?

– O bispo Agostinho demonstra, em todo o livro, o seu imenso amor pelo nosso Pai. E, nesta citação, ele busca também a sabedoria, pois pode haver sabedoria maior do que conhecer a Deus como Ele nos conhece?

– Irmã, você é muito perspicaz. Gostei muito do que ouvi. Vou emprestar-lhe outros textos, a fim de que você desenvolva a inteligência que já possui.

Irmã Isabel ficou feliz, pois sabia que a superiora possuía livros raros em sua cela. Todavia, não teve mesmo coragem para fazer a pergunta que lhe ia na alma: o que pensava ela sobre a reencarnação?

CAPÍTULO 7

Fatos incomuns

Na abadia, a vida caminhava como os ponteiros de um relógio, seguindo sempre o mesmo percurso. Quase não havia novidades, os dias sucediam-se monotonamente, a não ser quando uma freira falecia ou era acometida por grave doença. Desse modo, irmã Isabel passava o seu tempo a orar e a trabalhar, segundo os costumes monásticos. Cumpria-se o que seria dito anos mais tarde pelo monge Bento de Núrsia: "*Orare et laborare*". É preciso orar e trabalhar.

Os diálogos com irmã Deocleciana e com irmã Lídia já não se realizavam mais, devido ao temor de serem apontadas como hereges. É verdade que somente no ano 553 ocorreu o Segundo Concílio Ecumênico de Constantinopla II, que condenou a tese de Orígenes sobre a preexistência da alma. E faltavam ainda muitos anos para que fosse criada a Inquisição ou Tribunal do Santo Ofício (1231), um tribunal eclesiástico que julgava os hereges e as pessoas suspeitas de se desviarem da ortodoxia católica. A Inquisição romana, ou Congregação da Sacra, Romana e Universal Inquisição do Santo Ofício, só passaria a existir ainda mais tarde, em 1542. Mas isso não significa que não houvesse uma luta intensa contra as heresias da época, em particular o pelagianismo, o donatismo e o maniqueísmo. Por tal motivo, as freiras resolveram dissolver as reuniões e apenas poucas palavras eram trocadas a respeito da reencarnação, quando estavam a sós no jardim do convento. Foi assim por muitos anos, embora cada uma delas mantivesse interiormente a convicção sobre a palingenia ou reencarnação.

O temor de irmã Isabel não era infundado. O bispo Agostinho vinha há algum tempo lutando contra o donatismo, considerado herético entre os católicos. Ela não era donatista, longe disso. Assim como as demais freiras do convento, era declaradamente contrária a essa seita. Entretanto, seu raciocínio era de que, assim como os donatistas haviam se tornado alvo dos católicos, o mesmo poderia ocorrer com quem cresse na reencarnação.

Em 411, irmã Isabel teve confirmado o seu medo. Foi numa tarde em que conversava com duas freiras, durante os poucos minutos diários em que os diálogos eram permitidos. Madre Perpétua achegou-se ao grupo e disse, com ar de novidade:

– Vocês sabem que haverá um concílio em Cartago?

Concílio era uma reunião de autoridades eclesiásticas com o objetivo de discutir e deliberar sobre questões da Igreja.

– Quando, madre?

– Ainda neste ano. Disse-me o bispo que haverá uma tentativa de diálogo com os donatistas, a fim de que abandonem os seus pensamentos heréticos. Vocês sabem que o donatismo é uma heresia, é uma doutrina contrária à nossa Santa Madre Igreja.

– Será que eles mudam de opinião, madre?

– Acho muito difícil. Mas disse-me o bispo que, se isso não ocorrer, serão tomadas medidas contra eles. Afinal, a convocação para esse sínodo partiu do imperador Honório.

Donatismo – é bom que se diga – era a doutrina de Donato Magno, fundador de uma seita cismática cristã no Norte da África. Um dos pontos centrais dessa doutrina era a pureza necessária aos ministros de Deus. Segundo o donatismo, somente aqueles que não tivessem cometido pecados (mortais) poderiam exercer as funções sacerdotais, dado que a validade das cerimônias dependia de quem as celebrava. Caso um sacerdote se tornasse pecador ou tivesse sido ordenado por um pecador, os sacramentos administrados por ele não teriam nenhuma validade. A verdadeira Igreja, para Donato, era a dos puros e dos santos. Quem viesse a pecar depois de receber o batismo deveria ser dela excluído.

Já Agostinho de Hipona pensava que a Igreja era a comunidade de santos e de pecadores, de tal modo que a eficácia dos sacramentos não dependia das disposições morais do ministro. Como Agostinho, a Igreja de Roma argumentava que, sendo alguém ordenado sacerdote, a validade dos sacramentos por ele administrados era inegável, não dependendo de ser ou não santa a sua vida.

Em meio a essas e outras divergências, foi convocada pelo imperador uma assembleia que buscava um diálogo com os donatistas, a fim de terminar com o seu cisma. Presidiu-a um amigo e discípulo de Agostinho, Marcelino de Cartago, tabelião e tribuno nessa cidade. Foi dado ganho de causa aos católicos, e esse fato gerou grande perseguição aos donatistas.

As freiras, no convento, acompanharam o resultado das discussões. Foi assim que, ao encerramento da assembleia, um porta-voz levou ao mosteiro a notícia do seu resultado. A própria madre repassou-a às demais freiras:

– Os donatistas perderam a causa. Como disse nosso bispo, agora eles passarão a sofrer sanções. A mais grave é que deverão entregar suas igrejas a Roma. O Catolicismo venceu. Viva o Catolicismo!

As freiras regozijaram-se com a vitória da ala católica, porém, irmã Deocleciana ficou mais apreensiva em relação à crença na reencarnação. Reuniu disfarçadamente as irmãs Isabel e Lídia, dizendo-lhes de modo enfático:

– Agora, mais cuidado que nunca! Não digamos nada às demais freiras a respeito da nossa crença na reencarnação. Se os donatistas, com toda a sua força, foram vencidos e estão sofrendo uma violenta perseguição, o que não seria de nós se nos julgassem também hereges?

– Mas os donatistas estão completamente errados, irmã Deocleciana – contra-argumentou irmã Lídia.

– É claro que estão. Nenhuma de nós apoiaria o credo que eles abraçam. Mas, se a doutrina da reencarnação fosse considerada heresia, ficaríamos nas mesmas condições deles. Para os demais, seríamos consideradas igualmente hereges, merecendo punição. É disso que estou falando.

– A senhora tem razão.

Irmã Isabel, concordando com o que era dito, acrescentou profeticamente:

– Talvez algum dia aconteça mesmo isso. E aí terão os reencarnacionistas de calar-se ou de sofrer as consequências de sua crença.

– É verdade, irmã – ponderou irmã Deocleciana. – E, enquanto isso não acontece, é melhor que mantenhamos nosso silêncio, abrindo-nos apenas entre nós.

Havendo unanimidade entre elas, encerraram a breve e disfarçada reunião, seguindo cada uma para a sua cela, com muitos pensamentos preocupantes em mente.

Fora do convento, se os donatistas passaram a sofrer perseguição, também revidaram, acusando Marcelino, que os condenara, de cumplicidade com Heracliano. Este, pretendendo ocupar o trono, chegou a vestir a púrpura imperial. Foi, porém, morto pelos soldados de Honório. Acusado de cumplicidade nessa tentativa frustrada de usurpação, Marcelino de Cartago foi condenado à morte, sendo logo executado. Um ano depois, o imperador Flávio Honório reconheceu o seu erro, entretanto já não havia mais nada a fazer.

Outro alvo das palavras cortantes do bispo Agostinho foram Pelágio e seus discípulos. Defendiam eles a tese de que o poder da vontade humana era decisivo e também suficiente na experiência da salvação. Isto é, bastava ao homem a vontade para que fosse salvo do fogo do inferno. Já Agostinho era partidário da doutrina da graça. Afirmava que a vontade tem supremacia sobre o intelecto, sendo livre, mas no estado atual era impotente sem a graça.

Dizia Pelágio: "Se eu devo, eu posso". Com isso, ele afirmava, por exemplo, que devemos ser santos e, se devemos nos santificar, temos o poder de consegui-lo. Para Agostinho, querer não era poder. Não bastava a vontade de ser santo; era preciso a graça de Deus para consegui-lo. Sem a graça divina, o homem nada podia alcançar. Graça era a assistência divina ao ser humano. Era o dom gratuito concedido por Deus a um crente no sentido da remissão dos seus pecados, da sua constância nas provações, enfim, no sentido da sua salvação eterna. Era necessário unir o esforço humano à graça divina.

Outro ponto de divergência era com relação à afirmação de Pelágio de que o homem nasce neutro, cabendo à sua vontade a escolha entre o bem e o mal. Agostinho afirmava que o ser humano nascia manchado pelo pecado original, congênito e hereditário, isto é, todos nós nascemos com o pecado original, recebendo-o por herança da queda de Adão e Eva no paraíso. De acordo com Pelágio, entretanto, o pecado de Adão só teve uma consequência para seus descendentes: a de ter dado um mau exemplo. Bastaria a Adão e seus descendentes esforço de vontade para salvar-se, sendo desnecessária a graça. Como tal, se nascemos sem o pecado, não há também necessidade do batismo. Agostinho de Hipona combatia tenazmente essas afirmações, refutando-as ao dizer que o ser humano precisava do batismo para eliminar o pecado original, tornando assim o homem filho de Deus. Entretanto, a salvação final depende da graça divina.

Irmã Isabel, agora grande estudiosa da filosofia e da teologia, conhecia tudo isso. Para ela, como diria Tomás de Aquino mais de oitocentos anos depois, a graça fora dada aos seres humanos para restaurar e elevar a natureza humana. E, também como Tomás, concluía que a graça fora concedida às criaturas por meio da oração. Por isso, passou a ter maiores momentos de elevação a Deus por meio da prece.

No ano 415, irmã Deocleciana começou a ter sérios problemas com a respiração. Tossia muito e tinha dificuldade para falar. A situação tornou-se grave, de modo que madre Perpétua dispensou-a de todas as obrigações, insistindo para que permanecesse em sua cela. Em fins do outono, a situação passou a se complicar ainda mais. Numa tarde, irmã Isabel recebeu o recado de que a sua grande amiga queria ter com ela um diálogo.

– Irmã Isabel – disse-lhe a freira com grande dificuldade –, esta será nossa última conversação.

– Não diga isso, irmã.

– Jesus me chama, e não posso negar-me à sua ordem. Por isso, escute bem o que vou lhe dizer, antes que parta.

Irmã Isabel, apesar de sentir profunda tristeza por certificar-se de que sua grande aliada deixaria o mundo terreno, achegou-se mais da cama e esperou as palavras da freira. Esta, depois de um acesso de tosse, começou o seu relato:

– Retiro-me para a vida espiritual, irmã, com a profunda convicção de que vivemos mais de uma existência. Entretanto, voltarei para confirmar-lhe aquilo em que confiamos. Mas devo antes dizer que tive esta noite um sonho que só revalidou aquilo em que ambas cremos. Sonhei, minha amiga, que caminhava por uma estrada onde havia, de um lado, espinheiros e, do outro, flores muito belas. Vi ao longe um homem que caminhava em minha direção. Fiz uma prece a Deus, pedindo-lhe proteção. Pois, quando o homem se aproximou de mim, disse-me com suavidade no olhar e nas palavras: "Nada tema, minha irmã em Cristo. Já nos encontramos antes neste mundo de Deus. E outras vezes poderemos ainda nos encontrar, como aprendizes da Boa Nova. Siga o seu caminho, pois ainda há muito por melhorar em outras oportunidades que o Pai lhe dará". Nesse momento, acordei com a profunda convicção de que estou partindo deste mundo, mas para cá ainda retornarei. E outras vezes mais. Regressarei, irmã, na qualidade de aprendiz da Boa Nova, como agora também sou. Persevere em sua conduta voltada para o exemplo do nosso Mestre Jesus. Quem sabe, um dia, ainda voltaremos a nos encontrar. Não tenho mais tempo. Repasse o que lhe disse à irmã Lídia e tenham, ambas, muita paciência e compreensão com quem ainda não compartilha dessa verdade. Um dia, no futuro, ela será universal.

A tosse não permitiu que irmã Deocleciana continuasse. A madre superiora foi chamada, sendo prestado socorro à freira, que começava seu retorno para o mundo espiritual. À noite, com grande tranquilidade e um sorriso límpido no rosto, irmã Deocleciana dava continuidade à sua caminhada rumo ao Pai.

Na primeira oportunidade que teve, irmã Isabel contou à irmã Lídia todo o conteúdo do último diálogo que travara com a amiga de ambas. Isso reforçou nas duas a crença na reencarnação, na doutrina da palingênese. Como comentaram nesse breve diálogo, também o bispo Agostinho havia dito um dia, quando sua mãe tinha desencarnado: "Eu estou persuadido de que minha mãe voltará a me visitar e a me dar conselhos, revelando-me o que nos espera na vida futura". Entretanto, irmã Isabel se esqueceu por completo de que a irmã Deocleciana havia dito que voltaria para confirmar a crença na reencarnação. Destarte, a vida no convento prosseguiu sem muitas alterações. Contudo, certo dia, estando ela a estudar em sua cela, ouviu leves batidas à porta. Abrindo-a, encontrou irmã Benigna, uma freira muito jovem, com um livreto na mão.

– Desculpe-me, irmã Isabel. Encontrei este livro no pátio e penso que é seu.

Ao ver o pequeno livro, irmã Isabel estremeceu. Em seu interior, havia anotações sobre a reencarnação. E se a freira as tivesse lido? Poderia causar-lhe graves complicações. Que fazer? Antes, porém, que ela respondesse à sua própria indagação, irmã Benigna falou, olhando-a de frente:

– Gostei das anotações.

Quase automaticamente, irmã Isabel perguntou, pressurosa:

– Quais anotações?

– Na verdade, todas. Uma, em particular, me agradou.

Irmã Isabel pediu que ela entrasse e deixou a porta entreaberta.

– A que anotação você se refere, irmã?

– Àquela que diz: "A alma nunca morre, mas recomeça uma nova vida; ela nada mais faz que mudar de domicílio".

Irmã Isabel estremeceu levemente. Então irmã Benigna havia mesmo lido suas anotações. E agora? Como agir? Pediu inspiração ao Divino Mestre e respondeu, procurando demonstrar muita serenidade:

– Essa é uma frase atribuída a Pitágoras, pensador grego da Antiguidade.

– Eu sei. E devo dizer que penso a mesma coisa. Foi por isso que gostei das suas anotações. Sou favorável à palingênese.

Irmã Isabel não sabia se estava sendo armada uma cilada para enredá-la ou se, de fato, irmã Benigna estava a dizer a verdade. Pediu, mais uma vez, proteção a Jesus. Antes, porém, que pudesse dizer alguma coisa, a freira falou-lhe em tom mais baixo:

– É preciso tomar cuidado, irmã. Nem todas aqui pensam como nós. Se este livro tivesse caído em outras mãos, você poderia estar agora em situação bastante complicada.

Nesse momento, irmã Isabel corou. Uma freira tão jovem como irmã Benigna, que devia ter seus vinte anos, estava sendo mais prudente que ela, em seus trinta e quatro.

– Você tem razão, irmã Benigna. Fui muito imprudente.

– Mas tenho certeza de que, de agora em diante, tomará mais cuidado.

– É claro. E agradeço a sua discrição.

– Fique tranquila. Como lhe disse, penso o mesmo que você em relação à palingênese.

– Fico admirada, pois você ainda é muito jovem e demonstra possuir grandes conhecimentos.

– Tenho vinte e três anos, apesar da aparência. E meu pai me fez estudar desde pequena. Gosto muito de filosofia, como você. Creio que poderemos ser boas amigas daqui para frente.

Já mais calma diante da sinceridade expressa no olhar e nas feições de irmã Benigna, foi com um largo sorriso que irmã Isabel encerrou a conversa:

– Com certeza o seremos. Poderemos, de vez em quando, trocar algumas informações sobre a nossa crença na reencarnação. Sempre, é claro, com muito cuidado.

– Assim será, irmã. Fique com Deus.

Esse encontro inesperado selou uma amizade, que duraria até o desencarne de irmã Isabel. Também irmã Lídia participaria dessa afetividade, gerada pela crença comum dessas freiras na doutrina da palingênese. De resto, a vida no convento arrastou-se de acordo com as regras estabelecidas e a vontade dessas freiras de crescer cada vez mais no amor a Deus e no auxílio espiritual aos homens.

Em 419, o bispo Agostinho fez uma visita inesperada ao convento. Ele já estivera ali outras vezes, mas queria agora ter um tempo especial com cada uma das freiras que ali moravam em oração e trabalho. Era preciso sondar a alma dessas pessoas, a fim de debelar qualquer semente que fosse de heresia que grassasse em Hipona. E, mais que isso, era preciso plantar a boa semente da fé sedimentada no Evangelho de Jesus. Estava ele com sessenta e cinco anos e irmã Isabel, com trinta e sete.

Cada uma das freiras teve momentos de reflexão intensa com o bispo, que procurava renovar a fé instalada no âmago das suas almas. Chegou a vez de irmã Isabel, que, não sabendo bem a que viera o superior, estava um tanto apreensiva. Foi, porém, recebida com um sorriso acolhedor e com estas palavras:

– Entre, irmã Isabel. Que Deus esteja em sua alma.

Ela entrou na mesma saleta em que fora entrevistada pela madre superiora anos atrás, quando buscava com todo o fervor ingressar naquele convento.

– Como está a senhora, irmã?

– Bem, graças a Deus.

– Sempre dependemos das graças de Deus, minha filha. E como está a sua vida no convento? Fale-me a respeito dela.

Diante de uma pergunta tão aberta, irmã Isabel não sabia por onde começar, de modo que pensou um pouco e, em seguida, explicou:

– Devo dizer-lhe, meu bispo, que agradeço todos os dias por aqui estar servindo a Deus. Desde muito jovem tive um desejo intenso de ingressar no convento para orar pelo mundo e salvar a minha alma. Tenho, nas minhas companheiras de vida consagrada a Deus, verdadeiras irmãs, que me auxiliam na caminhada para o Pai.

– Nenhum problema que deseje solucionar junto a mim? Nenhum obstáculo à sua vida reclusa neste monastério?

– Não, meu bispo. Como lhe disse, vivo muito bem aqui. Afinal, posso orar todos os dias pela melhoria do mundo e pelo aperfeiçoamento da minha alma. O trabalho também me faz muito bem e, quando trabalho, busco meditar sobre temas de ascensão espiritual.

– O nosso encontro com o Grande Mestre, irmã, deve ser permanente. Lembre-se de que o apóstolo Paulo de Tarso, ao ter essa oportunidade imensa, nunca mais se apartou do Evangelho de Jesus. A sua fé em Cristo fez dele um soldado do bem, pela graça divina. Na carta aos romanos, ele nos diz: "Justificados pela fé, temos paz com Deus, por nosso Senhor Jesus Cristo. Por ele é que, em virtude da fé, temos acesso à graça em que estamos firmes, e nos ufanamos, esperando a glória de Deus".

– É verdade, meu bispo. Essas palavras não deverão ser esquecidas por mim.

O diálogo continuou nesse tom, até que o bispo, sorridente, disse à irmã Isabel:

– Só mais uma coisa, irmã. Fiquei sabendo pela madre superiora que a senhora tem uma letra invejável.

– Nem tanto, senhor.

– Não foi a senhora quem fez uma cópia do meu livro *Confissões*?

– Sim, fui eu.

– Pois tenho agora um pedido. A senhora pode fazer uma cópia de um dos meus livros, ainda não terminado?

– O seu pedido é uma ordem, senhor.

– Agradeço a sua boa vontade. Trata-se de *A Cidade de Deus*. Madre Perpétua me encaminhará a cópia.

– Farei esse trabalho com presteza e muito cuidado.

– Principalmente com cuidado – respondeu o bispo, sorrindo –, afinal, a obra não está ainda concluída.

O diálogo prosseguiu por mais alguns minutos, até que Agostinho o encerrou com uma exortação:

– Irmã Isabel, ninguém pode ser feliz se não tem a consciência tranquila.

Eu a quero feliz, eu a quero a viver na tranquilidade de sua consciência. Lembre-se todos os dias de que, ainda quando fugimos do campo para a cidade ou da rua para casa, a consciência sempre nos acompanha. De casa, só podemos fugir para o nosso coração. Todavia, para onde poderemos fugir de nós mesmos? Pense nisto e seja feliz.

O encontro com o bispo Agostinho foi muito proveitoso para a alma de irmã Isabel. Apenas a parte final da conversação deixou a freira um tanto preocupada. Por que o bispo encerrara o diálogo a falar de consciência tranquila? Teria "lido" em seu coração alguma intranquilidade? Em verdade, ela se lembrava de uma: a crença nas vidas sucessivas. Não se tratava, porém, de uma intranquilidade moral, mas apenas de um grande desconforto por não poder propalar aos quatro cantos a convicção que lhe ia no íntimo. "Quanto a isto", refletiu, "terei de guardar como um segredo bem no fundo do meu coração".

<hr />

Era o ano 425 quando dois fatos incomuns acabaram por consagrar de uma vez por todas, na alma de irmã Isabel, a veracidade da doutrina reencarnatória. O primeiro deles foi um sonho intenso que teve exatamente numa noite em que adormecera pensando na frase de Platão: "Aprender é recordar". "Só podemos recordar aquilo que ficou gravado em nossa memória", pensou, e concluiu: "E o que ficou gravado em nossa memória foram os conhecimentos adquiridos em existências passadas". Depois de refletir um pouco sobre isso, adormeceu e sonhou que caminhava numa rua de terra, muito velha e longa. Quando pensava que era a única transeunte, notou que uma garotinha de seus cinco ou seis anos vinha em sentido contrário. Ao passar por ela, disse-lhe, apontando para a direção em que seguia a freira: "Aquela sou eu. Eu, quinhentos anos atrás". Irmã Isabel olhou e viu, a uns cinquenta passos, uma senhora andrajosa que seguia pela trilha da garotinha. A mulher passou sem nada dizer e desapareceu em seguida. Já a menina olhou para trás e sorriu, continuando depois sua caminhada. Entretanto, o sonho não parou por aí. Uma voz oculta sussurrou-lhe no ouvido: "Você não perde por esperar".

Irmã Isabel levantou-se com o pensamento fixo no sonho que tivera. Seriam aquelas imagens fortes uma confirmação da teoria da palingênese? Seriam a afirmação insuspeita das reencarnações pelas quais todos passamos? De qualquer modo, não tinha sido um sonho comum, pois permaneceu em sua mente durante todo o transcorrer do dia. À noite, como de costume, ao deitar-se em sua cela, a freira começou a orar e foi no meio de uma oração comovida que ouviu uma voz:

– Irmã Isabel!

Sem dar atenção ao que escutara, pois poderia ser apenas ilusão de seus ouvidos, terminou a prece e virou-se de lado, a fim de dormir. Todavia, novamente uma voz lhe disse, desta vez com mais firmeza:

– Irmã Isabel!

Lembrou-se naquele momento de que, no sonho, a voz ouvida parecia vir do interior do próprio cérebro. Agora, entretanto, ela era externa. Parecia provir do lado da cama. E era tão próxima, que irmã Isabel virou-se, olhando para o escuro do quarto. Na verdade, havia uma tênue luz no meio da escuridão. E foi de seu interior que a freira ouviu pela terceira vez:

– Irmã Isabel!

Agora, procurando enxergar melhor, irmã Isabel viu dentro dessa luz muito branca a imagem de uma pessoa. De princípio, estava muito apagada, mas, aos poucos, foi se tornando cada vez mais visível, até ficar totalmente reconhecível.

– Irmã Deocleciana! – falou em voz alta a freira. – É a senhora?

A imagem agora era quase tangível. Uma freira de meia-idade, vestida num hábito branco, como faziam todas as freiras do convento, estava ali e era dela que se desprendia a luz clara que iluminava a mesinha e a cadeira rústica a seu lado. O hábito dessa freira era muito alvo e translúcido, exalando ao mesmo tempo o perfume de rosas, tão conhecido de irmã Isabel.

– Sou eu, irmã Isabel, a sua amiga, irmã Deocleciana.

Irmã Isabel ficou estática, sem poder pronunciar mais nenhuma palavra. A visão que estava tendo era bela e real, tão real que teve vontade de se jogar nos braços da amiga que partira para o mundo espiritual. Todavia, uma força desconhecida não permitiu que se projetasse para a aparição. Ali, no silêncio da noite, ouviu claramente as palavras da antiga amiga:

– Irmã Isabel, vim para comprovar a nossa crença nas vidas sucessivas. Assim combinamos, não é verdade? Pois esteja certa de que vivemos outras existências anteriormente e viveremos mais outras no porvir até... até sermos perfeitas o suficiente para não precisar mais de um corpo físico e poder viver no mundo espiritual, de onde viemos e para onde retornaremos.

Irmã Isabel quis dizer algo, mas irmã Deocleciana apenas sorriu e, a partir daí, a luz foi diminuindo de intensidade, e a imagem desapareceu paulatinamente, voltando a escuridão do quarto. Uma alegria indizível tomou conta da freira, que permaneceu acordada por mais uma hora, refletindo sobre o que vira e escutara, antes de cair enfim em um sono profundo.

Quando, mais tarde, acordou para as matinas na capela, estava plenamente convicta da veracidade do que ocorrera em sua cela à noite. Recordava-se, palavra por palavra, do que ouvira e guardara a mensagem na memória e no coração. Confrontou também o sonho com a aparição. Não havia dúvida: a menina do sonho e a senhora andrajosa eram o mesmo espírito em diferentes encarnações. Era-lhe mostrada naquelas imagens a exatidão da doutrina da palingênese. E a voz que lhe sussurrara que não perderia por esperar prenunciava a visão que teria depois. Tudo se encaixava à perfeição. Não havia por que duvidar.

No transcorrer do dia, assim que pôde, chamou discretamente para junto de si irmã Lídia e irmã Benigna. Com lágrimas nos olhos, contou em detalhes o que lhe ocorrera.

– Vocês acreditam no que lhes acabo de dizer?

– Nunca duvidei de sua palavra, irmã – comentou irmã Lídia. – Não seria agora que iria desconfiar da veracidade do que nos confidenciou. Não só creio como me sinto feliz por poder partilhar da sua convicção.

Irmã Benigna, comovida, confidenciou:

– Não sei como dizer, mas senti uma presença tão suave entre nós e ouvi uma voz a dizer: "A nossa crença é real! A nossa crença é real!". Não há como duvidar. E mais: senti um agradável perfume de rosas, que, lentamente, começou a esmaecer.

Nesse momento, irmã Isabel se lembrou de que também sentira perfume similar na noite anterior.

– Creiam, irmãs, eu também senti esse perfume ontem à noite. Não tenham dúvida: irmã Deocleciana voltou para confirmar a sua palavra e a nossa crença. Oremos em nossas celas e agradeçamos a Deus pela revelação que nos fez por meio da aparição de nossa querida irmã Deocleciana.

A reunião encerrou-se ali. E quase não se tocou mais no assunto, pois a crença nas vidas sucessivas não era aceita por todos os cristãos, o que poderia levar a controvérsias inúteis e até ao rótulo de heresia por parte dos fanáticos, que estavam sempre à caça de divergências em relação às convicções papais, exaladas em Roma. Todavia, a crença na reencarnação tornou-se inabalável na mente e no coração de cada uma daquelas freiras, felizes por saberem que a vida continuava e que a possibilidade de autoaperfeiçoamento era infinita.

CAPÍTULO 8

Fim do caminho

Nos anos seguintes, Agostinho de Hipona continuou a escrever, assim como a terçar armas contra as heresias, a cujo combate se dedicara. Também esteve presente algumas vezes no mosteiro, como confessor ou como celebrante. Numa dessas ocasiões, fez um sermão cujas palavras, já lidas no livro *Confissões* e dirigidas a Deus, Isabel havia gravado, porém agora estavam renovadas pela inspiração avassaladora da sua oratória:

– Quem me dera repousar em Vós! Quem me dera que viésseis ao meu coração e o inebriásseis com a vossa presença, para me esquecer dos meus males e me abraçar convosco, meu único bem!

Pois, a partir desse dia, e mais que nunca, irmã Isabel escolheu buscar a Deus, não num céu distante e inatingível, mas naquele mesmo convento, na sua cela e, mais que tudo, ali, no íntimo da sua alma. Nesse aspecto, tornou-se mais introspectiva, embora nos raros momentos de recreação continuasse com as suas amizades e com o seu riso alegre, que a distinguia entre as demais. Continuou privando também da simpatia da superiora, que admirava seus conhecimentos e sua vontade disciplinada de estudar as verdades ensinadas por Jesus.

Por certo, nos últimos anos de vida, Isabel cresceu muito espiritualmente. Sentia-se bastante feliz entre as quatro paredes austeras do convento. Lembrava-se muitas vezes de que o bispo Agostinho dissera certa vez que todo ser humano aspira à felicidade. E, em um de seus livros, explicara que a felicidade é o gozo da verdade. "Gozar da verdade", pensava ela, "é também compartilhar da certeza de que temos muitas vidas para nos aperfeiçoarmos espiritualmente e nos tornarmos perfeitos, tanto quanto podemos, enquanto criaturas". E completava: "Afinal, o nosso Mestre Jesus, em um dos seus dizeres, exortou-nos a que fôssemos perfeitos como nosso Pai celestial é perfeito. Isto, creio eu, quer dizer: que sejamos perfeitos tanto quanto podemos ser na qualidade de Filhos de Deus".

Outro ponto elucidativo que ficou gravado na memória de irmã Isabel foram as palavras do bispo:

– Se o homem não se delicia no bem, não o ama, não realiza o bem, não o abraça, não o vivencia.

Ela passou, portanto, de modo redobrado, a procurar realizar o bem, principalmente orando por aqueles que estavam no mundo, vivendo na "Cidade dos Homens", a fim de que não se desencaminhassem, perdendo o rumo para a divindade. Com isso, ela se referia ao livro de Agostinho de Hipona: *A Cidade de Deus*. Nesse livro, que ele terminou no ano 427, tendo dedicado catorze anos a redigi-lo, Agostinho mostra as características antagônicas de dois princípios de vida: o cristão e o mundano. A "Cidade de Deus" corresponde à vida religiosa, centrada no amor a Deus e aos semelhantes, e fundada, portanto, na caridade pregada pelo Mestre Supremo, Jesus Cristo.

Já a "Cidade dos Homens" diz respeito ao amor exacerbado de si mesmo – até mesmo com o desprezo de Deus –, ao egoísmo, ao desregramento, enfim, ao descaminho em relação às verdades eternas. O temor de irmã Isabel era de que aquelas pessoas que viviam fora da proteção espiritual do monastério se tornassem escravas da "Cidade dos Homens", portanto, cativas das garras do mal. Por esse motivo, redobrou as suas orações intercessórias em favor dos leigos, não só da sua cidade, como de todo o mundo. Desse modo, a aura de santidade que ostentava começou a ser notada pelas outras freiras, que passaram a respeitá-la mais, com exceção das que se sentiam humilhadas diante da transformação da colega, passando a alimentar uma inveja deletéria em seus corações. Mas essas eram exceção. Prevaleciam o apreço e a consideração...

A última vez que irmã Isabel se encontrou com o bispo Agostinho foi na Páscoa de 426, quando, após as celebrações, ele se dirigiu à freira em particular, para um pequeno diálogo. Respeitosa, irmã Isabel praticamente apenas respondeu às perguntas do bispo, estando sempre atenta às palavras que ele lhe dirigia. Sua imagem estava já fragilizada pelos anos que dedicara ao serviço a Deus, mas o que saía de sua boca tinha ainda a força dos anos anteriores. Ele escrevia, naquela ocasião, um livro em que revisava toda a sua obra anterior. Tratava-se de *Revisões*, no qual ele, com grande humildade, submetia toda a sua atividade anterior a uma análise inexorável na busca incontida pela verdade. Costuma-se apelidar esse livro como as "Confissões da velhice", estando ali retratado todo o período cristão de sua vida.

Animado por essa procura incessante do Verdadeiro, o bispo Agostinho, no breve momento em que ficou diante de irmã Isabel, disse-lhe com ternura, como um pai falando à sua filha:

– Irmã Isabel, sinto que não tenho muito mais tempo entre os homens, de modo que procuro sempre em meus diálogos ser bastante sucinto. O que pretendo deixar para sua reflexão é referente à razão e à fé, que devem estar unidas na busca pela Verdade, na busca da Sabedoria. Há quem queira aclarar a alma apenas pelo caminho da fé, assim como há aqueles que querem fazê-lo pelo caminho exclusivo da razão. Ambos permanecem, porém, na escuridão, pois lhes falta sempre algo. Essas duas dimensões, fé e razão, não devem estar separadas nem contrapostas, mas permanecer unidas. Irmã, a fé e a razão são as forças que nos levam a conhecer. Sei que a senhora é estudiosa da filosofia, assim como sei que se apoia na fé inabalável em Deus, pelas palavras do seu Filho, Jesus Cristo. Estude a filosofia, que é sobretudo razão, mas compenetre-se também da teologia, que é sobremaneira fé. Lembre-se, irmã: a sabedoria é Deus, Deus é a sabedoria, portanto, o verdadeiro filósofo é um amante de Deus.

Estava encerrado o último encontro com o diligente bispo de Hipona. Irmã Isabel deveria agora meditar sobre o que escutara no silêncio de sua alma...

<hr />

Quatrocentos e trinta foi um ano de desespero e dor para os habitantes de Hipona. Os vândalos, depois da devastação da Espanha, haviam desembarcado na África, liderados por seu rei, Genserico, tendo iniciado um cerco a essa cidade, ateando-lhe fogo. Depois de catorze meses de grandes combates, Hipona cairia nas mãos do exército invasor.

O bispo Agostinho, desgastado pela tristeza, pois via nessa invasão um castigo divino, foi tomado por uma intensa febre, tendo de permanecer em resguardo no leito. Fixando-se nas lembranças de sua vida pecaminosa da juventude, fez com que fossem escritos na parede de seu quarto os *salmos penitenciais*, a fim de que os conservasse em mente. Sete são os chamados salmos penitenciais, incluindo os de número 6, 32, 38, 51, 102, 130 e 143. Assim, repetiu inúmeras vezes, no silêncio da sua cela austera, as súplicas do salmo 51, conhecido como *Miserere*, isto é, "Tende compaixão". Em seu início, diz este salmo, também conhecido por "Prece de um coração contrito":

> Tende compaixão de mim, ó Deus, por vosso amor!
> Apagai minhas transgressões, por vossa grande compaixão!
> Lavai-me inteiro da minha iniquidade e purificai-me do meu pecado!
> Pois reconheço minhas transgressões e diante de mim está sempre o meu pecado; pequei contra Vós, contra Vós somente; pratiquei o que é mal aos vossos olhos...

Quando repetia essas palavras, os olhos do bispo enchiam-se de lágrimas, e um grande arrependimento brotava na sua alma. Tão concentrado estava em apagar do coração a mancha de toda iniquidade, que pediu aos mais próximos que não entrassem em seu quarto. Havia apenas duas exceções: o momento das refeições e a visita dos médicos.

Assim, envolto pelo arrependimento e suplicante pela compaixão divina, Agostinho desencarnou suavemente no dia 28 de agosto, aos setenta e seis anos de idade, enquanto os vândalos bradavam nas cercanias da cidade, apenas aguardando a oportunidade certa de invadi-la e dominá-la.

⬤⬤⬤

No mosteiro, irmã Isabel, então com quarenta e oito anos, logo soube do acontecimento. Muitas preces fez pelo bispo que partira, ao mesmo tempo em que orava pela proteção de Hipona, já prestes a não aguentar o poderio do inimigo, que cada vez mais se assenhoreava da situação.

Por essa época, certificando-se de que a cidade seria fatalmente invadida, as freiras redobraram suas orações, pedindo a Deus clemência. Pois, num dia em que saíam da capela do convento, chegou a notícia terrível: "Hipona foi invadida! Nada mais há a fazer!". Os vândalos, que entravam agora na cidade, constituíam uma tribo germânica oriental que, no ano 455, em luta contra o imperador Petrônio Máximo, penetraria o Império Romano, saqueando Roma e destruindo o que via pela frente.

A cidade de Hipona, em chamas, gemia sob as armas dos invasores, que se aproximavam cada vez mais do mosteiro, onde as freiras, sabedoras de seu destino, fechavam-se em suas celas, fazendo as últimas orações. Várias delas, momentos antes, haviam conseguido fugir, misturando-se nas ruas aos habitantes que, desesperados, procuravam deixar a localidade. Irmã Isabel, porém, despedira-se de suas amigas e se trancara na cela, refugiando-se na oração. Foi assim que, ajoelhando-se aos pés da cama, iniciou a prece final:

– Meu Deus, meu Pai, por intermédio de vosso Filho, Jesus Cristo, vos entrego a minha alma, banhada na dor, mas também inundada na fé que abrigo em meu peito. Se minha fosse esta vida, nenhum valor teria, mas eu a recebi de Vós, portanto, o seu valor é incomensurável. E mais: se de Vós a recebi, de Vós que sois a Vida Eterna, eterna é também a minha própria vida. Ninguém tem o poder de tomá-la de mim, ninguém consegue apagá-la. Vivo, meu Pai, por toda a eternidade. Logo, mudar-me-ei para o mundo espiritual, mas um dia retornarei para dar continuidade ao que deixei incompleto, assim como aconteceu quando tive a honra infinda de contemplar o rosto de vosso Divino Filho.

Ao dizer isto, teve uma visão interior da face de Jesus, tal qual a vira há tanto tempo, quando ainda no corpo de Esther. Tentou dizer alguma coisa, mas uma paz tão grande a invadiu que, extasiada, não notou que a porta da cela havia sido arrombada e um soldado entrava com uma espada na mão. O golpe foi violento, fazendo tombar o corpo em sangue na laje fria.

Irmã Isabel cumpria mais uma existência na longa trajetória da vida, obedecendo à lei divina do progresso, segundo a qual o homem deve progredir sempre. Nada mais havia a fazer ali. Seguiu, pois, para a pátria espiritual a fim de preparar-se para a continuidade da jornada em uma próxima encarnação.

PARTE 3

Terceira Revelação

CAPÍTULO 9

Experiências

A segunda metade do século XIX presenciou um fenômeno que chamou a atenção de muitas pessoas. Passou a ser conhecido como o fenômeno das "mesas girantes". Outros as chamavam "mesas dançantes" ou "falantes". Na França, começou como uma brincadeira que atraía a alta sociedade parisiense. Na época, era costume a ocorrência das festas de salões, frívolas em sua grande parte e recheadas de diversões centradas no passatempo. Desse modo, ao receber a notícia das "mesas girantes", muitos franceses as incluíram no rol de suas distrações descompromissadas.

O divertimento consistia de mesinhas redondas ao redor das quais se assentavam quatro ou cinco pessoas. Ao colocarem as mãos sobre elas, isto era suficiente para que começassem a girar e a dar saltos, sem que ninguém fizesse qualquer força. Esse fenômeno parecia ter acontecido a princípio nos Estados Unidos, tendo posteriormente se estendido pelos países da Europa, tais como França, Inglaterra, Alemanha e Holanda.

Em Paris, como em outras cidades, o passatempo das mesas girantes tornou-se moda já no início dos anos 1850. Entretanto, como em outras localidades, não passava de mera distração para divertir as pessoas que frequentavam os salões das famílias abastadas. Intelectuais comprometidos com assuntos de ordem cultural não se dedicavam a tais jogos, realizados como simples entretenimento. Entre esses, encontrava-se o professor Denizard Rivail, interessado na pedagogia que aprendera junto ao renomado educador Johann Heinrich Pestalozzi, no Instituto Yverdon, na Suíça. Já em plena mocidade, com apenas vinte anos (em 1824), escrevera um livro intitulado *Curso prático e teórico de aritmética, segundo o Método Pestalozzi, para uso dos professores e das mães de família*. Apenas quatro anos mais tarde, escreveu *Plano proposto para o melhoramento da educação pública*, no qual já demonstrava a lucidez do seu raciocínio, colocado a serviço do progresso humano. Outras obras foram por ele escritas, colhendo os frutos do aprendizado junto a Pestalozzi.

Por volta de 1823, o professor Rivail tomou contato com o magnetismo, chamado por Franz Anton Mesmer de "magnetismo animal". A partir daí, fez sérios estudos sobre o tema. Veio também a se interessar pelo sonambulismo, estudado anteriormente pelo marquês Puységur e por Joseph Philippe Deleuze. Na verdade, interessava-lhe tudo o que se referia ao psiquismo humano. Pressentia-se aqui, em plena juventude, a inclinação do professor para tudo o que se referisse à melhoria do ser humano em sua essência.

Foi em 1854 que o magnetizador Fortier, velho conhecido do professor Rivail, falou-lhe pela primeira vez a respeito das mesas girantes.

– Já sabe da singular propriedade que se acaba de descobrir no magnetismo? – perguntou-lhe animado. – Diante do silêncio do professor, continuou: – Parece que já não são apenas as pessoas que se podem magnetizar, mas também as mesas, conseguindo-se que elas girem e caminhem à vontade.

– É realmente muito singular – foi a resposta. – Mas, a rigor, isso não me parece radicalmente impossível. O fluido magnético, que é uma espécie de eletricidade, pode perfeitamente atuar sobre os corpos inertes e fazer com que se movam.

Mais algumas palavras a respeito, e a conversa mudou de rumo, seguindo depois cada um o seu caminho.

Nos dias seguintes, o professor Rivail leu, em jornais de Nantes, Marselha e outras cidades, notícias que não deixavam dúvidas a respeito da realidade do fenômeno. Mais algum tempo, e os dois amigos encontraram-se novamente. Fortier estava agitado e disse com entusiasmo:

– Temos agora uma coisa muito mais extraordinária do que aquilo que lhe disse na última vez em que nos encontramos.

– Ah, é?

– Não só é possível mover uma mesa, magnetizando-a, como também é possível fazer que fale.

O professor levantou as sobrancelhas, como se não tivesse entendido bem o que Fortier lhe dizia.

– É verdade – continuou o amigo. – Quando interrogada, a mesa responde.

– Espere um pouco, Fortier. Isto agora é outra questão. – E, sorrindo, prosseguiu: – Só acreditarei quando presenciar esse fenômeno e quando me provarem que uma mesa tem cérebro para pensar, nervos para sentir e que possa tornar-se sonâmbula. Mas, até que isso aconteça, não verei no caso mais do que uma história para boi dormir.

O raciocínio do professor Rivail era lógico, pois ele concebia o movimento como o efeito de uma força mecânica. No entanto, com relação às mesas falantes, desconhecia a causa e a lei do fenômeno, achando um grande absurdo atribuir inteligência a uma coisa puramente material. Sua incredulidade era total, pois, para poder comunicar-se, as mesas deveriam necessariamente ter inteligência. Na verdade, ele se achava diante de um fato inexplicado, aparentemente contrário às leis da natureza, o que a sua razão repelia. Até aquele momento, ele nada vira nem observara. Era preciso, porém, que pudesse presenciar o fenômeno a fim de apresentar sua conclusão definitiva.

❧

Nesse meio-tempo, em outro ponto de Paris, uma família que se confessava espiritualista estava muito interessada na comunicação entre vivos e mortos. Era a família Dauphin, composta por Marcel, o pai; Arlette, a mãe; e Nicole, a filha.

Desde que souberam da comunicação com as mesas falantes, o sr. Dauphin e sua esposa começaram a participar de algumas sessões, em que mensagens interessantes eram recebidas. Durante essa experiência, ficaram sabendo que a filha, Nicole, era médium, segundo a explicação de uma senhora em cuja casa fora recebida a mensagem de um espírito, identificado como antigo conhecido da jovem em encarnação passada. A partir daí, Nicole, agora com dezesseis anos, passara a participar ativamente das sessões com as mesas falantes.

Em uma dessas sessões, um espírito identificado apenas como Ludovico afirmou que a jovem teria oportunidade de assistir à fundação de um importante movimento, que se iniciaria a partir do fenômeno das mesas girantes. Sem dar muita atenção ao comunicado, Nicole continuou a participar das sessões.

No início de 1855, o professor Rivail encontrou-se com o sr. Carlotti, um amigo de vinte e cinco anos, que iniciou uma conversa sobre o fenômeno das mesas falantes. Durante uma hora ficaram confabulando. Homem de temperamento ardoroso e enérgico, Carlotti estava entusiasmado com o que vira a esse respeito. Foi ele o primeiro a contar ao professor sobre a intervenção dos espíritos nesse fenômeno. Todavia, contou-lhe tantas coisas surpreendentes que, em vez de convencê-lo, deixou-o ainda mais imerso em dúvidas. Entretanto, antes de se despedir, Carlotti fez uma declaração surpreendente:

– Um dia, o senhor será um dos nossos.

O professor, num meio sorriso, apenas respondeu:

– Não direi que não. Veremos isso mais tarde.

Depois de certo tempo, em maio do mesmo ano, o professor Rivail foi à casa de uma sonâmbula, a sra. Roger, acompanhando Fortier, que era seu magnetizador. Lá encontrou-se com o sr. Pâtier e a sra. Plainemaison, que lhe falaram daqueles fenômenos à mesma maneira do sr. Carlotti, embora em um tom bastante diverso. O sr. Pâtier, de certa idade, expressava-se diferentemente do entusiasmado Carlotti. Era funcionário público, muito instruído, de caráter grave, frio e calmo. Sua linguagem era pausada e não denotava nenhuma euforia, o que produziu no professor uma viva impressão. Assim, ao ser convidado por ele a assistir às experiências que se realizavam em casa da sra. Plainemaison, aceitou de imediato. Marcou-se a reunião para uma terça-feira de maio, às oito horas da noite.

Era uma terça-feira de maio, quando o sr. Dauphin apressou a esposa e a filha para se dirigirem à sessão na casa da sra. Plainemaison, uma amiga da família.

– Os minutos passam com rapidez, e precisamos chegar com certo tempo de antecedência – falou, olhando para o relógio de algibeira.

– Já estamos prontas, pai – foi a resposta de Nicole.

Pouco tempo depois, entravam na casa da amiga, onde já se encontravam outras pessoas. Apenas um dos convidados não era pessoalmente conhecido, de modo que lhes foi apresentado. O sr. Dauphin, lembrando-se do sobrenome, comentou em seguida:

– Desculpe-me, professor, agora me lembro. O senhor escreveu um livro muito útil sobre a melhoria da educação pública, não é mesmo?

– Sim, escrevi.

– Pois, se tudo o que ali está escrito fosse seguido ao pé da letra, a educação em nosso país seria hoje muito melhor.

– Obrigado pela gentileza.

– Mais que gentileza, é uma grande verdade, professor Rivail.

Nesse momento, foram avisados de que as experiências teriam início naquele instante. Os presentes foram se acomodando nos lugares indicados, e o silêncio foi aumentando. Depois de algum tempo, teve início a sessão. A família Dauphin já estava habituada a esse tipo de realizações, porém o professor Rivail iria assistir ao evento pela primeira vez.

Não demorou muito para que a mesa à qual estavam cinco pessoas começasse a girar, saltar e correr. Mais de uma vez o fenômeno se repetiu, até ter início um outro tipo de experiência: a comunicação com espíritos através da chamada "cesta de bico". As comunicações eram feitas por meio de escrita mediúnica numa lousa escura, com o auxílio desse tipo de cesta. Kardec a descreve mais ou menos assim: trata-se de uma cestinha de 15 a 20 centímetros de diâmetro, em que um lápis passa pelo fundo, bem preso, com a ponta para baixo. A cesta é colocada em equilíbrio sobre a ponta do lápis, estando este apoiado sobre uma folha de papel. Os dedos do médium são colocados sobre as bordas da cesta, pondo-a em movimento. A partir daí, surgem as letras, as palavras, enfim, a comunicação. A dificuldade era enorme, tornando o ensaio imperfeito. Entretanto, o professor, ao observar tudo o que ocorria naquela sessão, via, além das aparentes futilidades e do mero passatempo, algo de sério, talvez a revelação de uma nova lei. E isso o impressionou de tal modo, que resolveu estudar o fenômeno a fundo.

Ao final, quando todos se despediam, o sr. Marcel Dauphin achegou-se ao professor, perguntando-lhe:

– E então, professor Rivail, o que achou das experiências?

– Merecem um estudo mais aprofundado – foi a resposta.

– Pois eu concordo plenamente com o senhor. É preciso que se deixe a mera distração de lado, para que se saiba o que de fato está ocorrendo.

Não demorou muito para que, em outra sessão na casa da sra. Plainemaison, o sr. Dauphin apresentasse ao professor um homem de expressão circunspecta, chamado Émile-Charles Baudin. Conversaram por alguns minutos, até que o recém-conhecido convidou o professor Rivail para assistir a uma sessão em sua casa, na rua Rochechouart.

No dia aprazado, lá estava o professor Rivail, que assistiu à psicografia indireta, cujas médiuns eram as duas filhas do casal Émile-Charles e Clémentine: Julie e Caroline Baudin, a primeira de quinze anos e a outra de dezoito. Elas escreviam com o auxílio da cesta de bico. O processo de escrita exigia a participação simultânea das duas jovens, excluindo a possibilidade de intromissão das ideias da médium, como logo percebeu o professor. A cada pergunta, logo era dada uma resposta, e até mesmo a perguntas mentais, sem expressão oral, o que demonstrava a intervenção de uma inteligência estranha.

Embora os assuntos tratados fossem frívolos, dizendo respeito a coisas da vida material ou ao futuro, o professor Rivail deixou a casa convicto de que deveria dar prosseguimento a tais experiências, porém sobre um patamar de seriedade, que até então não era comum a essas reuniões.

Alguns dias depois, em sua casa, também fazendo uso de uma cesta de bico, Nicole Dauphin recebeu uma notícia do espírito Ludovico que a deixou perturbada. Dizia a mensagem que ela seria acometida por uma grave doença, portanto, era importante que começasse a fazer perguntas mais maduras, a fim de que aproveitasse melhor o tempo que lhe restava. Apreensiva, perguntou quando se daria esse fato, mas não obteve resposta. Após a sessão, Arlette, sua mãe, tentou acalmá-la:

– Não se preocupe, filhinha, nem sempre o que recebemos como resposta às nossas perguntas é verdadeiro.

– Mas Ludovico foi tão claro, mãe.

– Afinal, minha filha, quem é esse Ludovico?

– Não sei.

– Eu também não. Portanto, não vamos dar valor ao que é duvidoso. Acalme-se e não se deixe influenciar pela mensagem que recebeu.

Nicole até que tentou seguir o conselho da mãe, mas o assunto era muito grave. Naquela noite, a jovem relutou muito até pegar no sono. Porém, no dia seguinte, ocupada com os seus estudos, deixou que a preocupação se dissipasse.

Alguns dias depois, nova sessão experimental foi realizada na casa dos Dauphin. Após algumas perguntas fúteis, surgiu aquela que ficara entalada na garganta de Nicole:

– Quem é você, Ludovico?

A resposta não demorou a ser registrada pela cesta de bico, segura pelas mãos da mãe e da filha:

– Fui muito próximo de você, Nicole, em existência passada. Guardo a seu respeito uma afeição muito grande.

– Então é verdade o que você disse a respeito da minha saúde?

– Sim, é verdade.

– Mas quando isso se dará?

– Tudo tem seu tempo. Não se precipite.

Não foi possível obter mais nenhum dado a esse respeito. O espírito alegava não ter autorização para dizer mais nada. Embora também inquieta diante da notícia agourenta, a sra. Arlette procurou mais uma vez dissimular seu estado emocional:

– Fique tranquila, Nicole. Em primeiro lugar, disseram-me que o tempo no mundo espiritual é diferente do nosso. Ainda que o espírito tivesse dito que tudo ocorreria muito brevemente, o que lá pode ser muito breve, para nós pode ser um longo tempo. Em segundo lugar, não é porque se trata de um espírito que, necessariamente, seja um sábio ou um mestre. Já vimos se apresentarem aqui espíritos de mentalidade bem primária. Portanto, o espírito Ludovico pode estar enganado. E há ainda outro argumento: a medicina do século XIX não é a mesma de cem anos atrás. Estamos evoluindo rapidamente. Uma doença mortal na Idade Média, por exemplo, hoje é perfeitamente curável. Enfim, não há nada a temer. Permaneça tranquila, fazendo exatamente o que você fez até hoje.

Todavia, depois que Nicole foi para o dormitório, a sra. Arlette procurou o marido para conversar:

— Marcel, o que você acha da mensagem recebida hoje por Nicole?

— Não sei não, Arlette. Por via da dúvida, acho melhor chamar um médico, a fim de que fiquemos tranquilos.

— Mas Nicole poderá ficar ainda mais preocupada diante da presença do médico.

— Farei, então, o seguinte: conversarei antecipadamente com o dr. Etienne, que é nosso amigo, e o convidarei para um jantar. Em meio às conversas, pergunto o que ele acha da saúde de Nicole. Ele saberá como agir em seguida, não é mesmo?

Poucos dias depois, lá estava dr. Etienne a conversar com o casal num jantar de amigos, quando o sr. Marcel, sorrindo, lhe perguntou:

— O que você acha do semblante da nossa filha, doutor?

O médico, já preparado para a pergunta, também sorrindo, respondeu:

— É o melhor possível. Mas, já que estou com meus instrumentos, pois acabei de visitar um paciente, por que não examiná-la mais detalhadamente após este excelente jantar? O que acha, Nicole?

Colhida de surpresa, a jovem quis responder que estava bem e não havia necessidade de nenhum exame. Entretanto, a mãe foi mais rápida e falou, piscando um olho para o médico:

— Por favor, doutor Etienne, não só examine a Nicole como a mim também.

— Ótimo! Assim que terminar a musse de limão, iniciarei os exames.

Nicole, sem alternativa, sorriu desajeitadamente e aguardou o encerramento do jantar. Dr. Etienne, após examinar a sra. Dauphin, iniciou o exame da moça. Depois de várias perguntas, auscultações e apalpações, o médico sorriu e disse:

— Parabéns, Nicole! Você está com ótima saúde. Continue sempre assim.

Depois que a jovem foi para o seu quarto, o médico orientou o casal Dauphin:

— Realmente, a saúde de sua filha está muito boa. Apenas um chiado quase imperceptível no peito. Somente como precaução, mandem preparar o remédio cuja receita vou fazer agora. Mas estejam tranquilos. Tudo vai bem com a nossa Nicole.

Iniciado o tratamento preventivo, ninguém mais pensou nas palavras do espírito Ludovico. Nicole estava muito corada, alegre e vivaz, não denunciando nenhum tipo de enfermidade. Por sua vez, as sessões semanais continuaram na residência dos Dauphin, porém com uma diferença. Como orientara Ludovico, as perguntas deveriam ser mais sérias do que aquelas até agora apresentadas aos espíritos comunicantes.

É sabido que a família Bodin – Émile-Charles, Clémentine e as filhas, Caroline e Julie – tinha por hábito realizar sessões espíritas desde os tempos em que morava na Ilha da Reunião, uma colônia francesa situada no Oceano Índico, a leste de Madagascar. Apresentava-se em tais reuniões um espírito autodenominado Zéfiro da Verdade, ou simplesmente Zéfiro. Foi ele que, numa noite, fez a previsão de que o sr. Baudin iria mudar-se com a família para Paris. E disse mais:

– Em Paris, procurarei manter contato com um velho amigo e chefe, desde o nosso tempo de druidas.

Por essa época, Émile-Charles Baudin não cogitava em transferir-se para o continente. Todavia, surgiu uma crise no comércio do café e do açúcar, principais produtos das atividades comerciais da família, que se viu obrigada a mudar-se para a França em 1855. Em Paris, continuaram as sessões espíritas, em que se manifestava o espírito Zéfiro. Pois foi numa dessas reuniões que ele afirmou:

– Chegou o nosso dia de glória.

Sem entender o significado daquelas palavras, o sr. Émile pediu uma explicação. Respondeu Zéfiro:

– Teremos, finalmente, a presença do nosso velho chefe druida.

– Aquele que você contava encontrar em Paris?

– Ele mesmo. Logo estará entre nós.

– E qual é o nome dele?

– Allan Kardec!

O nome pareceu a Émile muito estranho, tendo mudado de assunto em seguida.

Foi por essa época que o professor Rivail começou a frequentar a casa dos Baudin. Pois, numa noite em que presenciava as manifestações, foi saudado por Zéfiro de modo inusitado:

– Salve, caro pontífice, três vezes salve!

Não atinando com o significado dessas palavras, os presentes caíram em estridente gargalhada. O sr. Baudin, sentindo-se constrangido por não conseguir entender as palavras do espírito, procurou atribuir a "brincadeira" ao temperamento alegre de Zéfiro. O professor, entretanto, buscando entrar no clima descontraído da comunicação, respondeu:

– Minha bênção apostólica, meu filho.

Novamente o público deu uma solene gargalhada. Porém, o espírito replicou que tinha feito uma saudação respeitosa a um verdadeiro pontífice, pois o professor tinha sido um grande chefe druida na época da invasão da Gália pelo imperador Júlio César. Diga-se que os druidas eram os sacerdotes do povo celta, encarregados das tarefas de aconselhamento e ensino, assim como das atividades jurídicas e filosóficas no interior da sociedade celta, daí o respeito demonstrado pelo espírito comunicante.

Depois de participar de várias sessões, soube o professor Rivail, por meio de algumas comunicações, que teria de cumprir uma missão especial. Ela se referia à codificação de instruções, isto é, ele deveria reunir os princípios e preceitos de uma nova doutrina espiritualista, ditada pelos espíritos superiores. Um dos espíritos em particular chamou a atenção do professor. Era seu guia espiritual, denominado Espírito da Verdade.

Em certa noite de junho de 1856, Kardec perguntou-lhe:

– Bom espírito, eu desejaria saber qual o seu parecer a respeito da missão que alguns espíritos me atribuíram. Peço-lhe que me informe se é uma prova para o meu amor-próprio. Tenho o maior desejo de contribuir para a propagação da verdade, mas, do papel de simples trabalhador ao de chefe missionário, a distância é grande e não percebo o que possa justificar em mim um tal favor, de preferência a tantos outros que possuem talentos e qualidades que não tenho.

A resposta do Espírito da Verdade foi pronta:

– Confirmo o que lhe foi dito, mas lhe recomendo muita discrição, se quiser vencer. No futuro, você tomará conhecimento de coisas que lhe explicarão o que hoje o surpreende. Não se esqueça de que pode triunfar, assim como pode falir. Se tal acontecesse, uma outra pessoa o substituiria, pois os desígnios de Deus não repousam sobre a cabeça de um homem. Portanto, nunca comente a respeito da sua missão: essa seria a maneira de fazê-la fracassar. Ela somente pode justificar-se pela obra realizada e você ainda nada fez. Se vier a cumpri-la, os homens o reconhecerão, cedo ou tarde, porque é pelos frutos que se reconhece a qualidade da árvore.

O professor Rivail pensou um pouco no que acabara de lhe ser revelado e considerou:

– Certamente, não tenho nenhum desejo de me vangloriar de uma missão na qual dificilmente creio. Se, de fato, estou destinado a servir de instrumento aos objetivos da Providência, que ela disponha de mim. Mas, nesse caso, peço a sua assistência e a dos bons espíritos para que me ajudem e me sustentem na tarefa.

A resposta do espírito foi precisa:

– Não lhe faltará a nossa assistência, contudo, ela será inútil se, de sua parte, não fizer o que for necessário. Você possui o livre-arbítrio, do qual poderá fazer uso como bem entender. Nenhum homem é constrangido a fazer coisa alguma.

– Que causas poderiam levar-me ao insucesso? – perguntou o professor, preocupado. – Seria a insuficiência das minhas capacidades?

– Certamente não. Entretanto, a missão dos reformadores está cheia de obstáculos e perigos. Quero preveni-lo de que a sua é rude, pois se trata de abalar e transformar o mundo inteiro. Não suponha que lhe baste publicar um livro, dois livros, dez livros, para em seguida repousar tranquilamente em casa. Não, será preciso que você se exponha ao perigo. Saiba que ódios terríveis serão suscitados contra a sua pessoa. Inimigos obstinados tramarão contra você. Quando menos esperar, você estará lado a lado com a malevolência, a calúnia, com a traição até daqueles que antes lhe pareciam os mais dedicados. As suas melhores instruções serão desprezadas e falseadas. Por mais de uma vez, você sucumbirá sob o peso da fadiga. Em poucas palavras: você terá de sustentar uma luta quase contínua com sacrifício do seu repouso, da sua tranquilidade, da sua saúde e até da sua vida, pois, sem isso, a sua vida seria bem mais longa. Pois bem, mais de uma pessoa recua quando, em vez de uma estrada florida, só encontra sob seus passos espinheiros, pedras agudas e serpentes. Para tal missão, não basta a inteligência. A fim de agradar a Deus, é necessário, primeiramente, humildade, modéstia e desinteresse, já que Ele abate os orgulhosos, os presunçosos e os ambiciosos. Para lutar contra os homens, são indispensáveis a coragem, a perseverança e a inabalável firmeza. E também são de necessidade a prudência e o tato, a fim de conduzir as coisas de modo conveniente e não lhes comprometer o bom êxito com palavras ou medidas intempestivas. É preciso, enfim, devotamento, abnegação e disposição para todos os sacrifícios. Veja, assim, que a sua missão está subordinada a condições que dependem de você.[3]

A mensagem vinha assinada pelo Espírito da Verdade. E era carregada de tanta gravidade, que o professor Rivail pensou um bom tempo antes de responder, sentindo sobre os ombros o peso da responsabilidade até então desconhecida. Foi assim que disse com a sinceridade que lhe brotou na alma:

– Espírito da Verdade, agradeço seus sábios conselhos. Aceito tudo sem restrição e sem nenhuma dissimulação. – Em seguida, orou com fervor: – Senhor! Se vos dignastes lançar os olhos sobre mim para cumprimento de vossos propósitos, faça-se a vossa vontade! A minha vida está em vossas mãos. Utilizai-vos do vosso servo. Reconheço a minha fraqueza diante de tão grande tarefa. Minha boa vontade não faltará; porém, as forças talvez venham a trair-me. Supri a minha deficiência. Dai-me as forças físicas e morais que me forem necessárias. Amparai-me nos momentos de dificuldades e, com o vosso auxílio e dos vossos mensageiros celestes, esforçar-me-ei para corresponder aos vossos objetivos.

Estavam lançadas as bases seguras para o nascimento da Codificação da Doutrina Espírita.

⁂

Na residência da família Dauphin, apesar da mensagem apreensiva do espírito Ludovico, recebida por Nicole, a consulta ao dr. Etienne levou à tranquilidade desejada. Continuaram as sessões semanais, tendo em geral como médiuns Nicole e sua mãe, Arlette. O sr. Marcel presidia a cada uma das reuniões, que contavam com alguns convidados. Foi numa delas que Nicole, saindo das questões triviais, fez a seguinte pergunta:

– Espírito Ludovico, venho me perguntando, no passar dos dias, quem é afinal Deus. Estamos sempre a pedir-Lhe amparo em variadas circunstâncias, ouvimos tantas vezes que Ele é amor, mas eu gostaria de ter uma resposta mais clara. Sei que poderia perguntar a algum sacerdote, mas não quero a resposta decorada do catecismo. Quero uma explicação mais real.

---

3. KARDEC, Allan. *Obras póstumas*. 40. ed. Rio de Janeiro: FEB, 2007.

A resposta foi surgindo lentamente:

– Serei claro e breve, Nicole. Deus é a inteligência suprema. Ele é a causa primeira de todas as coisas.

A resposta foi devidamente anotada e repassada para o diário de Nicole, que concluiu depois, em seu quarto: "Então Deus é mesmo a inteligência que ultrapassa todas as demais, daí nem sempre entendermos os Seus propósitos. Não conseguimos, muitas vezes, compreender Seus atos por insuficiência da nossa inteligência, e não por injustiça ou desamor divinos. E, se Ele é a causa primeira de todas as coisas, significa que é o nosso Criador. Creio que esteja certo quem afirma que 'Deus é amor'".

Passaram-se os dias, e o sr. Marcel Dauphin encontrou-se com o professor Rivail no interior de uma livraria. Depois dos cumprimentos, o assunto foi dirigido para as sessões experimentais que aconteciam na casa dos Dauphin.

– Temos continuado com nossas sessões semanais, professor. O espírito que dirige os trabalhos alertou-nos, porém, para que façamos perguntas mais sérias, eliminando aquelas frívolas sobre o cotidiano, o futuro e outras tantas questões vulgares.

– Isso é muito bom, Marcel. Afinal, essas sessões não podem resumir-se em entretenimento. A comunicação com os espíritos prova a existência do mundo invisível e a continuidade da vida após a morte. E, ainda mais que isso, essa comunicação permite que conheçamos o estado desse mundo invisível, seus costumes, se assim posso me expressar. Marcel, cada espírito que se manifesta durante a sessão desvenda uma face desse mundo. É o mesmo que acontece quando passamos a conhecer o estado de um país, interrogando habitantes seus de todas as classes, não podendo um só, individualmente, informar-nos de tudo. É nosso dever elevar o nível das nossas sessões.

O sr. Marcel concordou e, para prová-lo, retirou do bolso uma folha de papel dobrada, mostrando-a ao amigo.

– Veja, professor, já começamos a agir desse modo em nossa residência. Esta é a resposta do espírito Ludovico à pergunta da minha filha sobre a identidade de Deus.

O professor desdobrou a folha e leu, sem disfarçar a emoção que lhe ia na alma:

– "Deus é a inteligência suprema. Ele é a causa primeira de todas as coisas". – Em seguida, olhou bem para o sr. Dauphin e disse com um largo sorriso: – A resposta é unânime, Marcel.

– Como assim?

– Esta mesma pergunta foi feita por diferentes médiuns em locais também diversos, e todos eles obtiveram a mesma resposta: esta que foi recebida por sua filha.

– Que coincidência!

– Não foi coincidência, Marcel.

– Não? Continuo sem entender.

– Nada acontece por acaso. A partir dessa unanimidade de respostas, começa a formar corpo uma doutrina, não uma doutrina dos homens, mas uma doutrina dos espíritos. Ainda estou no início da recepção de muitas mensagens concordantes que, aos poucos, demonstram uma sequência lógica que, certamente, vai se encerrar com um corpo doutrinário, que ainda desconheço em sua totalidade.

– Nunca cheguei a pensar nisso, professor.

– Até pouco tempo atrás, eu também nada suspeitava a esse respeito. Mas o que me fascina, Marcel, é que essa doutrina que está sendo gestada tem um controle rígido da Espiritualidade. Noto que está havendo um controle universal do ensino dos espíritos que têm se manifestado em várias localidades, com diferentes médiuns. Deixando mais claro, só estou aceitando as mensagens que são concordantes entre si, rejeitando as demais. Assim, passo a ter certeza de que são verdadeiras.

– E quando estará pronta a elaboração dessa nova doutrina?

– Não sei, meu amigo, ainda não sei...

A conversa continuou por mais alguns minutos, quando então o professor Rivail escreveu algumas poucas perguntas numa folha de papel e pediu que Nicole as fizesse aos espíritos comunicantes que se apresentavam nas sessões da família Dauphin. Posteriormente, eles se reencontrariam, e o sr. Dauphin lhe mostraria as respostas.

– Assim será feito, professor. Por certo, logo nos encontraremos novamente.

<hr />

A previsão do professor Rivail de que uma doutrina estava nascendo foi confirmada com o passar do tempo, sendo afirmada de modo explícito nas sessões que frequentava. Numa dessas reuniões, em casa do sr. Baudin, após a leitura de alguns capítulos do livro, que diziam respeito às leis morais, a médium escreveu espontaneamente:

Você compreendeu bem o objetivo do seu trabalho. O plano está bem concebido. Estamos satisfeitos com você. Continue, mas, sobretudo, quando a obra estiver terminada, lembre-se de que nós lhe recomendamos que a mande imprimir e propagar. Ela é de utilidade geral. Estamos satisfeitos e nunca o abandonaremos. Creia em Deus e avante.

A mensagem vinha identificada apenas pela expressão: "Muitos espíritos".

O professor Rivail notou mais uma vez a importância da sua missão e a responsabilidade que tinha sobre os ombros. Assim, em casa, conversou com sua esposa, a sra. Amélie-Gabrielle, que tinha por sobrenome Boudet:

— Gaby, conto com seu apoio para a sequência dos trabalhos que se farão necessários até a publicação do livro.

— Pode contar comigo, Rivail. Amanhã cedo, faremos uma lista de tudo o que será necessário realizar até o momento da publicação e da divulgação da obra. Nessa lista de atividades, assinalarei tudo o que poderá ficar sob a minha responsabilidade.

— Estou em meio a um evento prolongado, que começou apenas com a verificação da causa que movia as mesas girantes nos salões de Paris e do mundo. Jamais poderia supor os desdobramentos desse ato inicial.

— Já não se trata de mera constatação, Rivail, mas de uma grave missão que tem de ser cumprida até o seu final.

— É o que farei, custe o que custar.

Em companhia da esposa, o professor Rivail continuou a participar de várias reuniões, nas quais eram respondidas as perguntas dirigidas aos espíritos. Com a coletânea das respostas, tomava corpo o livro que daria início às obras básicas da literatura espírita: *O Livro dos Espíritos*.

CAPÍTULO 10

Lembranças

Certo dia, Marcel Dauphin chegou em casa com um livro nas mãos: *A Cidade de Deus*, de santo Agostinho.

– Já ouvi falar desse livro – disse a sra. Arlette.

– Pois é, eu ganhei de um amigo. Também conheço o livro, mas apenas de nome.

Nicole, que estudava na sala, sem tirar os olhos da obra, mencionou, como se fosse algo sem importância:

– Eu o conheço um pouco mais.

– Você já o estudou.

– Não, não estudei, mas escutei um verdadeiro resumo dessa obra.

– E qual foi o professor que falou a esse respeito?

– Não foi nenhum professor, mãe. Foi o bispo Agostinho.

– Bispo Agostinho? De quem está falando?

Nesse momento, Nicole caiu em si e, como se acabasse de acordar, olhou espantada para os pais e indagou:

– O que foi que perguntaram?

– Quem é o bispo Agostinho.

– Não é o autor desse livro?

– Filha, se não me engano, santo Agostinho viveu no início da Idade Média.

– Pois é...

– Mas você acaba de nos dizer que foi ele quem lhe fez um resumo do livro!

Com um leve bocejo, Nicole apenas respondeu:

– Preciso terminar estas lições. Dá para conversarmos depois?

Marcel e Arlette ficaram preocupadíssimos. Afinal, Nicole sempre fora uma moça ajuizada; por que estaria agora a falar uma coisa tão absurda como aquela? Na primeira oportunidade, voltariam a conversar sobre o assunto até esclarecê-lo de vez.

Foi então que Arlette lembrou o marido de um fato que ficara apagado na memória de ambos. Nessa época, Nicole estava com quatro anos de idade. Marcel tinha um livro de história com muitas ilustrações, sendo uma delas a de santo Agostinho. Ao ver a figura, Nicole colocara o dedinho sobre ela e falara com alegria:

– É o bispo Agostinho!

– Como sabe, filha?

– Porque ele foi ao convento, ora!

– Qual convento?

– Onde eu vivia.

Pensando que a filha tivesse ouvido a conversa de ambos, quando falavam sobre o filósofo e teólogo santo Agostinho, concluíram tratar-se de uma traquinagem da menina e não deram muita importância ao fato. Passado, porém, certo tempo, encontraram Nicole sentada no chão com o livro aberto diante de si na página onde havia a tal ilustração.

– O que está fazendo aí, Nicole? – perguntou a mãe.

– Vendo o bispo. Fiquei com saudade.

Um tanto preocupada, Arlette retirou o livro das mãos de Nicole, colocou-a sentada numa cadeira e pôs uma boneca em seus braços.

– Você precisa brincar, e não ficar falando bobagens.

Mais uma vez, o caso caiu no esquecimento. Todavia, agora Nicole era uma adolescente de dezessete anos, educada, estudiosa e muito bem equilibrada. Por que ocorrera aquela cena inusitada, semelhante ao que acontecera quando estava apenas com quatro anos? O que seria aquilo? Era preciso pôr tudo a limpo.

À noite, o casal chamou Nicole na sala.

– Precisamos conversar com você a respeito do que aconteceu hoje, Nicole – disse o pai.

– Do quê, exatamente?

– Você não se lembra? Seu pai conversava comigo sobre o livro que ganhou de um amigo. É *A Cidade de Deus*, de santo Agostinho. Você disse que alguém tinha-lhe feito um resumo da obra. Quando perguntei qual de seus professores havia feito esse resumo, você me respondeu que fora o bispo Agostinho... o mesmo que escreveu o livro, no início da Idade Média. Afinal, o que é que se passa com você?

– Desculpem-me, mas posso fazer rapidamente um comentário a respeito desse livro que nunca li. Depois, poderão confirmar se acertei ou não.

Confusos, Marcel e Arlette calaram-se, esperando que Nicole começasse a falar:

– Bem, o livro foi escrito em latim, com o título *De Civitate Dei*. Diz o bispo de Hipona, Agostinho, que o amor de Deus fez a cidade celeste. Na verdade, ele mostra que a causa da queda do Império Romano não foi a esperança cristã, mas a dissolução dos costumes do povo. Ele descreve a divisão da humanidade, em que uns se dirigem para a "Cidade de Deus" (o caminho verdadeiro) e outros, para a "Cidade dos Homens" (o descaminho).

Nicole falou mais um pouco, deixando os pais boquiabertos. Se ela nunca havia lido nada sobre o livro, como pudera fazer um resumo sobre seu conteúdo?

– O que se passa, filha? Como explicar que você resuma um livro que nunca leu e a respeito do qual nada lhe disseram? – perguntou-lhe o pai.

O casal Dauphin dizia-se espiritualista, sem vínculo a qualquer credo ou seita. Como espiritualistas, portanto, poderiam perfeitamente crer na doutrina da palingênese, o reencarnacionismo. Todavia, no íntimo, estavam ligados à Igreja Católica, que nega a doutrina da reencarnação. Assim, acabava por prevalecer o ensinamento desse grupo religioso. Daí não passar pela mente deles a possibilidade de uma lembrança de outra existência. O interessante era a contradição que havia entre a aceitação da mediunidade da filha e a descrença na reencarnação. Eles sequer tomavam conhecimento dessa incoerência. O assunto, porém, fosse qual fosse a verdade, teria de ser resolvido de uma vez por todas. Daí a insistência de Marcel em perguntar à filha:

– E então, Nicole, como se explica tudo isso?

Tomada por um transe mediúnico, a jovem, depois de breve silêncio, respondeu:

– Sua filha, senhor Marcel e dona Arlette, é a reencarnação de uma freira que viveu entre os séculos IV e V depois de Cristo, na cidade de Hipona, no norte da África. Irmã Isabel viveu reclusa num mosteiro, dedicando-se ao amor a Deus e ao auxílio espiritual aos homens.

– E qual a ligação disto com o que acaba de acontecer nesta sala? – perguntou Arlette, ansiosa.

– Agostinho, o bispo de Hipona, também viveu entre os séculos IV e V.

– Quer dizer que Nicole pode ter conhecido Santo Agostinho? – perguntou Marcel.

– Como o senhor acaba de dizer, na verdade, ela *conheceu* o bispo Agostinho.

– Só posso concluir que ela dizia a verdade. É isso mesmo?

– Sim.

Nesse momento, Nicole estremeceu e baixou a cabeça sobre a mesa à qual se sentara. Depois, devagar, foi erguendo-a.

– Mãe, o que houve?

Marcel e Arlette a encaravam, sem saber o que falar. Como reencetar o diálogo? Tinham certeza de que um espírito ali estivera para esclarecer a situação. Mas, ao mesmo tempo, ainda pairava uma ponta de descrença na reencarnação. E se fosse um espírito inferior que acabara de fazer uma brincadeira com eles?

– Podem me dizer o que houve?

Foi Arlette quem respondeu:

– Bem, minha filha, um espírito acaba de dizer que você viveu na mesma época em que santo Agostinho foi o bispo de Hipona.

– Então...

– Você... você parece ter sido uma freira que viveu num convento dessa cidade.

– Portanto...

– Portanto, você pode tê-lo conhecido de verdade.

– É por isso que, sempre que escuto o seu nome, sinto ao mesmo tempo uma grande reverência por sua pessoa, uma veneração incomum. É como se o tivesse mesmo conhecido e ouvido as suas lições. É verdade, mãe; é verdade, pai: eu *conheci* o bispo de Hipona.

O que aconteceu naquela noite ficou marcado na memória do casal Dauphin. Mas Marcel queria conversar com alguém que tivesse um conhecimento superior ao seu. Ninguém melhor que o professor Rivail. Destarte, embora sem ter nunca entrado no apartamento do amigo, dada a importância do que tinha a discutir, rumou para a rue des Martyrs, onde residia o professor. Quem o recebeu foi a sra. Amélie, esposa de Rivail.

– Desculpe-me incomodá-la, senhora, mas gostaria de ver o professor Rivail.

– Não se desculpe, senhor Dauphin. Rivail vai recebê-lo com alegria, certamente. Entre, por favor.

Um tanto acanhado, Marcel Dauphin entrou no apartamento dos Rivail, onde foi recebido calorosamente pelo professor:

– Ora, ora. Que alegria vê-lo aqui, Marcel! A que devo a honra da sua visita?

Depois dos cumprimentos, Marcel, já agoniado com a dúvida que lhe ia na mente a respeito da filha, foi logo dizendo:

– Não sei como começar, professor, mas eu e minha esposa estamos com um problema em casa e, talvez, com o seu auxílio e boa vontade, possamos solucioná-lo.

– Diga sem rodeios, Marcel. Farei o que estiver ao meu alcance.

O sr. Dauphin, ainda um tanto desconfortável, narrou o que ocorrera com Nicole, depois silenciou um pouco e perguntou com ansiedade:

– O que você acha, Rivail? Será que minha filha pode estar ficando louca? Ainda ontem, passei na frente do hospital Salpêtriere, famoso pelos casos de loucura ali estudados, e até estremeci. Peço a sua ajuda, professor.

Procurando acalmar o amigo, o professor Rivail falou com muita tranquilidade:

– Marcel, a reencarnação não é um sintoma de loucura, de alucinação, delírio ou o que quer que seja. Ela é uma realidade. Desde as mais remotas eras, o ser humano vem tomando conhecimento da pluralidade das existências. Os homens mais eminentes da Antiguidade alimentavam tal convicção. Hoje, os espíritos relembram essa doutrina, apresentando um ponto de vista mais racional, mais de acordo com as leis progressivas da natureza e mais em harmonia com a sabedoria do Criador, despojando-a dos acessórios da superstição. Isto foi dito por intermédio de vários médiuns, confirmando-se a sua veracidade.

– Entendo.

– Esqueçamo-nos, porém, disto momentaneamente e examinemos a questão por outro ângulo, aquele da razão. Sei que há pessoas que rejeitam a ideia da reencarnação somente porque não lhes convém, pois dizem bastar-lhes apenas uma existência, não desejando recomeçar outra semelhante. Há mesmo, Marcel, aquelas que se enfurecem diante da simples ideia de retornar à Terra.

– É verdade.

– Nesse caso, cabe-nos perguntar-lhes se imaginam que Deus deveria ter-lhes pedido a opinião ou consultado seus gostos para regular o universo. De duas uma, meu amigo: ou a reencarnação existe ou não existe. Se existe, por mais que sejam contrariados por ela, terão de suportá-la, visto que Deus não lhes pedirá permissão para isso.

– Esse gesto é muito pretensioso, muito arrogante. Insolente, mesmo!

– Concordo. É como se ouvíssemos um doente a dizer que já havia sofrido bastante hoje e não quisesse sofrer amanhã. Qualquer que seja o seu mau humor, não é por isso que terá de sofrer menos amanhã nem nos dias seguintes, até que esteja curado. Por consequência, se tiverem de reviver corporalmente, tornarão a viver, reencarnarão. É perda de tempo protestar como uma criança que não quer ir à escola ou um condenado à prisão, pois terão de passar por isso.

Muitas considerações a favor da doutrina da reencarnação foram feitas pelo professor Rivail. Marcel Dauphin as ouvia e começava a sentir-se melhor. Então, era possível mesmo que sua filha tivesse vivido, em outra encarnação, junto a santo Agostinho, quando era bispo na cidade de Hipona. Ele assim conjecturava, quando o professor tocou-lhe o braço.

– Marcel, o princípio da reencarnação também pode ser observado em muitas passagens das Escrituras, encontrando-se especialmente formulado, de maneira explícita, no Evangelho. Lembre-se da passagem da transfiguração de Jesus no Monte Tabor. Diz o Evangelho que, ao descer com Pedro, Tiago e João, disse-lhes Jesus que não contassem a ninguém o que tinham visto. Seus discípulos o interrogaram, querendo saber por que os escribas diziam ser necessário que Elias viesse primeiro. Jesus respondeu-lhes: "Em verdade, Elias virá primeiro e restabelecerá todas as coisas. Mas eu lhes declaro que Elias já veio e eles não o conheceram; antes o fizeram sofrer tudo quanto quiseram. Assim também o Filho do Homem há de padecer nas mãos deles". Nesse ponto, diz Mateus: "Então, entenderam os discípulos que era de João Batista que ele lhes havia falado". A lógica é muito clara, meu amigo: se João Batista era Elias, houve então a reencarnação do espírito de Elias no corpo de João Batista.

– Só posso concordar, professor.

– Aliás, seja qual for a opinião que se tenha a respeito da reencarnação, quer a aceitem ou não, ninguém a ela escapará por causa da crença em contrário.

– Isso me deixa mais tranquilo, professor.

– Marcel, se, como tantos outros, adotamos a opinião da pluralidade das existências, não é somente porque veio dos espíritos, mas porque nos parece a mais lógica e a única que resolve as questões até então insolúveis. Que ela nos viesse de um simples mortal, e a adotaríamos da mesma maneira, não hesitando em renunciar às nossas próprias ideias. Enfim, reconheçamos que a doutrina da pluralidade das existências é a única a explicar aquilo que, sem ela, é inexplicável. Que é eminentemente consoladora e conforme a justiça mais rigorosa, sendo para o homem a tábua de salvação que Deus lhe concedeu na Sua misericórdia.

Era o que Marcel Dauphin queria escutar. Seu rosto tornou-se brilhante quando concluiu:

– Nesse caso, o que disse minha filha é perfeitamente viável.

– Sem dúvida. Mas, se for de seu agrado, participarei da próxima reunião em sua casa e poderei constatar de perto a realidade em relação à sua filha.

Marcel ficou extremamente agradecido e entregou ao professor as respostas dadas pela psicografia de Nicole às perguntas que haviam sido feitas por Rivail. Estavam de acordo com as respostas dadas por outros espíritos a outros médiuns. Prevalecia o controle universal do ensino dos espíritos na formação daquele que seria o primeiro livro da Codificação espírita.

Marcada a data, no horário previsto, o professor entrava na casa dos Dauphin para mais uma de suas costumeiras sessões. O nível das perguntas dirigidas aos espíritos comunicantes tinha sido elevado, depois de algumas conversas entre Marcel Dauphin e o professor Rivail. Assim, uma das perguntas que Nicole fez foi referente à forma que têm os espíritos. Seria ela determinada e constante? Ou seja, eles se apresentavam sempre com a mesma forma? Respondeu o espírito que, mesmo não sendo assim para os encarnados, os desencarnados viam o espírito de uma forma determinada e constante. Para deixar mais claro, ele afirmou que o espírito é uma chama ou uma centelha etérea.

O professor sorriu ao ouvir a resposta, pois coincidia com o que haviam dito outros espíritos por meio de outros médiuns.

Encerrada a sessão, o professor Rivail esperou que todos os presentes saíssem para, em seguida, conversar a sós com a jovem médium. Depois de muitos minutos de um diálogo sério e focado na sanidade mental de Nicole e no tema da reencarnação, ele chamou os pais, afirmando que nada havia na jovem que demonstrasse qualquer distúrbio mental. E mais: as lembranças em relação ao livro *A Cidade de Deus* eram muito vívidas, como se ela realmente já houvesse pelo menos passado os olhos nesse texto, o que não havia ainda acontecido na presente encarnação. Até mesmo sobre o livro *Confissões* Nicole havia dito alguma coisa que, sem ao menos ter ouvido falar no conteúdo da obra, não seria possível conhecer. Era mesmo perfeitamente possível que ela tivesse vivido entre os séculos IV e V, dadas as suas memórias sobre essa fase da história das civilizações.

A partir desse dia, o casal Dauphin tomou como normal essa possibilidade, confirmando também, pelos pensamentos e pela conduta da filha, sua sanidade mental. A consequência foi uma aproximação ainda maior entre eles e um respeito superior ao demonstrado até então. A família Dauphin estava feliz...

CAPÍTULO 11

O Livro dos Espíritos

O professor Rivail continuou com a sua pesquisa e o cumprimento do que seria sua missão particular. Entretanto, ainda no início de seus trabalhos, havia o peso dos afazeres cotidianos, que lhe possibilitavam pouco tempo, além de ter o pensamento dirigido para futuros trabalhos de ensino no campo da pedagogia. As coisas chegaram a tal ponto, que ele pensou em renunciar às investigações que vinha processando.

Todavia, a espiritualidade que conduzia esses trabalhos se colocou em ação, inspirando um grupo de intelectuais a insistir em que ele desse continuidade à sua missão. Encabeçava esse grupo Carlotti, o velho amigo do professor, que lhe comentara entusiasticamente, anos atrás, a respeito das "mesas falantes". Faziam, ainda, parte desse grupo o professor Antoine Léandre Sardou, lexicógrafo; seu filho Victorien Sardou, escritor e médium psicopictógrafo, que posteriormente se tornou membro da Academia Francesa; o literato Saint-René Taillandier, que também entrou para a Academia Francesa; Tiedeman-Marthèse, ex-presidente de Java; e o editor da Academia, Pierre-Paul Didier.

Esse grupo de pessoas havia reunido cinquenta cadernos de comunicações de espíritos, recebidas em cinco anos, e resolveu oferecê-los ao professor Rivail, dada a sua imparcialidade de julgamento e elevada cultura. Foi pedido a ele, apenas, que examinasse detidamente tais comunicações e que as classificasse da melhor maneira. O trabalho, entretanto, era muito difícil e demorado, desagradando ao professor, que já vinha se queixando da falta de tempo.

Pois foi por essa ocasião que, numa noite, por meio de um médium, mais uma vez o professor Rivail recebeu uma comunicação particular do espírito Zéfiro. Dizia o comunicante que o havia conhecido numa existência anterior, na época dos druidas, sacerdotes do povo celta. Afirmava que tinham, ele e o professor, vivido nas Gálias, situadas na Europa ocidental. Ainda segundo Zéfiro, o nome do professor teria sido Allan Kardec. Dado o respeito que lhe dedicava e que, a partir daí, havia aumentado, prometia-lhe auxiliá-lo na importantíssima tarefa que lhe fora atribuída e da qual poderia perfeitamente dar conta.

Pensando com sensatez na mensagem acolhida e na incumbência recebida, resolveu o professor dedicar-se às atividades necessárias. Desse modo, leu com atenção os cadernos recebidos, excluindo o que era de interesse secundário ou que fosse repetitivo, aproveitando o que havia de melhor, fazendo anotações e agrupando tais mensagens de modo lógico. Em seguida, juntou a tais anotações o que havia reunido de interessante nas sessões do sr. Baudin, com o intuito de, aliado esse material a outros obtidos dos espíritos superiores, dar corpo à obra que teria de codificar sob a inspiração desses mesmos espíritos.

As comunicações continuavam sendo reunidas de forma lógica, prevendo o professor Rivail que já estivessem chegando ao fim.

Foi num desses dias que se encontrou com o sr. Dauphin.

– Bom dia, Marcel, como está? E a família?

– Bom dia, professor. A família vai bem, graças a Deus. E a senhora Rivail?

– Muito bem, e me ajudando bastante na obra que venho realizando.

– E em que pé anda esse trabalho?

O professor respondeu com brilho nos olhos:

– Está se completando, Marcel. Creio que logo estará terminado.

– Que bela notícia! Avise-me quando estiver pronto.

– Eu o farei, sem dúvida. Até lá, continuo me preparando de corpo e alma nessa missão que me foi atribuída. Mas fale-me de sua filha, a Nicole.

– É o meu orgulho, professor. Já não temos dúvida a seu respeito. É um espírito elevado com quem Deus nos brindou. Continua recebendo mensagens todas as semanas. E segue à risca a sua orientação: apenas fazer aos espíritos perguntas que possam trazer-nos ensinamentos, e não mera distração.

A conversa continuou por mais alguns minutos, até se despedirem. O professor Rivail tinha muito trabalho em casa.

***

Nicole teve certa noite um sonho em que era freira e um sacerdote chegava até ela e lhe dizia com muita seriedade:

— Minha irmã, seja uma virgem sensata, pois o Senhor das bodas já está chegando no meio da noite. Faça tal como fiz um dia. Ore com fervor, dizendo a Deus, de coração: "Criastes-nos Vós, e o nosso coração vive inquieto, enquanto não repousa em Vós".

Depois de bem ouvir tais palavras, a jovem acordou e, para não esquecer o que escutara em sonho, anotou as palavras do sacerdote. Só bem mais tarde foi até sua mãe e lhe falou sobre as breves e intrigantes palavras. Marcel, ao saber também do conteúdo, foi buscar informação com o velho professor Adrien, que lecionara filosofia durante muitos anos e morava nas redondezas.

O professor sorriu e comentou:

— A primeira parte desse pequeno texto, senhor Dauphin, refere-se à parábola das dez virgens. Já as palavras finais foram ditas por Agostinho de Hipona. Foram, na verdade, escritas em sua obra monumental: *Confissões*. Vamos buscá-las. — Procurou na estante um velho livro e abriu-o com vagar até dizer, sorridente: — Aqui está, senhor Dauphin. Livro um, capítulo primeiro. Lerei todo o trecho para o senhor verificar a sua beleza: "Sois grande, Senhor, e infinitamente digno de ser louvado"; "É grande o Vosso poder e incomensurável a Vossa sabedoria".

O professor Adrien parou a leitura, sorriu e explicou:

— Essas duas citações pertencem ao contexto bíblico. A primeira está no salmo 95 e a segunda, no salmo 146.

Depois, olhou para o livro que tinha em mãos e continuou:

— "O homem, fragmentozinho da criação, quer louvar-Vos; o homem que publica a sua mortalidade, arrastando o testemunho do seu pecado e a prova de que Vós resistis aos soberbos. Todavia, esse homem, particulazinha da criação, deseja louvar-Vos. Vós o incitais a que se deleite nos Vossos louvores, *porque nos criastes para Vós e o nosso coração vive inquieto, enquanto não repousa em Vós"*. Notou a citação ao final do texto, senhor Dauphin?

– Sim, é verdade. Trata-se de uma citação de santo Agostinho.

Marcel Dauphin já não duvidava de que sua filha Nicole fora freira na mesma época em que vivera o bispo Agostinho, em Hipona. Não duvidava também de que ela o conhecera. Mas a primeira parte do sonho ainda o intrigava, e ele queria esclarecê-la, por isso perguntou ao professor:

– O senhor pode me falar a respeito da parábola das dez virgens, professor? Prometo que não tomarei mais o seu tempo depois.

– Não me diga isso, senhor Dauphin. Não sabe como fico feliz quando alguém me procura para esclarecer alguma passagem ou dar o significado de alguma palavra. Isso me faz sentir que ainda sou professor. É com prazer que vou atendê-lo.

Assim dizendo, pegou na estante um exemplar do Novo Testamento e abriu na parábola citada, lendo com vagar:

Então, o Reino dos Céus será semelhante a dez virgens que, tomando as suas lâmpadas, saíram ao encontro do noivo e da noiva. Cinco dentre elas eram insensatas e cinco prudentes.

As insensatas, tomando as suas lâmpadas, não levaram azeite consigo. As prudentes, porém, levaram azeite em seus vasos e também as lâmpadas.

Demorando o noivo, todas elas sentiram sono e adormeceram. Mas, à meia-noite, ouviu-se um grito: "Aí vem o noivo! Saiam ao seu encontro!".

Logo se levantaram todas aquelas virgens e prepararam as suas lâmpadas. E as insensatas disseram às prudentes: "Deem-nos do seu azeite, porque as nossas lâmpadas estão se apagando". As prudentes responderam: "Não seria bom o bastante para nós e para vós. Vão antes aos que o vendem e comprem-no para vocês".

Mas, enquanto foram elas comprar o azeite, chegou o noivo e as que estavam preparadas entraram com ele para o banquete de núpcias, e fechou-se a porta.

Finalmente, chegaram também as outras virgens e disseram: "Senhor, senhor, abra-nos!" Ele, porém, respondeu: "Em verdade lhes digo: não as conheço!".

Vigiai, portanto, porque não sabeis nem o dia nem a hora.[4]

---

4. Mateus, capítulo 25, versículo 1 a 13.

– Bela parábola, não é mesmo? – comentou o professor Adrien.

Marcel, entretanto, buscava no próprio interior o significado do que acabara de ouvir para transferi-lo ao sonho de sua filha. Assim, pediu desculpas ao professor:

– Desculpe-me, professor. Eu estava aqui tentando decifrar esse enigma.

– Posso ajudá-lo?

– Sem dúvida. Ficarei muito agradecido.

O professor Adrien olhou bem para Marcel e falou com seriedade:

– Creio que o grande significado desta parábola está em alertar-nos, a fim de que não deixemos para o último momento o cuidado devido à nossa melhoria contínua, ao nosso progresso espiritual, pois não sabemos quando seremos chamados a prestar contas a respeito do cumprimento das nossas tarefas na Terra. Se assim fizermos, poderá ser tarde demais, como foi para as virgens insensatas, que encontraram a porta fechada.

Marcel Dauphin agradeceu o professor Adrien e retirou-se, pensativo. Por que o sacerdote do sonho, na verdade o bispo Agostinho, havia feito referência à parábola das virgens? Estaria querendo alertar sua filha, dizendo-lhe que a morte estava próxima? Nesse momento, lembrou-se da mensagem do espírito Ludovico, ao afirmar que Nicole passaria por grave doença. Ficou ainda mais tenso, procurando, em seguida, retirar da mente esses pensamentos soturnos. Assim, chegou em casa, onde a esposa o aguardava. Ao falar-lhe das palavras do professor Adrien, procurou suavizá-las.

Arlette sorriu e respondeu com tranquilidade:

– Também podemos dizer, de outra maneira, que o sacerdote do sonho apenas a alertava para que levasse ainda mais a sério a sua vida. Afinal, o tempo é mais veloz do que podemos imaginar. Uma vida é tão breve, Marcel, não é mesmo?

– Você tem razão.

– *Ars longa, vita brevis*, já dizia Hipócrates.

– Parece que Hipócrates falava grego, e não latim – respondeu Marcel, rindo. – Mas de onde veio essa citação?

– Em primeiro lugar, você tem razão. Hipócrates falou em grego, mas a frase foi popularizada por um célebre pensador romano: Sêneca. Bem, eu sei isto, porque meu professor na escola costumava falar a respeito e fez com que decorássemos o texto. Guardo-o até hoje na memória: "A vida é breve, a arte é longa, a oportunidade passageira, a experiência enganosa e o julgamento difícil".

— Parabéns!

— Mas o que eu queria mesmo dizer é que o sonho certamente significa apenas um incentivo para que Nicole amadureça com mais rapidez, tornando-se uma adulta, pois ela é muito inteligente e responsável, mas ainda guarda algumas atitudes da infância.

— Quanto a isso, eu também às vezes ainda sou infantil.

Arlette sorriu e disse em tom misterioso, tocando no braço de Marcel:

— Deixe de protegê-la e ajude-me a educá-la para a maturidade. Aliás... penso que ela vai amadurecer mais rápido do que você possa imaginar...

— Não entendi.

— Lembra-se de Apollinaire?

— Não é o rapaz que participa das nossas sessões semanais?

— Ele mesmo.

— Mas estou entendendo menos ainda.

— Ele deseja namorar Nicole.

— E você disse um sonoro NÃO, não é mesmo?

— E por que eu o faria?

— Ora, Arlette, a nossa filha é muito jovem. Tem apenas dezessete anos.

— Quantos anos eu tinha quando nos casamos?

— Dezoito.

— E você acha a sua filha muito jovem?

— Mas ela é ainda muito ingênua, muito...

— Quer dizer que eu era o que, Marcel?

— Desculpe-me, Arlette. Não quis ofendê-la. Mas tudo está acontecendo tão rapidamente. Afinal, nem bem sabemos quem é esse tal Apollinaire.

— O pai dele é advogado bastante conhecido, e ele está cursando direito.

— Você já sabe tudo. Isto está me parecendo um complô.

— Não fique assim, Marcel. Sei que você quer zelar pela sua filha, mas acho que já é tempo de ela tomar contato com a vida, além das fronteiras da família. E, pelo que sei, o moço é sério, honesto e responsável.

— Mas... e Nicole, já sabe das intenções desse jovem?

— Você realmente julga nossa filha ingênua, não é mesmo?

— Não sei o que dizer.

– Pois vá conversar com ela. Investigue mais a procedência de Apollinaire e, por fim, converse com ele. Temos tempo até darmos a resposta.

Marcel até se esqueceu do sonho de Nicole, de modo que, ao entrar no quarto dela à noite, já foi falando a respeito do jovem.

– Nicole, que coisa é essa de esse rapaz querer namorar você?

Nicole ficou corada, mas respondeu, olhando bem para o pai:

– O senhor também não fez isso em relação à mamãe, um bom tempo atrás?

– Isso é resposta que se dê, Nicole?

– Desculpe-me, mas achei perfeitamente normal o interesse dele por mim.

Marcel ponderou melhor seus pensamentos e respondeu:

– Quer dizer que você aceita o namoro com ele?

– Sim, pai. Ele me parece uma excelente pessoa. O pai dele...

– Já sei. É um advogado bastante conhecido.

– Por que o senhor não conversa com ele?

– Com o pai?

– Não, primeiro com o filho.

– É o que farei. Assim que ele chegar para a nossa próxima sessão, diga-lhe para ficar, após o encerramento. Temos muito o que conversar.

Nesse meio-tempo, Marcel ficou sabendo que o pai de Apollinaire era um advogado de nome Félicien Blondet, cujo ponto forte era o direito penal. As informações que obteve foram todas muito boas. De acordo com o que lhe haviam dito, tratava-se de um homem íntegro, refinado e cristão, além de excelente advogado. Contentando-se a princípio com essas informações, Marcel aguardou o momento de conversar seriamente com Apollinaire.

Desse modo, ao terminar a sessão semanal seguinte, pediu que a família se retirasse da sala e indicou a cadeira à sua frente, para que o jovem Apollinaire se assentasse. O rapaz, sabendo do que se tratava, sentou-se apreensivo, procurando, entretanto, demonstrar tranquilidade.

– Apollinaire, eu o vejo sempre em nossas reuniões mediúnicas. Porém, nunca nos falamos, além dos cumprimentos e das despedidas. E eu gostaria de conhecê-lo melhor.

Marcel silenciou, no aguardo da resposta. O jovem, entravado na cadeira, respondeu titubeante:

— Bem... bem, meu nome é Apollinaire Blondet, tenho vinte e um anos e sou estudante de Direito. Meu pai é o advogado Félicien Blondet. Sou interessado nas experiências de cunho espiritual que são realizadas nesta e em outras casas de Paris.

— Certo. E o que você acha dessas experiências?

— Por meio delas, comecei a acreditar que a vida permanece após a morte do corpo físico. Se não fosse assim, os espíritos dos "mortos" não estariam se comunicando conosco. Mas saber isso ainda é pouco; gostaria de continuar frequentando as reuniões mediúnicas para conhecer algo sobre a vida no além, no mundo espiritual.

— Eu também, Apollinaire. E o que você pensa sobre o seu futuro?

— Senhor Marcel, isso é uma coisa em que também tenho pensado bastante. Desde criança, inspirado por meu pai e incentivado por minha mãe, desejei ser advogado. Estudo muito e, se Deus quiser, logo serei um deles.

— E você trabalha?

— Trabalho no escritório do meu pai. Ali, coloco em prática o que aprendo nos bancos da faculdade. Devo dizer que gosto muito do que faço.

— Você namora alguma jovem?

— Não, senhor Marcel. Confesso que já me interessei por umas duas ou três, mas foi algo passageiro. Também, eu era mais novo.

Apollinaire estava com as mãos geladas. Não sabia exatamente qual seria a reação do pai de Nicole dali para frente.

— Fiquei sabendo que você tem algum interesse em minha filha. Pode explicar-me melhor?

— Bem, senhor Marcel, o meu interesse é honesto e puro. Se o senhor me permitir, eu a terei como namorada e, pode crer, ela será sempre respeitada, como sempre a respeitei.

— E não será apenas mais um dos seus interesses passageiros, Apollinaire? Como posso ter certeza de que, após um ou dois meses, você não estará flertando com outra jovem em qualquer outra casa?

"Ele está sendo muito rígido", pensou Apollinaire. "Preciso tomar cuidado com as respostas que darei daqui para frente."

— Como já lhe disse, senhor Marcel, quando eu me interessei passageiramente por duas ou três jovens, era mais moço. Não tinha a maturidade de hoje. O foco de interesse era apenas a beleza física das jovens. Com a sua filha é diferente. Noto também a sua beleza interior, a sua inteligência incomum e a moralidade elevada que lhe vai na alma. Não se trata de mero interesse superficial, mas de um sentimento de profundo afeto, que persistirá por toda a minha vida. Digo isto, porque nunca me senti assim diante de qualquer outra moça. Como já lhe contei, o meu interesse por sua filha, se assim posso me expressar, é honesto, puro e verdadeiro.

Marcel não esperava esse tipo de resposta por parte do rapaz que se achava diante dele. Concluiu que Apollinaire era bastante maduro, apesar da pouca idade. Chegou a sentir simpatia por ele. No entanto, não quis demonstrar qualquer sentimento de benevolência, de modo que respondeu:

– Espero mesmo que esteja falando com sinceridade.

– E estou, senhor Marcel, de modo que lhe peço autorização para namorar a sua filha, com a promessa de sempre respeitá-la e protegê-la, em quaisquer circunstâncias.

O pedido de namoro surgiu de maneira repentina, embora já fosse esperado por Marcel. Sabedor de que sua filha também nutria interesse sincero pelo jovem e de que sua esposa concordava com o namoro, respondeu, olhando com firmeza para os olhos de Apollinaire:

– Meu jovem, estou dando um voto de confiança em sua honradez e honestidade. Autorizo o namoro com a minha filha, Nicole. Exijo, porém, que só permaneçam juntos dentro deste lar e sob as vistas da minha esposa. Se algum dia você lhe faltar com respeito; se algum dia agir de forma imoral, em qualquer circunstância que seja; e, se algum dia tornar-se indigno da sua namorada, nunca mais entrará neste lar e nunca mais verá a minha filha.

– Comprometo-me, senhor Marcel, a cumprir todas as suas exigências em nome da minha honradez e em nome da honradez do meu pai.

Estava encerrado o diálogo. Marcel ficou de prestar a informação à sua filha, e Apollinaire recebeu autorização para estar ali no domingo próximo, à tardinha, quando tomariam um chá em companhia da mãe de Nicole.

❦

O professor Rivail já organizara muitas perguntas dirigidas aos espíritos por variados médiuns e as respostas concordantes que haviam recebido.

Anteriormente, em 1856, ele passara a frequentar também as sessões em casa do magnetizador senhor Roustan. Ali, trabalhava como médium sonambúlica uma jovem de nome Ruth-Céline Japhet, que psicografava com o uso da cesta de bico. Foi por meio dela que o professor recebeu pela primeira vez a informação da missão que deveria cumprir. E agora, com 501 questões já respondidas pelos espíritos superiores, surgira uma dúvida: "Que título dar ao livro?", perguntava-se. Afinal, ele não se considerava o seu autor, mas apenas seu organizador, seu codificador. Daí ser inspirado a dar o título de *O Livro dos Espíritos*, que se tornou o primeiro das cinco obras que compõem o chamado Pentateuco Espírita, isto é, os cinco livros básicos do Espiritismo. Mas, mesmo não sendo ele o autor, um nome deveria constar na capa do livro. Tendo recebido do espírito Zéfiro a informação de ter se chamado Allan Kardec quando fora um druida, foi esse o pseudônimo que passou a utilizar.

A fim de tornar o livro mais compreensível ao leitor leigo, o professor Rivail, agora Allan Kardec, fez um texto introdutório intitulado: "Introdução ao estudo da Doutrina Espírita", seguido dos "Prolegômenos" – conjunto das noções preliminares da doutrina. Ao final, fechou a obra com um "Epílogo" em que expunha suas considerações finais.

Após o título, Kardec acrescentou um subtítulo: "Contendo os princípios da Doutrina Espírita, acerca da natureza, manifestação e relações dos espíritos com os homens; das leis morais, da vida presente, vida futura e porvir da humanidade".

Para deixar bem claro que não era o autor do livro, Kardec escreveu em seguida: "Escrito e publicado conforme o ditado e a ordem de espíritos superiores. Por Allan Kardec".

A obra foi dividida em três livros:
• Livro Primeiro – *Doutrina Espírita*
• Livro Segundo – *Leis Morais*
• Livro Terceiro – *Esperanças e Consolações*

De posse do manuscrito, o agora Kardec entregou-o à gráfica das Livrarias E. Dentu, no início de janeiro de 1857. Os meses que se seguiram foram de grande expectativa. Nesse meio-tempo, Kardec encontrou-se com o sr. Marcel Dauphin, dizendo-lhe que, de acordo com o editor, o lançamento deveria acontecer em meados de abril.

– Fico muito feliz por saber que logo teremos uma obra de esclarecimento espiritual sobre a vida presente e futura. Avise-me quando estiver à venda. Faço questão de comprar um exemplar.

– Eu o avisarei, certamente.

Dias depois, Marcel recebeu a informação de que o livro estaria na Galeria d'Orleans, localizada no Palais Royal, em 18 de abril. No dia aprazado, lá estava o sr. Dauphin para adquirir seu exemplar. Porém, ao ler o nome do autor, ficou intrigado: "Por que Allan Kardec, e não Hippolyte Léon Denizard Rivail?". Fazia tal conjectura, quando viu o professor, que chegava acompanhado da esposa. Depois de cumprimentá-los, pôde desfazer a sua dúvida:

– Não entendi uma coisa: por que você assina Allan Kardec nesta obra?

Rapidamente, o professor Rivail falou a respeito da mensagem do espírito Zéfiro e da separação que pretendia estabelecer entre as obras pedagógicas que escrevera e o livro de cunho espiritual que ora lançava. Mais algumas pessoas que ali estavam fizeram-lhe perguntas a respeito do livro e do Espiritismo, respondendo Kardec com tranquilidade e paciência.

À noite, já em sua residência, Kardec fez alguns apontamentos e depois foi para a cama com a sensação de dever cumprido. Não integralmente, é claro. Faltavam ainda outras obras que sedimentariam a Doutrina Espírita. Mas o primeiro passo já estava dado.

Nos anos seguintes, Kardec recompôs a obra, dando-lhe nova feição. Assim, a segunda edição de *O Livro dos Espíritos* foi inteiramente refeita e ampliada, podendo mesmo ser considerada como obra nova, tanto que ele acrescentou na página de rosto: "Filosofia espiritualista". As questões formuladas aos espíritos passaram de 501, da primeira edição, para 1019, na segunda edição definitiva. A estrutura da obra também foi modificada, contando com quatro partes:

• Livro Primeiro – *Causas Primeiras*
• Livro Segundo – *Mundo Espiritual ou dos Espíritos*
• Livro Terceiro – *Leis Morais*
• Livro Quarto – *Esperanças e Consolações*

O Livro dos Espíritos, em sua segunda edição, começou a ser vendido no dia 18 de março de 1860, três anos depois da primeira edição. O sucesso foi imediato, o que não impediu, entretanto, de levantar vários tipos de objeções por parte de diversas pessoas, objeções essas respondidas racionalmente pelo professor Rivail, que deu continuidade à sua missão, escrevendo outros livros.

Em 1861, saiu a primeira edição de *O Livro dos Médiuns*; em 1864, era publicado *O Evangelho Segundo o Espiritismo*; *O Céu e o Inferno* foi lançado um ano depois, em 1865; *A Gênese* teve a sua primeira edição em 1868. Esses cinco livros constituem o que passou a ser denominado, como dito antes, Pentateuco Espírita – as obras básicas do Espiritismo.

Kardec escreveu também obras complementares. Assim, lançou, em 1859, *O que é o Espiritismo?*; em 1862, *O Espiritismo em sua expressão mais simples* e *Viagem espírita*; de 1858 a 1869, ele dirigiu a *Revista Espírita*. Após seu desencarne, foi lançado, em 1890, *Obras póstumas*. Kardec fundou também, em Paris, no ano de 1858, a primeira sociedade espírita regularmente constituída, sob o nome de Sociedade Parisiense de Estudos Espíritas.

Nesse ínterim, o professor teve mais alguns contatos com Marcel Dauphin, que continuou a realizar as suas sessões espíritas semanais, inspiradas nos livros de Kardec. Quanto ao professor, depois de granjear muitos simpatizantes e também alguns detratores, deixou este mundo em 31 de março de 1869, aos 64 anos.

Amélie-Gabrielle Boudet, após o desencarne do esposo, assumiu todos os encargos necessários à gestão do Espiritismo, tanto na França como no mundo. Passou por muitos problemas, revelando-se, por meio deles, uma pessoa consciente, forte e de moral ilibada. Desencarnou em 21 de janeiro de 1883, aos 87 anos de idade. Foi ela que, em grande parte, garantiu a manutenção do patrimônio cultural e espiritual deixado pelo professor Rivail, ou Allan Kardec.

CAPÍTULO 12

Um duro golpe, uma nova esperança

Quando Marcel Dauphin terminou de ler *O Livro dos Espíritos*, ficou entusiasmado. Achegou-se à esposa e disse eufórico:

– Esse professor Rivail é um gênio, Arlette. Eu jamais conseguiria escrever um livro tão esclarecedor sobre a vida futura e as existências passadas. Você precisa ler.

– Começarei ainda hoje, Marcel, mas quero fazer duas observações: primeira, o professor quer ser chamado agora de Allan Kardec, para diferenciar as suas atuais atribuições daquelas referentes aos assuntos pedagógicos; segunda, não foi propriamente ele que escreveu o livro. Isso, aliás, ele já lhe disse, não é verdade? Os espíritos superiores ditaram a obra. Na verdade, ele foi o organizador e codificador. Não é?

– Você tem toda a razão. Ele me falou textualmente: "Eu não sou o autor desta obra. Apenas organizei o texto, de modo a torná-lo mais claro e explicativo. Os verdadeiros autores são os espíritos superiores, que o ditaram por meio de vários médiuns". Agora, uma coisa que está difícil de eu falar é "Allan Kardec". Soa tão diferente do francês. Eu gosto mais de dizer "professor Rivail".

– Isso já foi explicado. E nada impede de você chamá-lo de professor Rivail ou simplesmente "professor". Mas, quando for citar a sua obra, aí sim você deve dizer Allan Kardec.

– É verdade. Mas não deixe de ler o livro. Você vai adorar.

Era junho de 1857, e o namoro de Apollinaire com Nicole continuava firme, sob as vistas da mãe da jovem e a "marcação cerrada" do pai. Quando a sós, na sala de estar da casa, as conversas giravam muitas vezes sobre o futuro:

– O que você vai fazer quando deixar a faculdade no próximo ano, Apollinaire?

– Trabalharei com meu pai. Ele irá deixando aos poucos o trabalho, colocando-me em seu lugar. Aliás, já estou com muito trabalho em seu escritório. Tenho aprendido bastante nestes últimos anos.

– Não vai ser fácil substituir seu pai, pois ele é um famoso advogado.

– Meu pai já preparou todos os passos a fim de que a passagem do trabalho total para mim aconteça de modo natural. Tenho acompanhado de perto todos os processos que ele está conduzindo. E também estou sendo apresentado a todos os seus clientes. Mas não vamos esperar que meu pai deixe definitivamente os seus afazeres para que nos casemos. Como já disse a seu pai, eu recebo salário como qualquer profissional. Portanto, tenho condições de bancar uma vida de casado, como acontece com as outras pessoas.

– Eu gosto da sua segurança, da sua determinação. Tenho certeza de que, assim que você terminar o curso, meu pai consentirá com o nosso casamento. E não se esqueça de que no ano que vem começarei a lecionar francês. Portanto, também contribuirei para que tenhamos dinheiro suficiente para uma vida digna.

– Eu vou querer ver você em sala de aula. Aliás, gostaria de ser seu aluno, minha professorinha...

– Cuidado! Minha mãe está chegando.

– Logo não haverá mais esse negócio de mãe e pai ocultos nos arbustos para saber o que estamos fazendo.

– Não exagere. Eles são rígidos porque querem a nossa felicidade futura.

– É. Nesse ponto você tem toda a razão. Mas que eu quero ver você em sala de aula, isso é pura verdade.

Nicole riu, depois tornou-se séria ao falar:

– Apollinaire, estou orgulhosa de você.

– Por quê?

– Por você concordar que eu venha a lecionar.

– E por que eu discordaria?

– Você conhece a minha vizinha, Adeline?

– Você já me falou dela, Nicolette.

– Gosto quando você me chama de Nicolette.

– Você é tão delicada, que o nome me surgiu espontaneamente.

– Pode me chamar assim. Mas eu estava falando da Adeline. Ela também deseja ser professora, mas o namorado não concorda.

– Por quê?

– Ele argumenta que pode muito bem cuidar dela, sem que ela precise trabalhar fora.

– E como ficam as coisas?

– Adeline falou-me que a sua vocação é o magistério. E afirmou também que pode dar conta da educação dos futuros filhos, mesmo lecionando. Eles poderão contratar alguém para a cozinha e limpeza da casa. Ela ficará administrando os trabalhos e cuidando dos filhos.

– Então, está resolvido!

– O namorado não concorda de modo algum. Ele não quer a sua esposa trabalhando fora. Mas, com você, tudo é diferente. Você não é egoísta como o namorado de Adeline. E isso me deixa feliz...

***

Nicole, que nunca havia namorado, apaixonou-se por Apollinaire. À medida que passava o tempo, estreitavam-se os laços entre ambos, e se começou a falar no casamento assim que o jovem concluísse o curso de Direito. Entretanto, Marcel Dauphin ainda não fora apresentado ao pai do jovem, de modo que pediu a Apollinaire que o convidasse para uma visita. Dr. Félicien Blondet concordou em ir a um jantar na casa dos Dauphin, a fim de se conhecerem pessoalmente.

Na noite aprazada, pai e filho foram recebidos na sala de estar. O casal de namorados deixou o local, a fim de que seus pais conversassem mais à vontade. Depois das apresentações, Marcel iniciou o diálogo:

– Eu estava ansioso por conhecê-lo, doutor.

– Por favor, chamem-me apenas de Félicien. Mas devo dizer que também eu desejava conhecê-los. Nicole é de uma educação e de uma simpatia fora do comum. Pois eu queria saber que pais maravilhosos são esses que conseguiram educar tão bem a sua filha.

– Muito obrigada, Félicien – respondeu a senhora Dauphin –, mas podemos dizer o mesmo de Apollinaire. Sua educação e sua *finesse* são muito raras hoje em dia.

– Agradeço, dona Arlette. Tenho a impressão de que eles se atraíram pelas qualidades superiores que possuem. É como se costuma dizer: os semelhantes se atraem. A própria homeopatia, de Samuel Hahnemann, parece guiar-se pelo princípio da semelhança.

– Você tem razão, Félicien – concordou Marcel, já menos tenso. – E, do pouco que conheço a respeito da homeopatia, certamente ela se assenta em bases reais.

– *Similia similibus curantur*, dizem os homeopatas; isto é: os semelhantes curam-se pelos semelhantes. E parece que eles têm razão. Eu tenho um vizinho que...

A conversa passou a ficar mais informal. Félicien era um homem extrovertido, de modo que conversava com prazer, procurando conhecer os Dauphin, mais introvertidos. Em dado momento, ele começou a falar a seu próprio respeito, de maneira a dar-se a conhecer:

– Como vocês já sabem, eu sou um advogado criminalista, embora atue também em outras áreas do Direito. Desde jovem, senti o chamado para a advocacia. Um dia, quando passava pelo Quartier Latin, olhei a velha Universidade Sorbonne e disse para mim mesmo: "É aí que vou estudar!". Preparei-me com entusiasmo e consegui o meu intento. Estudei com afinco e muito gosto. Na própria universidade, conheci Heloïse, que trabalhava na secretaria do curso de Direito. Jovem muito sensível e delicada, atendia com paciência os alunos que ali iam fazer solicitações ou reclamações. Não preciso dizer que comecei a passar muitas vezes pela secretaria até conseguir pedi-la em namoro a seu pai, um escrivão severo, que sempre me olhava por cima dos óculos. Mais tarde, quando me conheceu melhor, revelou-se um grande amigo. Casei-me com Heloïse e, com o tempo, ela deixou a Sorbonne e passou a me assessorar no escritório de advocacia. Vivemos muitos bons momentos, Marcel, Arlette...

Os olhos de Félicien avermelharam-se. Fez-se um silêncio respeitoso até que ele se refizesse, desculpando-se e dando prosseguimento à sua fala:

– Foram anos felizes. Nasceu Apollinaire, nosso único filho, meu trabalho avolumou-se, e Heloïse teve de contratar duas empregadas para darem conta da casa. Tudo ia às mil maravilhas, assim prosseguindo por vários anos. Porém, quando meu filho estava com dezessete anos, minha esposa subitamente teve complicações pulmonares tão graves, tão profundas, que culminaram com a sua morte. Nesse momento, eu caí do céu para o inferno...

Nova pausa e novo silêncio. Após algum tempo, o advogado prosseguiu:

– Se Heloïse estivesse viva, certamente estaria feliz por Apollinaire ter encontrado a pessoa certa para ele. As maneiras de sua filha, Arlette, lembram muito as da minha saudosa esposa.

Depois de algum tempo, o jantar foi servido.

– Este *blanquette de veau* está uma delícia, Arlette. Foi você mesma quem fez?

– Quando jovem, aprendi culinária com a minha mãe, e ela fazia esse prato tão bem, que o meu é apenas uma sombra.

– Nada disso. É divino! Adoro *blanquette de veau*. E este Bourgogne veio completar o jantar dos deuses.

O ambiente estava bastante amistoso. Após o término do jantar, o sr. Dauphin convidou o dr. Blondet para sentar-se numa poltrona. Ele e a esposa acomodaram-se no sofá. Apollinaire e Nicole ficaram afastados, sentados em cadeiras almofadadas. A conversa passou para o namoro entre os dois jovens, tecendo ambos os pais elogios, tanto a Apollinaire, pela maturidade emocional, cultura e educação refinada, quanto a Nicole, pela inteligência, delicadeza e espiritualidade.

Dr. Blondet ficou entusiasmado com o que chamou de "vocação para o ensino e a educação", demonstrada por Nicole, que só iniciaria o seu trabalho no magistério algum tempo depois. Ficou acertado o noivado entre os jovens para dali a dois meses e o casamento para abril de 1858, alguns meses adiante, quando Apollinaire já tivesse concluído o curso de Direito.

Tudo parecia correr às mil maravilhas...

<hr />

Duas semanas após a visita do dr. Blondet ao lar dos Dauphin, Nicole começou a apresentar uma tosse persistente, que a incomodava muito, e a sentir-se cansada, qualquer que fosse a atividade que realizasse. Era uma fraqueza incomum naquela jovem ativa.

Foi exatamente então que sua mãe se lembrou da mensagem que a filha recebera do espírito Ludovico. O conteúdo era claro: Nicole deveria fazer perguntas mais maduras a esse espírito, para que melhor aproveitasse o tempo que lhe restava, pois ela seria acometida por uma grave doença. Um tremor tomou conta de seu peito quando se recordou também do sonho que tivera a filha, em que o bispo Agostinho lhe dissera: "Minha irmã, seja uma virgem sensata, pois o Senhor das bodas já está chegando no meio da noite". "Meu Deus!", pensou. "Não pode ser verdadeiro o que me passou pela mente. Com certeza é apenas uma admoestação para que Nicole saiba dar um curso proveitoso à sua vida, principalmente agora, que irá se casar. Só pode ser isso." Todavia, foi conversar com o marido, que logo providenciou a visita do médico da família, dr. Etienne.

Nicole parecia despreocupada, embora a tosse a perturbasse em seus afazeres.

No mesmo dia em que Marcel passou no consultório do dr. Etienne, o médico compareceu à casa dos Dauphin.

— E então, como está essa garota? – perguntou, sorrindo para Nicole.

— Apenas um tanto cansada e com uma tosse difícil de passar.

— Vamos examiná-la.

Após perguntas e um detido exame, dr. Etienne receitou alguns remédios a serem manipulados e ordenou que Nicole permanecesse em repouso absoluto por três semanas.

— Todo esse tempo na cama, doutor?

— É para o seu bem, Nicole. Com certeza, logo você estará saudável novamente.

Nicole permaneceu em seu quarto, e dr. Etienne, com gravidade, disse aos pais, que o haviam acompanhado:

— É preciso muita cautela com Nicole.

— O que ela tem? – perguntou a mãe, aflita.

— Ainda não é possível dar um diagnóstico preciso, mas pode ser princípio de tísica pulmonar.

Arlette empalideceu. Ela sempre havia entendido a tísica como uma doença incurável. E agora, o que fazer?

— Doutor Etienne, diga que o senhor está errado, pelo amor de Deus! Tísica é uma doença incurável.

165

– Acalme-se. Somente dentro de três semanas poderei fornecer um diagnóstico preciso. E, mesmo que seja confirmada a minha suspeita, posso indicar-lhe um sanatório onde se encontra clinicando um de meus colegas com uma reputação muito acima da média. Não há necessidade nenhuma de sobressalto. Apenas peço à senhora e ao Marcel que façam Nicole permanecer em repouso absoluto por esse período e deixem o dormitório muito bem arejado, inclusive à noite, com a janela semiaberta. Para maior controle, virei aqui uma vez por semana. Porém, se necessário, virei mais vezes.

Apesar da tentativa de acalmar a família, tanto Arlette quanto Marcel ficaram extremamente preocupados. Buscaram informações com vizinhos, parentes e conhecidos, e os dados que conseguiram não eram nem um pouco animadores. Quanto a Nicole, guardou com rigor a dieta prescrita, mas a tosse intensificou-se, acrescida de suores e calafrios noturnos. Dr. Etienne acompanhou muito de perto a paciente. Na última visita, soube que Nicole estava tendo febre, dor no peito e tosse com expectoração de sangue, às vezes.

– Ela tem recusado alimentos, doutor, e emagreceu alguns quilos. Continua também a sentir muito cansaço, apesar do repouso contínuo.

Dr. Etienne examinou outra vez Nicole. Para ele, não havia mais dúvida: ela era portadora de tísica pulmonar. A notícia foi dada com toda a precaução, mas Arlette desandou a chorar, desconsolada.

– Não fique assim; como lhe disse, conheço um médico que tem conseguido verdadeiros milagres a esse respeito.

– Pode dar-nos o endereço? – perguntou Arlette.

– Infelizmente, ele não reside em Paris, mas trabalha num sanatório, nas proximidades de Luc-sur-Mer, no Departamento de Calvados, Baixa Normandia.

– Mas é tão longe.

– Fica a uns duzentos quilômetros daqui.

Arlette pensou um pouco e perguntou com preocupação:

– E Nicole aguentará essa viagem de ida e volta?

– Devo esclarecer-lhe, dona Arlette, que estou falando de um sanatório, portanto, Nicole permanecerá internada ali pelo tempo necessário. A sua volta só se fará quando estiver curada ou puder terminar o tratamento em Paris.

– Meu Deus!

Arlette olhou para Marcel, que permanecera calado, como a meditar.

– E então, Marcel?

– Seja o que Deus quiser, Arlette. Conversaremos melhor com o doutor Etienne, mas não vejo outra alternativa. Levaremos Nicole a Luc-sur-Mer, você permanecerá com ela e eu voltarei a Paris, para dar sequência ao meu trabalho. Faremos tudo o que for possível para que a nossa filha se restabeleça o mais breve possível.

– Hoje em dia – prosseguiu dr. Etienne –, faz-se uso da talassoterapia, e essa localidade é ótima para isso.

– Desculpe-me, doutor, mas de que se trata exatamente? – perguntou Marcel.

– Talassoterapia é o uso de banhos de mar, do ar e do clima marítimo para se tratar da tísica pulmonar. O clima oceânico de Luc-sur-Mer favorece sobremaneira esse tipo de terapia. E mais: Nicole estará sob os cuidados de um dos maiores especialistas da França. Estejam certos disso.

<hr />

Quatro dias depois de confirmado o diagnóstico, Nicole seguia para o sanatório, sendo levada pelos pais e pelo próprio dr. Etienne, que fez questão de acompanhá-los para melhor acomodar a jovem e passar as informações sobre o diagnóstico ao dr. Serge Baillet, que passaria a cuidar dela.

Assim que a filha ficou acomodada, Marcel Dauphin voltou a Paris em companhia do dr. Etienne, para dar continuidade a seu trabalho. Arlette ficou instalada em uma vila anexa ao sanatório, podendo estar com a filha grande parte do dia, inclusive acompanhando-a com uma enfermeira nos passeios que passou a fazer na praia diariamente. A enfermeira chamava-se Sophie, tinha dezoito anos, e logo se deu bem com Arlette e Nicole. Católica fervorosa, fazia todos os dias orações pela cura de Nicole.

– Creia em Deus – dizia, quando estava a sós com a paciente. – Deus é todo-poderoso, portanto, pode conceder-lhe a cura.

Nicole, que já sabia da mortandade que ocorria devido a essa doença, sorria com tristeza, pensando em Apollinaire, que fora visitá-la no primeiro fim de semana que passara em Luc-sur-Mer.

– Talvez Deus me queira fora daqui, Sophie.

– Fora do sanatório?

– Não. Fora deste mundo.

– Não fale assim, Nicole. Você não crê na compaixão divina?

– Claro que creio. Mas não digo que Deus esteja me castigando. Simplesmente acredito que meu tempo nesta vida já chegou ao termo. Você crê em vidas sucessivas?

Sophie pensou algum tempo antes de responder:

– Já considero você minha grande amiga, portanto, confesso que, mesmo sendo católica, acredito sim em vidas sucessivas. Afinal, como poderíamos alcançar o máximo de perfeição em uma única existência? E Jesus disse claramente: "Sede perfeitos como vosso Pai Celestial é perfeito". Não é mesmo? Portanto, creio, sim, em vidas sucessivas; em reencarnação, como se costuma dizer.

– Então você vai me entender. O que lhe estou dizendo é que esta encarnação está chegando ao fim. Minhas oportunidades de crescimento espiritual nesta existência começam a se finalizar.

– Apesar de suas palavras, ainda acredito na cura. Daqui a seis ou sete meses, você estará feliz junto de seu noivo, esperando chegar a hora do casamento.

– Não, Sophie. Aliás, preciso contar-lhe uma coisa. Numa das sessões que são realizadas em minha casa, um espírito que sempre comparecia foi claro em dizer, certa noite: "Nicole, você deveria fazer-me perguntas mais maduras, para que melhor aproveite o tempo que lhe resta, pois será acometida por uma grave doença".

– É por isso que não gosto de tais reuniões. Veja só o que acabou ficando gravado na sua cabeça. Esqueça-se disso. Quem pode garantir-nos que essa admoestação foi verdadeira?

– As coisas não param por aí. Tive um sonho em que um bispo, que fiquei sabendo ser santo Agostinho, me disse, olhando-me nos olhos: "Minha irmã, seja uma virgem sensata, pois o Senhor das bodas já está chegando no meio da noite".

– Santa cruz! Não fale assim.

– Não fui eu quem disse isso, mas santo Agostinho. Ele não mente.

– Foi só um sonho, Nicole. E a gente sonha tanta bobagem. Sabe o que sonhei uns dias atrás?

– Conte-me.

– Estava andando por uma estrada repleta de pedregulhos, juntamente com uma amiga. Dos lados havia árvores frutíferas carregadas e árvores ornamentais abarrotadas de flores. Conversávamos coisas do dia a dia, quando a minha amiga segurou-me pelo braço e me disse em tom sério: "A minha viagem termina aqui. Você terá de prosseguir sozinha". Achei ridículo o que ela me disse e quis puxá-la para continuar o passeio. Todavia, ela já começava a subir pelos degraus de uma escada iluminada pela luz do sol. Quis dizer-lhe alguma coisa, porém acordei. Você acha que pode ter sentido um sonho maluquinho desse?

Depois de assim dizer, Sophie, intuindo o significado do que acabara de contar, começou a chorar copiosamente. Por certo – concluiu para si mesma – a amiga simbolizava Nicole, que deveria partir para o outro mundo.

– Desculpe-me, Nicole. Desculpe-me.

– Não fique assim. É apenas mais uma confirmação do que lhe acabo de dizer. E lembre-se de uma coisa: a morte não é o fim.

Apesar das dificuldades, principalmente em relação aos estudos, que estavam para ser concluídos, Apollinaire passou a visitar Nicole quinzenalmente, passando o fim de semana numa pensão próxima ao sanatório. Muitas confidências eram trocadas nesses momentos, e juras mútuas de amor. O noivado, decidido em casa dos Dauphin, a pedido de Apollinaire, foi realizado no próprio sanatório, com muita simplicidade. Ele estava radiante. Não queria pensar nem por um instante que Nicole não deixaria o sanatório depois de alguns meses, completamente curada. O casamento, segundo ele, por certo seria realizado na data combinada. Depois de muita alegria, Apollinaire deixou o sanatório acompanhado pelo pai, dr. Blondet, e por Marcel Dauphin, que, embora preocupado, procurou não estampar apreensão em seu rosto.

<hr />

Passaram-se os meses, e o estado de saúde de Nicole havia estacionado, embora ela estivesse mais magra e com a face muito pálida. Os passeios diários pela praia prosseguiam, estimulados por seu médico, dr. Baillet. De tardezinha, Nicole era levada pela mãe e pela enfermeira a uma espécie de barraca, erguida proximamente ao mar, onde ficava em silêncio como a meditar, enquanto contemplava as ondas ou lia um exemplar do Novo Testamento, que ganhara da nova amiga. Quando a mãe, por algum motivo, não podia acompanhá-la, Sophie fazia-lhe sozinha a companhia. Nesses momentos, conversavam muito, e Nicole falava a respeito dos seus sonhos, que não poderiam realizar-se.

– Não fale assim, amiga. Você ainda será uma excelente professora e, com certeza, uma mãe devotada.

– Deus não quer assim, Sophie. Acho que meu trajeto já está terminando. O que pude realizar está feito, o que não pude... fica para a próxima existência.

– Não concordo em hipótese alguma!

– Fique tranquila. Não estou triste. Se a tristeza insiste em bater em meu coração, não é por mim, mas pelos que vão ficar. Meus pais, embora nada digam, sabem como isto vai terminar, mas Apollinaire, pobrezinho, sofrerá uma imensa decepção. Ele é muito bom, Sophie, mas ainda não consegue entender que a vida tem continuidade após a chamada "morte". Embora dizendo-se católico, para ele a morte é o fim. Quanto à reencarnação, pior ainda. Ele não é capaz de entendê-la. Ainda não chegou o seu momento. Como resultado de crenças errôneas, ele vai sofrer muito. Onde estiver, porém, se eu tiver autorização para isso, irei esforçar-me para que ele passe ileso por tudo que ainda ocorrerá. Você também, Sophie, lembre-se de mim como sua amiga, e não como uma pessoa morta.

– Pare com isso, Nicole!

– Esteja certa de uma coisa: sempre seremos amigas. Tenho certeza de que já o fomos anteriormente. É por isso que logo nos afeiçoamos e, com rapidez, nos sentimos como se fôssemos amigas desde a mais tenra infância. A nossa amizade prosseguirá com certeza.

Nesses momentos, Sophie esforçava-se por não chorar, porém, quando ficava a sós, desandava num pranto convulsivo. Para ela, que nunca pensara profundamente em religião ou espiritualidade, o contato com Nicole estava sendo muito importante. Aprendia com a amiga os rudimentos da vida espiritual, e isso, com o tempo, fez com que contivesse a sua dor prematura pela despedida daquela que, em tão pouco tempo, se convertera na pessoa mais importante de sua existência. Nos momentos em que se achava só com Arlette, Sophie falava-lhe muito a respeito das qualidades incomuns que ela via na nova amiga.

– Ela é de um desprendimento incomum, dona Arlette, e de uma bondade imensa. Permita-me dizer: a educação que a senhora lhe deu é de um nível bem superior ao dado por outras mães. Basta olhar para as jovens que aqui estão internadas. Umas são egoístas, outras agressivas e desrespeitosas, e outras, ainda, se acham tão superiores, que nos olham de cima para baixo, como se fôssemos inferiores e tivéssemos nascido apenas para servi-las. Nada disso existe nos modos de Nicole. Parabéns, dona Arlette, pela educação ministrada à sua filha.

Arlette ficava encabulada, com as faces ruborizadas, mas no fundo alegrava-se pelas palavras ditas com sinceridade pela enfermeira. Desses contatos, um laço incomum de amizade surgiu entre as duas. Arlette queria conhecer melhor Sophie, pois a achava também uma moça de prendas superiores às das jovens que ela conhecia.

– Seus pais moram aqui em Luc-sur-Mer, Sophie?

– Meus pais são falecidos, dona Arlette. Tenho apenas uma irmã mais velha, que se casou e foi morar em Bourg-en-Bresse, capital do Departamento de Ain, na região de Rhône-Alpes. Fica bem perto da Suíça.

– Eu conheço. E como você vive?

– Moro numa pequena pensão, não muito longe daqui, mas a maior parte do tempo estou mesmo no sanatório.

– Você não tem avós, tios, primas?

– Tenho sim, mas moram todos longe, de modo que perdi o contato com eles.

– Por que você ficou assim tão distante da família?

– Minha mãe morava no sul, em Mazamet. Ao casar-se, veio com meu pai até aqui, pois um amigo lhe arranjou emprego neste sanatório.

– Entendi. E foi aqui em Luc-sur-Mer que você nasceu?

– Exatamente. Foi por tal motivo que acabamos nos distanciando da família. Quando meus pais faleceram, há três anos, fui acolhida pelo doutor Baillet, que, estimulado por sua esposa, permitiu que eu morasse num quarto externo do sanatório e começou a ensinar-me o trabalho de enfermeira. Assim que consegui dinheiro suficiente, comecei a morar na pensão, onde estou até hoje.

– Sei que a pergunta é difícil, mas qual foi a causa da morte de seus pais?

– De tanto contato com os doentes, eu creio, meu pai também foi afetado pela tísica. E acabou transmitindo a doença para a minha mãe. Em questão de um ano, ambos faleceram.

Os olhos de Sophie umedeceram-se ao rememorar esse período tão difícil da sua vida. Notando a tristeza que assomara no rosto da jovem, Arlette desculpou-se:

– Perdoe-me, Sophie, não quis fazê-la sofrer. Apenas queria conhecê-la melhor. Fui imprudente ao despertar o sentimento de tristeza em você.

– Entendo perfeitamente sua intenção, dona Arlette. Se a senhora quiser saber, fiquei até lisonjeada por seu interesse pela minha vida. Não é comum alguém conversar assim comigo. Em geral, só me procuram para falar sobre o meu trabalho, dar alguma ordem ou pedir algum favor.

Arlette comoveu-se diante da confissão de Sophie. No íntimo, como deveria ser triste a vida daquela jovem solitária, sem ninguém para falar sobre os assuntos que toda jovem gosta de compartilhar com amigas.

– Desculpe-me a indiscrição, mas você tem namorado?

– Bem, esta localidade é pequena, e vivo isolada aqui no hospital ou na pensão, de modo que não tenho tempo para conhecer os jovens e muito menos para namorar.

A conversa com Sophie fez com que uma grande simpatia pela jovem nascesse no coração daquela mãe entristecida pela doença avançada de sua filha. Assim como Nicole, também ela passou a dialogar mais com a enfermeira, buscando preencher um pouco a solidão que vislumbrava no coração de Sophie. Esta, por sua vez, afeiçoou-se rápida e intensamente a Arlette, em quem via uma substituta da sua mãe.

<hr />

Em fevereiro de 1858, o inverno era intenso em Luc-sur-Mer. Apollinaire já se tornara advogado, tendo a sua formatura sido festejada por Nicole, que se orgulhava dos seus conhecimentos e da sua competência para o tirocínio do Direito. Todavia, a tísica tomara força. A consunção da jovem, isto é, seu definhamento progressivo, era notado por todos. Já não ocorria apenas uma tosse persistente; havia também expectoração de sangue, que manchava os lençóis alvos do seu leito. Nicole vivia prostrada, consumida pela febre, não tendo mais ânimo nem condições físicas para os passeios diários, ainda que fossem pelos corredores do sanatório. Diante da situação preocupante, foram chamados Marcel e Apollinaire. Ninguém podia prever o que ocorreria dali para frente.

Num dos raros momentos em que conseguiu falar, Nicole disse, a custo, para Sophie, que se achava à beira do leito:

— Minha amiga, conversei com mamãe, e ela vai dar um impulso em sua vida. Você merece. Nunca vi, em toda a minha existência, alguém com tanto amor pelo semelhante, com tanta disponibilidade para ajudar e com tanto desinteresse pelo reconhecimento alheio. Seja feliz. Eu também ficarei radiante ao contemplar a sua felicidade. Deus me chama, Sophie, não posso fazê-Lo esperar. É preciso...

Uma golfada de sangue sobre a camisola branca cortou a última frase. Dr. Baillet foi chamado às pressas, mas nada mais pôde fazer. Quando Arlette entrou no quarto, Nicole virou-se para ela, sorriu levemente e fechou os olhos, como quem adormecesse após um dia intenso de trabalho.

No dia seguinte, chegaram Marcel e Apollinaire, a tempo de acompanhar o triste cortejo que, saindo da capela, dirigiu-se ao cemitério localizado nos fundos do sanatório.

Antes de voltar para casa, Arlette chamou a enfermeira para uma conversa inadiável.

— Sophie, quero agradecer por tudo o que você fez pela minha filha.

— Não há por que agradecer, dona Arlette. O que fiz foi com carinho e amizade. Conhecer Nicole foi um grande presente de Deus.

— Fico feliz por pensar assim. Mas gostaria que conversássemos sobre um assunto muito importante.

— Esteja à vontade, dona Arlette.

— Nicole fez-me, há algum tempo, um pedido especial, que tenho a obrigação de cumprir. Todavia, não se trata apenas do cumprimento de uma promessa feita à minha filha. Muito mais que isso, de livre e espontânea vontade, eu e meu marido conversamos com o doutor Etienne, quando aqui esteve em visita a Nicole. Ele trabalha na Sociedade Médica dos Hospitais de Paris e ficou de conseguir uma vaga para você, assim que retornássemos à capital. Lá você vai aprender muito mais do que já sabe aqui, pois estará acompanhando o próprio doutor Etienne, que tem uma experiência incomum pelos anos de medicina que acumula. Se concordar com o convite, é claro.

— Dona Arlette, é o que mais desejo, porém não sei se terei dinheiro suficiente para pagar uma pensão em Paris. Dizem que lá tudo é mais caro.

— E quem disse que você ficará numa pensão? — disse Arlette, rindo.

— Como assim?

— Você vai morar em nossa casa, Sophie. Agora, há ali um quarto vazio, não é mesmo? Você tem um corpo semelhante ao da Nicole nos tempos em que era uma jovem saudável, por isso poderá fazer uso de alguns vestidos que ela usava. Mas fique tranquila. Também comprarei roupas novas para você.

Sophie ficou estática, sem dizer palavra. Arlette olhou para ela e estremeceu.

— Ficou ofendida, Sophie? Perdoe-me, não quis magoá-la.

Depois de mais um instante de silêncio e estupefação, Sophie começou a chorar, sendo abraçada por Arlette, também em prantos.

— Não estou ofendida, dona Arlette. Estou comovida. Ontem, Nicole, com muito esforço, conseguiu me dizer que havia conversado com a senhora e que eu receberia o seu auxílio. Não imaginei, porém, que fosse assim tão grande. Saiba, entretanto, que não desejo causar-lhe nenhum transtorno; não posso aceitar tanta generosidade.

Arlette olhou a enfermeira nos olhos e disse pausadamente:

— Escute bem, Sophie. Não lhe fiz um convite formal, mas um pedido sincero, que nasceu de dois corações que a amam: um como irmã, outro como mãe. E então? Você ainda recusa?

Sophie abraçou Arlette com força, dizendo entre lágrimas:

— Assim, é claro que aceito. Nunca pude imaginar que teria novamente um lar. Obrigada, dona Arlette. Muito obrigada.

Em seguida, uma nuvenzinha cinzenta pareceu pairar sobre a cabeça de Sophie, que perguntou, receosa:

— Mas... e seu Marcel? Será que também irá aceitar essa situação? Não pensará ele que estou sendo um estorvo para a sua vida?

Marcel, que se postara diante da porta, disse num largo sorriso:

— Você não será um estorvo, Sophie, mas uma bênção de Deus. E, por favor, aqui não há mais nenhuma dona Arlette e nenhum seu Marcel. Chame-nos, de agora em diante, apenas pelo nome, minha... filha...

Para Sophie, ouvir essas palavras foi a gota d'água. Um choro incontido tomou conta de seu coração, até esse momento recluso e solitário. Arlette e Marcel abraçaram-na, rindo felizes, tal como a situação lhes permitia naquele momento difícil de suas vidas.

⌐⚬≈⚬¬

Sophie habituou-se com rapidez a conviver com o casal que a acolhera com o verdadeiro amor de pais. O trabalho junto do dr. Etienne foi altamente gratificante. Ali, aprendeu muito sobre a sua profissão de enfermeira e pôde desfrutar da amizade de um homem íntegro e bom. Entretanto, se ela conseguiu encontrar a alegria e a felicidade, Apollinaire vivia um verdadeiro inferno. Se, como profissional, crescia rapidamente, como ser humano, sentia-se ultrajado e castigado por Deus, devido à morte de sua amada. Tornara-se pessimista e taciturno.

Certa noite, fez uma visita aos Dauphin e recebeu de Marcel um exemplar de *O Livro dos Espíritos*, de Allan Kardec.

– Por favor, Apollinaire, leia integralmente este livro, antes de emitir qualquer julgamento.

– Não tenho ânimo para uma leitura deste teor, mas, pelo respeito que lhe devo, Marcel, assim farei.

– Parece-me que você tem se interessado pelos fenômenos espíritas. Estude agora os princípios da doutrina e depois dê-me o seu parecer.

Uma semana depois, o jovem voltou à casa dos Dauphin. O semblante era mais aberto e a postura mais solta.

– Li o livro todo, Marcel, e fiz a releitura de alguns trechos. Nicole já me falara desta obra, mas eu não me interessava muito. Participei de algumas sessões mediúnicas, aqui e em outros locais, mais pela dedicação à minha namorada do que pelo genuíno interesse pela doutrina que se formou a partir dos fenômenos apresentados. Todavia, depois de terminar a leitura deste livro, posso dizer que a minha mente se abriu e pude enxergar onde só encontrava escuridão. Também já fiz as pazes com Deus. E não poderia ser diferente.

Marcel prometeu levá-lo até o professor Rivail para um diálogo particular, e Apollinaire começou a frequentar mais assiduamente o lar dos Dauphin, em particular nos dias de sessão mediúnica, em que procurava fazer perguntas sérias aos espíritos que se manifestavam.

O contato com o professor Rivail aconteceu logo depois, e ele ficou extasiado diante dos conhecimentos apresentados pelo Codificador da Doutrina Espírita, ao mesmo tempo aliados a uma humildade intelectual. Agora, estava convicto de que a sua noiva continuava viva, embora num plano diverso do mundo terreno. A alegria voltou a estampar-se em sua fisionomia, e o antigo Apollinaire renasceu em toda a sua conduta.

Convidado a almoçar em casa dos Dauphin num domingo, gostou tanto do encontro, que começou a fazer parte do almoço familiar dominical. A sua presença era muito querida por Marcel e Arlette. Sophie, que o conhecera ligeiramente no sanatório, pôde também desfrutar da sua simpatia e dos seus conhecimentos.

Assim, passaram-se dois anos, em que Apollinaire se mostrou também um excelente advogado, seguindo os passos do pai.

A companhia constante e agradável do novo amigo fez com que, paulatinamente, as cordas do coração de cada um dos jovens começassem a vibrar de modo inusitado. Nascia o amor no íntimo de cada um. Todavia, quando Sophie percebeu o que estava acontecendo, teve um sobressalto. Jamais poderia deixar que esse sentimento penetrante tomasse corpo em sua alma. Isto seria, pensava, uma traição à amizade sincera e pura que Nicole nutria por ela em seus últimos meses de vida terrena. Como poderia agir com a sua melhor amiga de modo traiçoeiro e vil?

Para evitar a ruína moral, resolveu esquivar-se de Apollinaire, escolhendo fazer horas extras aos domingos no hospital em que trabalhava. Arlette e Marcel acharam no mínimo esquisita essa decisão de Sophie. Apollinaire, porém, logo desconfiou do que ocorria e também sentiu remorso no coração. O amor por Sophie, entretanto, teimava em não ceder, e a situação foi ficando insustentável: por um lado, a jovem passando por um sacrifício devastador; por outro, Apollinaire contendo um sentimento mais forte que ele.

Depois de algum tempo, apercebendo-se do que acontecia, Arlette resolveu conversar com Sophie. Ela sabia que o diálogo não seria fácil, mas tinha também consciência de que não poderia deixar de realizá-lo.

– Sophie, como está o seu trabalho aos domingos no hospital?

– Tem sido normal, e estou ganhando um pouco mais por mês. Isso é muito bom.

– Sem dúvida. Sei que você ama o que faz, mas por que escolher todos os domingos, e não só um por mês, por exemplo?

– Alguém tem de fazer esse trabalho, Arlette. E são poucas as pessoas que o fazem com alegria.

– Concordo, mas não há outro motivo que a faz agir assim? O que está por trás dessa escolha?

Sophie confiava muito em Arlette e a amava como uma verdadeira mãe, de modo que corou ao notar que seu motivo interior parecia ter sido descoberto. Ela não poderia mentir, mas também temia que Arlette se ofendesse com o amor oculto entre ela e Apollinaire. Tentou desconversar:

– Não se preocupe. Gosto do meu trabalho e não faço distinção entre os domingos e os dias de semana. O trabalho é sempre nobre.

– Sei de tudo isso. Você tem se revelado muito mais competente do que poderíamos imaginar. Doutor Etienne fez-lhe tantos elogios quando nos visitou na semana passada, que fiquei ainda mais orgulhosa de você.

– Obrigada, Arlette. Sinto-me também orgulhosa por poder desfrutar desta família tão acolhedora e por poder trabalhar com um médico tão competente como o doutor Etienne.

– Muito bem, mas não fujamos do nosso assunto. Serei mais clara e direta: por que você escolheu trabalhar aos domingos?

Sophie sentiu um estremecimento por todo o corpo.

– Eu... eu...

– Perguntarei apenas uma vez. Por favor, seja sincera comigo, como sempre fui com você. É por causa de Apollinaire?

Agora, realmente a jovem se encontrava numa situação delicada. Não poderia mentir para aquela mulher que lhe renovara as esperanças de uma vida feliz. Assim, mesmo sob pena de ser mal interpretada, respondeu, com forte rubor na face:

– Serei sincera, Arlette. É por causa dele.

– Você pode explicar-se melhor? Por que está fugindo da presença dele?

– Ele tem me olhado com olhos diferentes. Esse olhar vai além da simples amizade.

– E você? Que sentimento nutre por ele?

Não havia mais como encerrar o seu amor num porta-joias, protegido do olhar alheio. Agora, ela teria de revelar-se.

– Não sei como aconteceu, Arlette, mas, muito devagar, um sentimento intenso começou a surgir no meu coração. Antes que cometesse qualquer desatino, desonrando a amizade que Nicole me dedicou com toda a pureza de sua alma, resolvi fugir para sempre da presença de Apollinaire.

– E por que não conversou comigo antes de tomar a sua decisão extremada? Não confia mais em mim?

– Longe disso. Você é a pessoa em quem mais confio neste mundo. Mas temi que meu sentimento fosse interpretado de modo diferente do que realmente aconteceu.

– Sophie, você acaba de me demonstrar duas coisas: em primeiro lugar, a amizade, o respeito e o carinho que ainda nutre por Nicole, e, em segundo, a moralidade elevada que sempre iluminou a sua conduta. Mais uma vez, sinto-me orgulhosa por você. Diga-me, entretanto: ter um sentimento sincero e profundo por Apollinaire é trair a amizade de Nicole? Ela já está há certo tempo noutro mundo, aprendendo mais sobre a verdadeira Vida, com tarefas que fogem ao nosso cotidiano, marcado pela dimensão terrena. Foi isto que aprendi com o professor Rivail, o nosso Allan Kardec. Creio que Nicole não se ofenderá diante da sinceridade de sentimentos em relação ao ex-noivo dela.

– Então, você concorda com o que está acontecendo entre mim e Apollinaire, embora nunca tenhamos conversado a respeito?

– Concordo, e quero ter a certeza de que vocês estejam nutrindo verdadeiro amor um pelo outro. Se isto, de fato, estiver ocorrendo, terão nosso consentimento e nosso apoio: meu e de Marcel.

– Mas como saber se...

– Fique tranquila. Amanhã Marcel conversará a esse respeito com Apollinaire. Afinal, precisamos saber da verdade, não é mesmo?

À noite, Sophie, já na cama, estava agitadíssima. Conseguira obter o consentimento de Arlette e Marcel. Mais que isso: fora esclarecida de que não havia nenhuma traição de amizade caso o namoro tivesse início. Mas... e se tudo fosse apenas fantasia de sua mente? E se Apollinaire nunca a houvesse notado, a não ser como boa amiga? Afinal, nunca haviam conversado a esse respeito.

O temor de que tudo não passasse de ilusão deixou-a prostrada, de modo que, noite alta, acabou por adormecer. E então teve um sonho espírita, isto é, a sua alma desdobrou-se e se encontrou ali mesmo, na sua residência, com Nicole, agora um espírito em estado de erraticidade.

Chamamos erraticidade a situação temporária do espírito, no mundo espiritual, entre uma e outra encarnação, isto é, no intervalo entre uma e outra existência corpórea. Pois bem, ao ver a sua amiga, agora um espírito com certa luminosidade, devida aos merecimentos adquiridos em sua última encarnação, Sophie, envergonhada, baixou os olhos, sem coragem de encará-la. Porém, aproximando-se, Nicole abraçou-a com ternura e alegria intensa, dizendo-lhe:

— Sophie, minha amiga, que alegria poder reencontrá-la. Como está você?

Diante da receptividade inesperada de Nicole, Sophie ajoelhou-se e, com o rosto no chão, pediu-lhe humildemente perdão.

— Não tenho de que perdoá-la. Você continua sendo minha grande amiga.

— Você deve estar sabendo, Nicole, do interesse que venho nutrindo por Apollinaire.

— Sim, eu sei.

Sophie, envergonhada e arrependida, disse convicta:

— Prometo-lhe, Nicole, que deixarei a sua casa e nunca mais me verei diante do seu noivo.

Nicole sorriu e falou com suavidade:

— Em primeiro lugar, esta casa já não é minha. Não preciso mais dela, Sophie. Quero que permaneça aqui e que um dia a herde de meus pais. Se você é minha *irmã*, quem mais mereceria morar nela? Quanto a Apollinaire, tenho uma revelação a fazer-lhe.

Pela primeira vez, Sophie levantou a cabeça e, sendo ajudada por Nicole, pôs-se de pé.

— Escute bem. Muito antes de encarnar em Luc-sur-Mer, nesta sua atual existência, você viveu em Paris. Seus pais tinham muito dinheiro e você se tornou uma jovem de rara beleza, mas, ao mesmo tempo, vaidosa e fútil. Vários rapazes se enamoraram de você, que os desprezou sem compaixão. Porém, certo dia, conheceu um jovem pelo qual se interessou, devido à beleza física que ostentava. Tentou a todo custo seduzi-lo, não o conseguindo. O interesse converteu-se em ódio, e você desejou que ele falecesse de morte violenta. "Se ele não pode ser meu, não será de ninguém", pensou. Passado pouco tempo, ele fez uma excursão com amigos e despencou de uma escarpa rochosa, vindo a desencarnar. Um forte sentimento de culpa se abateu sobre você, embora não houvesse ligação entre a sua maldição e o desencarne do jovem. Você tornou-se solitária e, mais tarde, converteu-se em uma senhora excêntrica e sem amigos. Viveu ainda alguns anos em total egocentrismo e na periferia da lei divina, vindo a desencarnar em completa solidão. Não foi por acaso, Sophie, que, nesta encarnação, escolheu uma profissão em que doa de si mesma em favor do semelhante, a fim de resgatar o período em que viveu fechada hermeticamente no próprio íntimo.

– Que horror, Nicole. Jamais poderia imaginar que fui tão egoísta. E o pior é que continuo sendo, pois, ignorando o seu amor por Apollinaire, deixei que brotasse em mim um sentimento espúrio. Mas prometo solenemente que...

Nicole colocou o dedo diante dos lábios da amiga e pediu silêncio.

– Não termine a frase, Sophie. Ainda eu não lhe disse tudo a que vim.

– Ainda há mais, Nicole? Meu Deus!

– Apollinaire não é o verdadeiro amor da sua vida. Este, que cumpre hoje novas tarefas no mundo espiritual, voltará mais tarde. É o jovem que você amaldiçoou. Entretanto, para poder iniciar o resgate dessa existência pautada pela maldade e pelo rancor no coração, você terá a oportunidade de conviver com Apollinaire, durante poucos anos, podendo então abrir seu coração aos irmãos necessitados. Depois, em existência futura, já burilada, terá a chance de construir sobre os escombros do passado, unindo-se àquele jovem. O que você pensa agora?

Não havia o que responder. Sophie baixou novamente a cabeça e tentou meditar sobre o que acabara de ouvir. Até que, angustiada, perguntou:

– Mas, se eu vier a me casar com Apollinaire, como será o meu futuro, sabendo que o meu verdadeiro amor só encontrarei em próxima reencarnação?

– Quando, pela madrugada, você voltar a seu corpo físico, de nada lembrará. Quanto ao futuro, a Deus pertence, Sophie. Tudo se arranjará. Tanto você quanto eu poderemos ter uma próxima reencarnação mais auspiciosa. E lembre-se de uma coisa: o casamento é consequência do nosso atual estado de evolução. Num futuro, longínquo talvez, o amor universal sobre-pujará o amor a dois, e todos se tornarão verdadeiros amigos, verdadeiros irmãos, banhados no divino amor. Abra o seu coração a Apollinaire, amiga; é uma chance de modificação, que combaterá o egoísmo em que você viveu outrora. Não deixe a oportunidade passar. Estarei no mundo espiritual a abençoar a sua união.

Assim dizendo, Nicole abraçou Sophie demoradamente, e falou ainda uma última frase:

– Nós tornaremos a nos encontrar no porvir. E seremos, sem dúvida, grandes amigas.

Nesse momento, Sophie acordou. Notou que desaparecera a angústia noturna. Em seu lugar, uma paz inundava a sua alma. Não se lembrava exatamente do que acontecera, mas disse a si mesma: "Sonhei com Nicole. Só sei que ela está muito linda, e que sorria para mim. Com certeza ela não desaprova meu amor por Apollinaire. Agora, só falta que ele se declare. Será, meu Deus, que isso vai acontecer?".

O dia transcorreu normalmente para Sophie na Sociedade Médica dos Hospitais de Paris. Todavia, a todo momento, vinha à sua mente o so-nho que tivera com Nicole e de cujo conteúdo não se lembrava. Apenas se recordava de que a amiga lhe sorria e que, ao acordar, uma onda de paz tomara conta de seu coração, antes conturbado. Em compensação, quando se lembrava de Apollinaire, um frio subia-lhe pela espinha. E se tudo não ti-vesse passado de fantasia de sua mente, habituada à solidão? Que vergonha iria sentir. E jamais poderia estar próxima dele novamente.

Ao anoitecer, quando deixava o local de trabalho, Marcel a aguardava no *hall* de entrada. O que seria? A vontade da jovem foi de sair correndo, sem dar chance de ser alcançada. Porém, Marcel aproximou-se dela e a beijou na fronte, dizendo em seguida:

– Enquanto nos dirigimos para casa, gostaria de ter uma conversa com você, Sophie.

Sem outra opção, a enfermeira, agora em traje de passeio, acompanhou Marcel, esperando o que lhe seria dito.

– Você nutre realmente um sentimento elevado por Apollinaire? Em outras palavras: acha que ama esse jovem?

Como responder? Se desconversasse, talvez perdesse a única chance de tê-lo por companheiro de toda a vida. Se, porém, respondesse afirmativamente, haveria a possibilidade de ouvir de Marcel que o moço nunca olhara para ela, a não ser como uma boa amiga. E então? Juntando todas as forças da alma, Sophie respondeu com sinceridade:

– Sim, Marcel, eu amo Apollinaire.

Ao dizer isto, Sophie ficou ruborizada. Marcel, notando a situação difícil da sua afilhada, sorriu para ela, tocou-lhe o ombro e disse com a maior tranquilidade possível naquele momento delicado:

– Graças a Deus, Sophie. Graças a Deus! Apollinaire nutre o mesmo sentimento por você.

Era tudo que Sophie queria ouvir. O constrangimento deu lugar a uma alegria incontida. Aproximou-se de Marcel e o beijou no rosto, falando emocionada:

– Obrigada por tudo, Marcel. Você e Arlette não sabem quanto os amo também.

Para dar um tom mais descontraído ao diálogo, Marcel falou, olhando para Sophie:

– Então vamos rápido para casa. Ou você acha que não precisa colocar uma roupa melhor para receber o seu namorado?

– O quê?

– Logo mais, Apollinaire a estará pedindo em namoro. Acha que ele iria perder a oportunidade preciosa de namorar uma jovem prendada como a que está a meu lado?

– Mas como ele sabe do meu sentimento? Como ele adivinhou o que nutro por ele?

– Com certeza, ele olhou para seus olhos.

– Que vergonha!

– Vergonha nada. Diga: "Que felicidade!".

Eram vinte horas quando Sophie entrou na sala e viu Apollinaire, que lhe sorria. Marcel também sorriu e piscou para Arlette, indagando com uma ponta de satisfação:

– Você aceita Apollinaire por namorado, Sophie? E você, Apollinaire, aceita Sophie por namorada?

Bem, o namoro prosseguiu em santa paz. Chegou o noivado e, por fim, a data do casamento, marcada para 21 de março de 1861, início da primavera europeia. Dr. Blondet, pai de Apollinaire, e dr. Etienne fizeram questão de discursar, desejando felicidade duradoura para aqueles dois jovens, cheios de sonhos e esperanças. Tudo era alegria no lar dos Dauphin. Nicole, como espírito que buscava incansavelmente o seu autoaperfeiçoamento, pôde estar presente, abençoando a união que ela mesma não conseguira realizar com aquele jovem quando encarnada. Sentiu também a felicidade que inundava o coração da amiga naquele momento culminante da sua presente existência. Depois de abençoar o casal, voltou para a colônia na qual aprendia cada vez mais, trabalhando para um futuro melhor.

Sophie e Apollinaire não tiveram filhos. Tornaram-se adeptos e divulgadores da doutrina que nascia como a Terceira Revelação: o Espiritismo, codificado por Allan Kardec. Era um momento de difusão dos princípios espíritas em suas três faces conjugadas: ciência, filosofia e religião.

Apollinaire desencarnou muito cedo. Sophie dedicou-se de corpo e alma aos doentes do hospital em que trabalhava como enfermeira e tornou-se uma humilde trabalhadora da Boa Nova em um grupo de estudos espíritas. Era o momento em que o grande pensador do Espiritismo, Léon Denis, já se tornara conhecido por suas obras, dedicadas à propagação da doutrina consoladora dos espíritos. Nascia uma nova era para a humanidade...

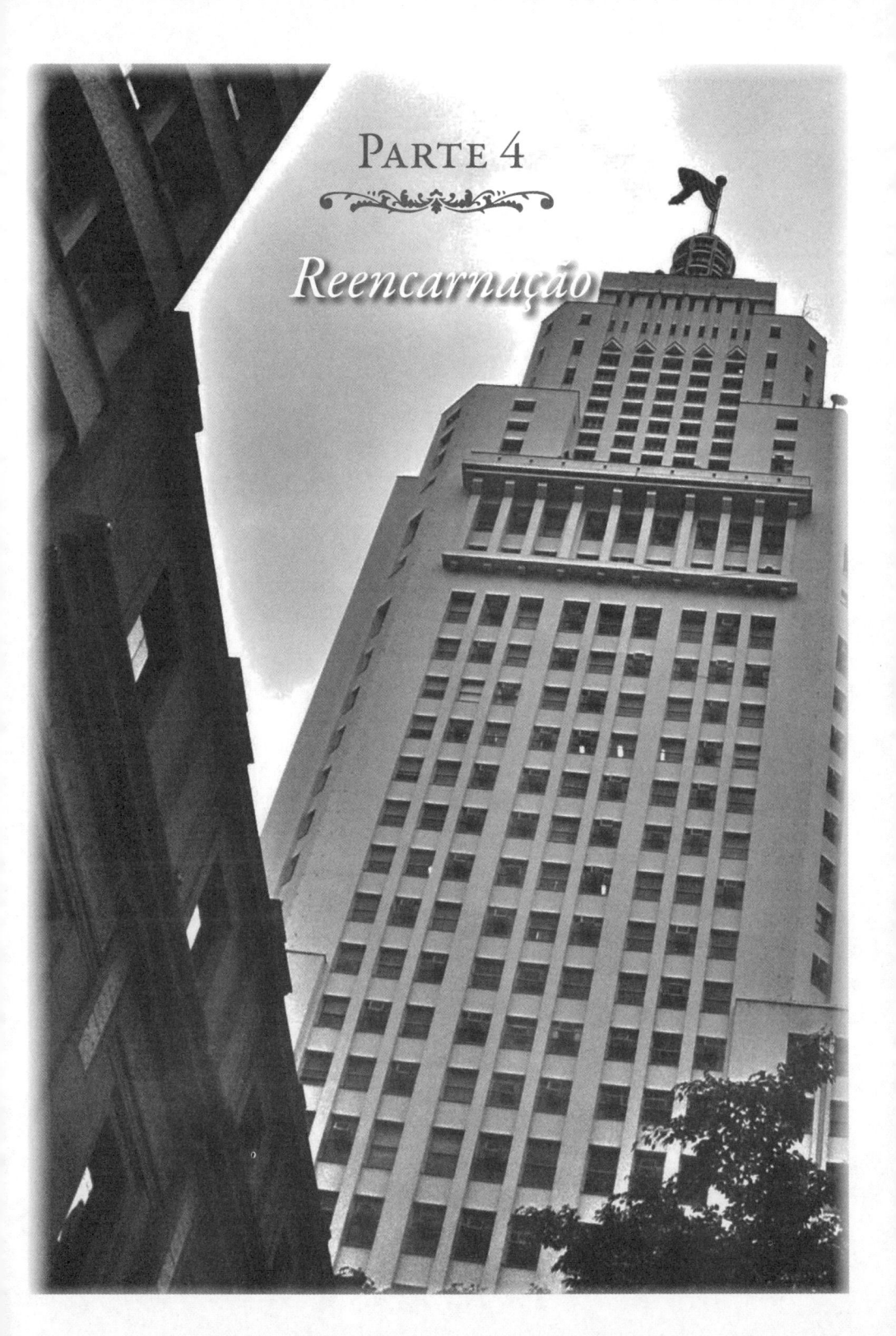

PARTE 4

Reencarnação

CAPÍTULO 13

Estranhos acontecimentos

São Paulo já foi chamada "cidade da garoa", pela chuva miúda que constantemente caía sobre as ruas. Todavia, há algum tempo, com as alterações climáticas, isso não vem acontecendo com muita frequência. Na época, porém, que aqui relatamos ainda garoava algumas vezes, principalmente no inverno. E é justamente nessa estação que tem início a nossa história.

Armand Fontaine, oriundo de Paris, residia na capital paulista havia cinco anos. Formara-se em engenharia química pela École Polytechnique e começara a trabalhar numa indústria química francesa logo em seguida. Sua esposa, Giselle Fontaine, nascera em Alençon, pequena cidade da Baixa Normandia, também na França. A cidadã mais ilustre nascida nessa localidade fora Thérèse Martin, mais conhecida por Teresa de Lisieux, por ter vivido como religiosa na cidade, que no Brasil foi chamada de santa Teresinha do Menino Jesus, após ser canonizada pela Igreja Católica.

Em idade para ingressar na faculdade, Giselle mudara-se para um pequeno apartamento em Paris, iniciando a seguir o curso de Letras na Sorbonne, também conhecida como Universidade de Paris V ou Paris Descartes. Foi por essa época que viera a conhecer Armand, com quem se casara, após ambos se formarem. Tiveram uma filha, chamada Amélie, e, algum tempo depois, quando a indústria química criara uma sucursal em São Paulo, Armand fora alocado para lá.

Desse modo, o casal instalara-se no bairro de Pinheiros, onde Amélie também passara a viver. Giselle começara a lecionar francês num grande instituto de línguas. Tudo indicava uma vida comum, banhada no amor entre Armand e Giselle, e destes em relação à filhinha. Uma vida longa e de contínua serenidade. Mas não foi bem isso o que aconteceu.

Quando Amélie chegou ao Brasil, tinha quatro anos, apresentando saúde perfeita e um comportamento alegre e tranquilo. Uma coisa, porém, preocupava os pais. Tudo começou quando, certa noite, ao chegar do trabalho, Armand mostrou à esposa um livro que trazia na pasta e que ganhara de um colega brasileiro.

– Você conhece este autor? Disse-me o meu colega que ele é francês.

– Allan Kardec. Sim, conheço de nome. Porém, nunca cheguei a ler nada dele.

Assim dizendo, Giselle folheou o livro e parou numa foto do autor. Assim que olhou para a figura, Amélie apontou-lhe o dedinho e falou, pronunciando as palavras com certa dificuldade:

– Allan Kardec. Eu conheço.

Giselle olhou para Armand e ambos riram. Levando na brincadeira, a mãe perguntou:

– Você o conhece, Amélie?

– Conheço.

– Mas aqui está escrito que ele morreu há muito, muito tempo. Você não tinha nascido ainda.

Muito séria, Amélie falou:

– Tinha sim. E conheci o "tio" da fotografia.

Pensou Giselle que a filha, ao escutar o nome "Allan Kardec" e ver a foto, tivesse inventado algo para chamar a atenção. De qualquer modo, não se preocupou com o ocorrido. Mas, como o marido tivesse deixado o livro sobre a mesa, tomou-o e, mais tarde, começou a folheá-lo. No dia seguinte, comentou:

– O livro que você ganhou de presente é espírita.

– Espírita? Já entendi: no Brasil há muita gente que diz ser adepta do tal Espiritismo. Você não precisa ler o livro só porque ganhei de presente, Giselle. Coloque-o na estante.

– Não, não. Quando li na primeira página que se trata de "filosofia espiritualista", me interessei.

– Você e o tal de espiritualismo. Bem, é formada em Letras, logo...

– Logo o que, Armand?

– Nada, nada. Pode ler, se lhe interessa. Mas me conte alguma coisa, para que eu possa dizer a meu colega que estou lendo. Afinal, o autor é francês, apesar do nome estranho.

Giselle iniciou a leitura, que a interessou tanto, a ponto de terminá-la em menos de trinta dias, apesar das aulas de francês.

– Achei fantástico o livro, Armand.

– Por quê? É cheio de fantasia?

– Deixe de ironia. O livro é bom mesmo.

– Então, faça um resumo para mim.

– Não vai ser fácil, pois ele abrange variados temas. Mas tentarei, aos poucos, comentar o que entendi. O autor, Allan Kardec, nasceu no século XIX, mas o livro consegue ser atual. Talvez seja por isso que muitos brasileiros se digam espíritas.

– Aqui entre nós, brasileiros são muito sentimentalistas. Qualquer bobagem os emociona. Vejo isso constantemente no meu trabalho.

– Concordo que o brasileiro é mais sentimental que o francês, mas não exagere. Não é bem assim como está dizendo.

– Está bem. Mas me fale, então, sobre o livro.

Em duas ou três noites, Giselle fez um pequeno relato a respeito do que lera. Armand escutou com atenção, fez algumas perguntas, e ficou nisso. Mas, embora ela tivesse gostado muito da obra, acabou deixando-a na estante, sem mais nenhum comentário.

O tempo passou, Amélie cresceu mais e, numa tarde, aos cinco anos, quando, por imposição das aulas que ministrava, Giselle lia uma biografia francesa de santo Agostinho, a garotinha aproximou-se, olhou a imagem que tinha diante de si e falou com convicção:

– Conheci esse padre.

– Deixe de bobagem, Amélie.

– Conheci sim.

– Ah, é? Então me diga: qual é o nome dele?

Amélie sorriu, vitoriosa, e, olhando bem para os olhos da mãe, respondeu:

– É o bispo Agostinho.

Giselle ficou petrificada. Depois, procurando disfarçar, perguntou:

– Você ouviu isso de quem?

– De ninguém.

– E como sabe?

– Ele conversou comigo.

– Como foi que ele conversou com você, se já morreu há muito tempo?

– Não sei, mas ele conversou.

– Amélie, nós é que precisamos ter uma conversa. Um tempo atrás, você disse que conheceu Allan Kardec e...

– Conheci.

– Fique quieta, Amélie. Você disse que conheceu Kardec e agora vem me dizer que conheceu santo Agostinho. É muito feio mentir.

– Não estou mentindo.

– Amélie, você acha que não estamos dando todo o carinho que você merece?

– ...?

– Por que inventar coisas? Por quê? Quando você era bem pequenininha, ficava até engraçado, mas agora você já é uma mocinha. É muito feio inventar histórias, sabia?

– Eu não inventei história nenhuma.

Giselle, sem saber como continuar o diálogo, resolveu parar e conversar depois com o marido para decidir o que fazer.

Quando Armand chegou do trabalho, tomou um banho, jantou e preparava-se para assistir ao noticiário na tevê, quando Giselle começou a falar da filha. Ele escutou tudo em silêncio e depois deu o seu parecer:

– É coisa de criança, Giselle. Não há motivo para preocupação. Com a idade, isso passa.

– Neste caso, eu não tenho certeza, Armand. Ela fala com muita convicção.

– E você pensa que é o quê? O que devemos fazer?

– Aí é que está o problema: não tenho a menor ideia. Cheguei a pensar em levá-la a um psicólogo, mas fiquei em dúvida.

– Não há necessidade de psicólogo. Nós podemos resolver isso.

– Como?

– Não sei.

– Então, voltamos à estaca zero. Sabe o que me ocorreu hoje à tarde?

Relutei para lhe dizer isso, mas precisamos resolver este problema.

– Pode dizer. Já perdi o noticiário, mesmo.

– Isto é mais importante, Armand.

– Tudo bem. Exponha a sua ideia.

– Quando li *O Livro dos Espíritos*...

– *Livro dos Espíritos*?

– Aquele que você recebeu de presente de um colega de trabalho.

– Ah...

– Pois bem, ali, os espíritos, respondendo a perguntas de Allan Kardec, falam em reencarnação, em vidas sucessivas...

– Era isso que você tinha para me contar? Não me diga que acreditou nas fantasias que ali estão. Esse tal de Kardec deve estar no túmulo, rindo dos idiotas que acreditaram naquilo tudo que escreveu.

– Não, Armand. O tom do livro é muito sério. Não há ali fantasias ou mentiras. Tudo é muito lógico.

– Bem, diga a sua ideia, a partir da leitura do livro. Mas fale sério.

– O que vou dizer é sério, sim. Nunca acreditei em reencarnação. Tenho ainda minhas dúvidas, mas, justamente por isso, é hora de sabermos o que pensam os outros, isto é, as pessoas que creem em vidas sucessivas.

– E o que você vai fazer? Sair por aí perguntando quem crê na reencarnação?

– Não. A minha ideia é você conversar com o amigo que o presenteou com o livro.

– O Sérgio? Ele é um excelente profissional, gente fina, mas um tanto esquisito para o meu gosto. Dizem que ele é médium. Que grande bobagem!

– Armand, ele tem estudo superior, como nós. Creio que assim fica mais fácil de nós entendermos.

– Nós? O que quer dizer com isso?

Giselle aproximou-se mais de Armand, afagou-lhe o cabelo e falou com voz bem suave:

– Convide-o para um jantar em casa.

– O quê? Você ficou louca? Nunca trouxemos estranhos em casa. Isso é coisa de brasileiros. Eles adoram fazer uma festinha em fins de semana, com churrasco, cerveja e caipirinha.

– Pois nós faremos uma comida francesa, acompanhada de um bom

Château Villerambert-Julien. É o nosso jeito, querido.

Armand ficou um tempo em silêncio. A ideia não lhe parecia nada boa. Mas não podia ser inflexível com a esposa. Afinal, estavam longe dos parentes, que permaneciam na França. E seria uma oportunidade de ampliar-lhes a vida social, que não era lá essas coisas. Desse modo, ainda que a contragosto, considerou:

– Tudo bem. Convidarei Sérgio para vir jantar conosco na próxima quinta-feira. Está bem assim?

– Ele é casado?

– Sim.

– Então, peça-lhe que venha com a esposa.

– Acho que não estamos fazendo a coisa certa, mas agirei como você deseja.

❧

Giselle ficou ansiosa pela visita do casal, que ela sequer conhecia. Às vezes, pensava se fizera a coisa certa ao convidá-lo; em outras, colocava uma grande esperança nesse encontro para a solução do que vinha ocorrendo com Amélie. Já Armand via a visita apenas como uma forma de ampliar o seu círculo de amizades, muito restrito. "Brasileiros fazem amizade com grande facilidade", pensava, "mas nós, franceses, somos mais fechados, mais circunspectos, talvez. O fato de eu ter concordado com Giselle, trazendo Sérgio e a esposa para cá, talvez signifique que estou me abrasileirando. Bem, já que fizemos o convite, agora temos de tratá-los muito bem". Escapava-lhe da mente que o objetivo principal era outro: tentar esclarecer o que vinha ocorrendo com Amélie.

Na noite aprazada, com um atraso de dez minutos, Sérgio apertava a campainha do apartamento dos Fontaine. "Brasileiros sempre se atrasam", ponderou Armand.

– Boa noite, Sérgio. Boa noite...

– Esta é Mara, minha esposa.

– Muito prazer. Eu sou Armand. Por favor, entrem.

Depois das apresentações formais e de estarem todos acomodados, Amélie chegou de mansinho na sala.

– Ela estava cochilando – disse Giselle.

Amélie não tirava os olhos de Sérgio, acompanhando todos os seus movimentos. A conversa ia do trabalho de Sérgio e Armand para a língua francesa, que Mara dizia ter estudado um pouco no colégio.

– Quer que falemos em francês para você exercitar-se um pouco? – perguntou Giselle.

Mara foi rápida na resposta:

– Não, não. Eu ficaria extremamente envergonhada, pois não poderia acompanhá-los. Só sei falar o que todo mundo conhece: *bonjour*, *au revoir*, *enchantée*, e coisas assim.

– Mas eu gostei da sua pronúncia. Quase não denota sotaque brasileiro. Em outra oportunidade, falarei francês com você. Bem devagar, é claro. E você, Sérgio, fala fluentemente o francês?

– Infelizmente, não. Entendo e falo pouco, mas, com um bom dicionário ao lado, consigo ler alguma coisa.

A conversa continuou bem descontraída. Armand era o que menos relaxara, mas procurava demonstrar descontração. Giselle escolhera falar sobre Amélie após o jantar. Assim, auxiliada por Mara, foi colocando a comida na mesa. Armand foi buscar o vinho. Entretanto, Sérgio e Mara não bebiam álcool. Mas Giselle, pensando nessa possibilidade, havia feito suco de maracujá, que serviu bem gelado. Em seguida, anunciou os pratos:

– Como brasileiro gosta de feijoada, preparei o que costumo chamar de "feijoada francesa": *cassoulet*. Contém feijão seco, linguiça, salsicha e outros ingredientes. Nós costumamos comer sem acompanhamento, mas, como o brasileiro não dispensa arroz, fiz um arroz à francesa, em que entram muçarela fatiada, presunto, batata palha, milho, ervilha e queijo ralado.

– Não precisava se incomodar, Giselle.

– Nada disso, minha amiga. Se os convidei para jantar em casa, tenho o dever de servir-lhes um bom prato – respondeu Giselle, rindo. – E, como sobremesa, teremos um bolo mil-folhas. Confesso que esse não fui eu que fiz. Comprei numa padaria muito boa, que fica aqui perto.

Armand lembrou-se da origem do prato servido e explicou:

– O *cassoulet* é uma iguaria da região de Languedoc-Roussillon, no sul da França, em particular das cidades de Carcassonne, Castelnaudary e Toulouse. Espero que gostem.

– Com certeza – disse Sérgio, dando um tapinha nas costas de Armand, que, a essa altura, já estava mais descontraído.

Giselle riu e completou:

– Deixe-me falar também sobre o bolo mil-folhas. Ele é feito de massa folhada e recheado com creme. Segundo relatos, surgiu pela primeira vez num livro de culinária, em 1651: o *Cuisinier François*, de François Pierre La Varenne. Aliás, dizem também que ele foi o criador do bolo. Mas chega de prosa. Vamos iniciar o nosso jantar festivo.

A animação correu solta. Os assuntos variavam, e todos tinham alguma coisa a dizer. Depois do tradicional cafezinho, sentaram-se para a derradeira conversa da noite. Era este o momento mais esperado por Giselle.

CAPÍTULO 14

Um caso de reencarnação?

Assim que os casais se assentaram, Giselle entrou no assunto que muito a preocupava ultimamente. Ela ignorava se a explicação que Sérgio e Mara dariam seria digna de crédito, mas era preciso ouvi-los antes de qualquer decisão. Assim, pela primeira vez constrangida naquela noite, começou a narrar os acontecimentos. E havia mais do que o próprio Armand sabia:

– Além do que lhes contei, há mais uma passagem. Ontem à tarde, Amélie me falou que Kardec era um bom espírita. Eu folheava *O Livro dos Espíritos*, e ela, achegando-se a mim, disse com carinho: "Mãe, pode ler esse livro. Kardec era um bom espírita". Em casa, não costumamos falar em Espiritismo. E essa frase parece de adulto. Como pode ela saber se Kardec foi ou não um bom espírita? O que posso lhes dizer é que, no mínimo, estou muito intrigada. Gostaria que, diante do que lhes contei, vocês pudessem explicar-me alguma coisa, se houver explicação.

Sérgio, tomando a palavra, falou com naturalidade:

– Há sim uma explicação, Giselle. Você já leu *O Livro dos Espíritos*, não é mesmo?

– Para ser franca, li sem muita atenção. Mesmo assim, quando terminei, achei que era um livro instrutivo. Mas não me detive mais nos assuntos ali tratados, de modo que preciso mesmo da ajuda de vocês.

– Claro, claro. Mas, antes de falar sobre o que está ocorrendo com esta gracinha de menina – nesse ponto, Amélie deu um largo sorriso –, começo tentando mostrar a veracidade da reencarnação, também chamada palingênese.

– Eu penso que seja um bom começo – respondeu Giselle.

– Ótimo. Há leis que são naturais ou divinas, se preferirem, pois a lei natural é a lei de Deus. Como dizem os espíritos consultados por Kardec, por meio de vários médiuns, a lei natural é a única verdadeira para a felicidade do homem. Ela é eterna e imutável. Uma delas é a lei do progresso, segundo a qual o homem deve progredir sempre. O espírito não é criado pronto e acabado, mas sim simples e ignorante, devendo passar por um processo de elaboração que perdura por milhares de anos.

– Quanto a isso, eu concordo – falou Armand inesperadamente –, afinal, a humanidade veio se aperfeiçoando devagarzinho, desde a Pré-História até os dias de hoje. Somos, pelo menos em termos intelectuais, bem superiores ao Homem da Pedra Lascada, não é verdade?

– Concordo totalmente. E você, Giselle?

– Sem dúvida. Até aqui, estou de pleno acordo.

– Então, continuemos. Cada um de nós é um espírito encarnado a caminho da perfeição que lhe é possível. Em termos intelectuais e morais, estamos sempre progredindo. É verdade que o progresso intelectual tem sido muito mais rápido. No entanto, pela lei do progresso, não regredimos moralmente; estamos sempre evoluindo. Podemos estacionar, é verdade, mas não involuir. E o que estou dizendo tem a ver com a reencarnação. Isso porque a reencarnação é uma lei natural e se expressa no retorno do espírito à vida corpórea tantas vezes quanto necessário e fazendo uso de um corpo físico diferente do utilizado na encarnação anterior. A reencarnação é um dos princípios fundamentais do Espiritismo. Trata-se de uma manifestação da lei do progresso, de que estamos falando.

– Como assim? – perguntou Giselle, interessada.

– Seguindo o meu raciocínio, a lei do progresso diz que sempre evoluímos moralmente. Pois bem, a finalidade das nossas encarnações é de podermos seguir evoluindo até atingirmos o estado de espíritos puros, que Allan Kardec chama de "espíritos de primeira ordem". Uma encarnação apenas não é suficiente para evoluirmos a esse ponto. Daí a necessidade de inúmeras reencarnações.

– É tudo um tanto estranho para mim, mas faz sentido. O que você acha, Armand?

– Bem, acho que cursei engenharia porque sou muito racional, muito lógico. E o que acabo de ouvir é também lógico. Mas concordo que soa um pouco estranho. Não estou habituado a esse tipo de raciocínio.

Mara sorriu e comentou, passando os olhos por Armand e Giselle:

– Devo confessar que, de início, também me senti assim. Porém, com o passar do tempo e depois de muito estudo, aceitei naturalmente a doutrina da reencarnação, ou palingênese.

Nesse momento, Giselle notou que Amélie começava a dormir em seu colo. Pedindo licença, levou-a para a cama, voltando com rapidez à sala.

– Perdi alguma coisa? – perguntou, interessada.

– Não, não – respondeu Mara. – Aguardávamos a sua volta.

– Bem, antes de falarmos exclusivamente sobre Amélie, gostaria de saber um pouco mais sobre essa teoria da reencarnação. Aliás, devo dizer que fico até um tanto envergonhada, porque Kardec foi um escritor francês e eu nunca tomei conhecimento da sua doutrina.

– O importante, Giselle, é que agora estamos, nós quatro, refletindo sobre ela – tornou Mara com simpatia.

– Assim eu fico mais tranquila. E, já que estamos fazendo esse tipo de reflexão, gostaria de saber o que acontece com o espírito após a morte até encarnar novamente.

Sérgio olhou para Mara, pedindo que ela desse a explicação. Pensando um pouco, ela começou a falar:

– Giselle, quando alguém desencarna, passa por uma situação chamada perturbação espiritual. Isso significa que, no momento da morte, inicialmente tudo é confuso para o espírito recém-desencarnado. É necessário algum tempo para que ele possa reconhecer-se e tomar conhecimento de que já não está no mundo dos vivos. Assemelha-se a alguém que acorde de um sono profundo e, nos primeiros momentos, não saiba que dia é nem onde está, mas depois vai paulatinamente tomando conhecimento de que acabou de acordar e já sabe que dia é e quais os compromissos que agendou. Algo parecido ocorre com o espírito que acaba de desencarnar. Ele experimenta um entorpecimento que paralisa por um tempo as suas faculdades e neutraliza, pelo menos de modo parcial, as suas sensações.

Nesses momentos, o espírito fica numa espécie de estado cataléptico.

– Desculpe-me por interrompê-la, Mara, mas explique melhor essa parte.

– Vocês podem interromper-me sempre que sentirem necessidade. Estado cataléptico ou catalepsia é a perda momentânea da sensibilidade e da capacidade de contrair voluntariamente os músculos de uma parte mais ou menos extensa do corpo. O indivíduo perde, portanto, a sensibilidade externa e não consegue executar movimentos voluntários. É por isso que Kardec afirma ficar o espírito, por assim dizer, em estado cataléptico, de modo que quase nunca tem consciência do seu último suspiro. Porém, esse estado é temporário. Aos poucos, ele recupera a lucidez das ideias e a lembrança do passado.

– E quanto tempo leva para que tudo isso ocorra? – perguntou Armand.

– Varia de algumas poucas horas a meses e anos.

– Mas por que essa variação? – perguntou Giselle.

– A duração do estado de perturbação espiritual depende do próprio espírito desencarnado. Quando ele teve uma vida pautada pelo materialismo, ainda permanece ligado às coisas da Terra, demorando-se mais para despertar. Já aquele que teve uma vida regrada, orientada pelo espiritualismo, desprende-se com mais facilidade dos assuntos mundanos, tendo assim um despertar mais rápido. Devo ainda dizer que, para quem viveu, de fato, segundo a lei divina e assegurou-se do que teria após o desencarne, o acordar para o mundo espiritual se faz com tranquilidade e proporciona uma sensação muito agradável; já para quem viveu na imoralidade ou teve uma vida toda material, o despertar é angustioso e às vezes cheio de terror.

– É difícil para mim, que sempre vivi em meio aos números e cálculos, assimilar o que você está dizendo, Mara. Entretanto, entendi tudo o que nos foi dito – falou Armand.

– Mas... e depois de tudo isso, o que acontece? – indagou Giselle, que pretendia conhecer alguma coisa sobre a teoria da reencarnação.

– Agora é sua vez de falar – disse Mara, esperando a explicação do marido. Sérgio encadeou mentalmente as ideias e deu início à sua explanação:

– Ao despertar do estado de confusão mental, o espírito começa realmente a viver o período que chamamos de erraticidade ou intermissão, isto é, o período entre uma e outra encarnação. Na erraticidade, ele tem a oportunidade de expiar faltas passadas, de adquirir conhecimentos especiais que não conseguiu na Terra e de trabalhar em seu próprio benefício como em favor dos demais. A erraticidade é uma oportunidade abençoada, concedida por Deus, para que o espírito se refaça, se renove, progrida e possa ter uma nova existência mais plena e feliz.

– E quanto tempo ele permanece nessa situação?

– Giselle, esse período pode variar de algumas horas a milhares de anos, porém, sempre haverá um momento em que o espírito terá de reencarnar. A erraticidade nunca é perpétua; apenas os espíritos que já alcançaram o estágio denominado "primeira ordem", ou seja, os espíritos puros, já não reencarnam mais, a menos que o façam como uma atividade missionária, escolhida por eles.

Giselle pensou um pouco e falou, querendo colocar o pensamento em ordem:

– Se entendi bem, querendo ou não, chega um momento em que o espírito tem de retornar ao mundo para mais uma existência.

– Exatamente.

– Mas ele não poderia ficar na dimensão espiritual, aprendendo sempre? Por que a necessidade de reencarnar? Não seria um capricho divino? – perguntou Armand, incomodado.

Sérgio sorriu levemente e retomou a explicação:

– Nós somos espíritos imortais, e a nossa verdadeira pátria é o mundo espiritual. Entretanto, Deus nos criou simples e ignorantes, a fim de que fôssemos nos aperfeiçoando, pouco a pouco, e galgando a escadaria do progresso pelo nosso próprio esforço. E a evolução é processada neste e em outros mundos, até que estejamos purificados, repletos de sabedoria e amor, de tal modo que possamos desfrutar dessa pátria celestial, não em êxtase perpétuo, mas na qualidade de emissários do Criador. Às vezes, dizemos que fomos criados por Deus e estamos retornando para Ele. Nada mais verdadeiro. É através do caminhar por muitas encarnações que conseguimos a perfeição possível à criatura, nos colocando na posição de espíritos puros.

– Parece que assim fica mais claro. Mas por que essa necessidade de tantas encarnações? Neste ponto, continua a minha dúvida.

Sérgio tocou o braço de Armand e perguntou, com um leve sorriso:

– Com quantos anos você pensa que vai desencarnar?

– Mas que pergunta, Sérgio. Como é que vou saber?

– Então, vou lhe fazer outra pergunta: com quantos anos você gostaria de desencarnar, sabendo que isso acontecerá mais cedo ou mais tarde?

Armand também sorriu e respondeu, olhando para Giselle:

– No mínimo com quinhentos anos, para poder viver ao máximo com duas mulheres maravilhosas: Giselle e Amélie.

Giselle corou, e todos riram. Sérgio, aproveitando o momento de descontração, perguntou mais uma vez a Armand:

– Muito bem, que sejam mil anos. Agora, me responda: você conseguiria alcançar a perfeição total possível ao ser humano com essa idade?

– É claro que não, meu amigo.

– Pois é por tal motivo que temos de reencarnar inúmeras vezes. A lei do progresso diz que sempre evoluímos moralmente, mas não diz quanto tempo é necessário para alcançarmos a perfeição. Isso depende de cada um de nós. Uns avançam mais rapidamente, outros demoram-se muito na trilha evolutiva. Mas cada um de nós, valendo-se de suas reencarnações, chegará um dia no nível de espírito puro.

– Você é muito lógico, Sérgio; gosto de gente assim – disse Armand, dando um tapinha no braço do colega de trabalho.

Nesse momento, Mara tomou a palavra:

– Li algum tempo atrás um livro chamado *A reencarnação sem mistérios*, de José Carlos de Camargo Ferraz, se não me engano. Nele, é feita uma comparação da reencarnação humana com as aves do céu. O autor compara o espírito às aves que mergulham no mar para comer pequenos peixes. O ambiente natural dessas aves é a amplidão do espaço, para onde retornam, terminado o mergulho. Cada mergulho, segundo o livro, representa uma encarnação da alma. A ave sempre retorna ao mar à procura de alimento, tal como a alma, que deixa o seu ambiente natural, o mundo espiritual, para descer à Terra na busca de sua evolução moral.

– Bela comparação! – falou Giselle.

– Perdoe-me, Mara – disse Armand, olhando bem para ela –, mas não entendo por que não nos lembramos do que aconteceu em outras existências, se de fato as tivemos, e muitas, como disse Sérgio.

– Dizem os espíritos da Codificação espírita, realizada por Kardec, que o ser humano não pode nem deve saber tudo. Sem um véu a ocultar certas coisas, ficaríamos ofuscados, como quem sai do escuro e passa para a claridade. E concluem que, pelo esquecimento do passado, nos tornamos mais senhores de nós mesmos. O esquecimento do passado, Armand, é necessário para que, ao reencarnarmos, possamos desembaraçadamente dar início a uma nova existência. Haveria gravíssimos inconvenientes se nos lembrássemos de nossa última encarnação. Em alguns casos, ficaríamos humilhados ao saber de atos vergonhosos por nós praticados naquela época. Em outros, pelo contrário, poderíamos orgulhar-nos exageradamente de atos exemplares que tivéssemos realizado. Como desconhecemos o passado, procuramos realizar nossas tarefas a partir do ponto em que nos encontramos.

Armand olhou em silêncio para a esposa e, depois de pensar um pouco, comentou com seriedade:

— Como lhes disse, Sérgio e Mara, sou um homem voltado para a lógica, tendo vivido até hoje alheio aos conhecimentos espirituais. Mas vocês estão a me fazer pensar mais sobre o que quase nunca chamou a minha atenção. Não digo que esteja concordando com vocês, mas faz sentido o que dizem. Isto é, não fere o pensamento racional, a lógica. Apenas se trata de um conhecimento muito distante das minhas preocupações até hoje.

Mara sorriu amigavelmente e respondeu, olhando para Giselle e depois fixando o olhar em Armand:

— Perfeitamente compreensível, Armand. Eu vivi desde a minha infância no seio de uma família espírita, portanto os assuntos a respeito dos quais estamos tratando sempre soaram naturais a meus ouvidos. O mesmo não ocorreu com Sérgio. Conte-lhes como você chegou à Doutrina Espírita, Sérgio.

— Eu venho de família cristã, mas, na minha juventude, quando cursei Administração, passei a adotar a filosofia materialista. Deixei para trás todo resquício de religiosidade, pelo menos assim eu pensava, e passei a viver segundo os princípios do materialismo.

— Conhecendo você hoje — disse Armand, interessado —, não dá para acreditar.

— Pois é, nós mudamos, Armand, felizmente nós mudamos. Adotei, na época de faculdade, a filosofia existencialista de Jean-Paul Sartre, segundo a qual a vida não tem nenhum sentido, não passa de uma gratuidade. Para ele, somos lançados num mundo sem justificativa e temos de escolher, sem nenhum apoio em que nos ancorar, um sentido para a própria vida.

– Eu também estudei Sartre na faculdade – comentou Giselle –, mas não me interessei muito por ele. Talvez pela ausência de Deus em seu pensamento.

– Pois eu me tornei *fã de carteirinha* de Sartre – falou Sérgio com seriedade. – Se o Espiritismo afirma que somos de essência divina, pois fomos criados à imagem e semelhança de Deus, para o existencialismo ateu de Sartre, a existência precede a essência, isto é, o homem primeiramente existe, descobre-se, surge no mundo, e somente depois se define. A existência para o homem é uma contínua construção de si mesmo. Não há o apoio divino nessa caminhada, porque, dizem os existencialistas ateus, Deus não existe. Confesso que às vezes ficava muito confuso, pois não tinha a quem apelar diante de meus problemas. Mas a minha vida mudou definitivamente quando adoeci. Tive hepatite C. O quadro foi tão desanimador, que precisei ficar no leito algum tempo sob resguardo médico. Como eu namorava Mara, ela, que já tentara me levar ao centro espírita que frequentava, voltou a tratar desse assunto. Dizia que seria importante, além do tratamento médico, que eu fosse tomar passe. Se não ri diante dessa sugestão foi porque a doença havia tirado o meu bom humor. Mas é claro que resisti.

– Ele era um grande teimoso, como eu dizia na época – acrescentou Mara.

– E era mesmo. Entretanto, eu, que sempre fora tão ativo, vendo-me no leito a maior parte do tempo, acabei cedendo e, numa noite, lá fomos, Mara e eu, ao centro espírita. Sentado num salão silencioso, em que músicas suaves jorravam dos alto-falantes, escutei a preleção de um senhor já bem idoso. Ele falava sobre a origem espiritual da maioria das doenças, senão de todas.

– Que interessante – falou Giselle, olhando para o marido. – Por favor, continue.

– Ele disse mais ou menos o seguinte: a doença tem origem no desequilíbrio da alma. Se seguíssemos a lei natural, a lei divina em todas as nossas encarnações, não ficaríamos jamais doentes. Entretanto, esquecemo-nos de amar, que é o maior mandamento, e no desamor nos desequilibramos. Esse desequilíbrio, essa desarmonia, reflete-se nas nossas emoções, que se tornam negativas, destrutivas, gerando vibrações deletérias, nocivas. Tais vibrações, por sua vez, repercutem no físico, prejudicando as células saudáveis do nosso corpo e, com isso, promovem variados tipos de doença física.

Armand pensou um pouco e perguntou, antes que Sérgio prosseguisse:

– Quer dizer que para o Espiritismo todas as doenças têm origem em existências passadas?

– Não foi isso que disse o expositor, nem é o que pensa o Espiritismo. As doenças chamadas "cármicas" têm sempre origem em encarnações pretéritas, mas há doenças outras cuja origem está em nossa existência presente. São devidas à nossa invigilância, que cria o fundamento orgânico ou psíquico para que ocorram.

– Entendi.

– "É preciso que tomemos cuidado com os nossos pensamentos e as nossas emoções", continuou o expositor, "pois é das suas vibrações que ocorre todo o desdobramento que leva à doença física ou emocional. Alimentar pensamentos indignos e expressar emoções menos nobres é criar as condições para que, mais cedo ou mais tarde, a doença se manifeste. As nossas doenças originam-se em algum hábito vicioso proveniente do egoísmo, que é o pior dos defeitos. Foi por tal motivo que nos disse Jesus: 'Orai e vigiai'. A alma que ora e se torna vigilante não pode ser foco de nenhuma desarmonia, de nenhuma doença". Escutei com atenção essas palavras e fiquei tão interessado que, ao final da preleção, quis conversar pessoalmente com o expositor. Ele me forneceu outras explicações e me aconselhou que, toda semana, fosse tomar passe, o que passei a fazer. Bem, depois de alguns meses, senti-me bem melhor e, após um ano, já estava totalmente curado. Quando digo "curado", não é só fisicamente; também minha mente mudou. Tornei-me espírita, e hoje agradeço a esta moça maravilhosa que me levou ao centro espírita naquela noite, e ao expositor, que começou a mudar minha cabeça.

Assim dizendo, Sérgio tocou o braço de Mara, que sorriu e disse para Armand:

– Como você acaba de ver, quando mudamos nossos pensamentos, nossas emoções, sentimentos, palavras e atos, também nossa vida se transforma para melhor.

Sérgio ainda quis completar:

– Pus de lado o pensamento de Sartre sem, no entanto, deixar de dar-lhe mérito quando afirma que somos livres e devemos construir nossa própria existência. Isso é verdade, mas não dentro de um pensamento de fundo ateísta e materialista. O Espiritismo afirma que temos livre-arbítrio e somos responsáveis pelo uso que dele fazemos, mas dentro de uma visão espiritualista de vida. Bem, disse tudo isso para mostrar-lhe, Armand, que também relutei em aceitar a doutrina que hoje orienta os meus passos. Há um tempo certo para tudo. Agora, creio que devemos falar do assunto que vem preocupando vocês. Estarei sempre aberto para novos colóquios.

– Obrigado, Sérgio e Mara – disse Giselle. – Com certeza, conversaremos mais sobre esse assunto, que começou a fascinar-me. Quanto ao problema que nos vem perturbando, diz respeito a esses momentos em que Amélie afirma ter conhecido Kardec. Ela fez o mesmo com referência a santo Agostinho. Ainda conservo alguns livros do meu tempo de estudante, entre eles, *Confissões*, de Agostinho de Hipona. O mesmo que fez em relação a Kardec, repetiu Amélie diante de uma figura de Agostinho. Ela olhou para o livro e depois para mim, dizendo: "Esse é o bispo Agostinho?". Estranhei a pergunta, mas respondi: "Sim, por quê?". Fitando-me com seriedade, ela respondeu: "Ele não era assim feio. Era muito sério, mas não feio". Fiquei sem saber o que lhe dizer. Tenho medo de que ela esteja mostrando uma falha de caráter, isto é, que esteja se tornando mentirosa. Afinal, como é que ela poderia ter conhecido Kardec, que viveu no século XIX, e santo Agostinho, que viveu entre os anos trezentos e quatrocentos? No entanto, há algo que ainda me intriga mais: eu não lhe havia dito nada sobre o autor de *Confissões*; como é que ela sabia que se tratava de um bispo?

– Este é um grande enigma, Sérgio – completou Armand. – Giselle pensou em levar nossa filha a um psicólogo. No entanto, antes de tomar essa decisão, quis que conversássemos com vocês. Enfim, o que acham de tudo isto?

Mara olhou para Sérgio e fez sinal com a cabeça para que ele respondesse. Fitando o casal, que esperava alguma explicação, ele iniciou logo seu esclarecimento:

– Li muito sobre reencarnação, meus amigos, de modo que vou apresentar-lhes um exemplo de pessoa que se recordou de existência passada e não apresentava nenhum problema psicológico. Esse episódio é narrado por um autor do século XIX, Lionel Oliphant, e foi recontado por José Carlos de Camargo Ferraz, no livro citado há pouco por Mara. Diz respeito à história de um menino sírio de cinco anos, Djebel el Alla. Ele reclamava por seus pais serem pobres. Isto porque, segundo ele, tinha sido um homem muito rico na cidade de Damasco. Após sua morte, renasceu em outra localidade, tendo porém vivido apenas seis meses, tornando a encarnar em sua vida atual. Pediu para ser levado a Damasco e, mesmo durante a viagem, causou espanto em seus pais pelo conhecimento a respeito dos locais por onde passavam. Já na cidade, conduziu os pais até uma casa que afirmava ter sido sua. Bateu à porta e chamou em voz alta pelo nome de uma mulher. No interior da casa, disse à mulher que fora seu marido, não deixando de perguntar pelas crianças, por parentes e amigos que deixara. Os drusos, seguidores da religião maometana, logo buscaram verificar a exatidão do que dizia o garoto. Para tanto, Djebel fez um relato da sua existência em Damasco, abrangendo os nomes de amigos, a propriedade que fora sua e as dívidas que havia deixado. Todo o relato foi confirmado, com exceção de uma pequena dívida que lhe era devida por um tecelão. Esse homem foi procurado e, diante da criança, argumentou que não pudera pagar por causa da sua pobreza.

Sérgio fez uma pausa e, diante do olhar interessado dos anfitriões, prosseguiu:

— Comprovada a veracidade do seu relato, Djebel perguntou àquela que fora sua esposa se encontrara uma quantidade em dinheiro que ele havia ocultado no porão. Como a resposta fosse negativa, ele foi até o porão, pegou o dinheiro e o contou diante de todos, chegando à quantia exata que mencionara. Sua ex-esposa e os filhos deram-lhe parte desse montante, e ele retornou para casa, junto de seus pais.

— Impressionante — falou Giselle.

— Há muitos casos como esse, Giselle. Indicarei livros para vocês, se estiverem interessados — respondeu Sérgio.

— Embora me pareça mirabolante, quero sim ler pelo menos um desses livros — disse Armand, tamborilando os dedos no sofá.

— Acho que é importante conhecermos melhor o assunto — completou Giselle.

— Aqui entre nós, por exemplo — continuou Sérgio —, há um livro do pesquisador Hernani Guimarães Andrade, intitulado Reencarnação no Brasil, em que ele apresenta e discute oito casos que sugerem renascimento.

— E o que diz especificamente a Doutrina Espírita, Sérgio? — perguntou Giselle.

– O Espiritismo afirma que não somos o corpo físico que apresentamos em nosso dia a dia. Somos espíritos imortais, revestidos de um corpo material. Quando advém a morte, o que ocorre é a desagregação da matéria. O espírito, porém, continua vivo, revestido de um corpo semimaterial, chamado perispírito. Quando encarnado, o espírito tem duas vestimentas: o corpo físico e o perispírito, que é o elo entre um e outro. Quando desencarnado, ele continua revestido pelo perispírito, que não se desagrega. Uma de suas características é poder ligar-se novamente à matéria, formando um novo corpo físico, para viver outra existência terrena.

– Mas por que viver outra existência na Terra? – indagou Armand.

– Como já lhes disse – respondeu Sérgio –, fomos criados simples e ignorantes, mas temos o gérmen da perfeição. De acordo com a lei do progresso, estamos sempre progredindo. Cada um de nós progride de modo incessante, não havendo regressão moral. Podemos estacionar durante certo tempo num grau evolutivo que tenhamos alcançado, mas não podemos voltar a estágios primitivos. Temos a perfeição latente em nossa alma, como uma semente que vai, aos poucos, transformando-se em árvore gigantesca. No entanto, uma encarnação apenas não basta para que alcancemos a perfeição possível ao homem. Daí a necessidade de muitas e muitas encarnações.

– É verdade – concordou Giselle –, você já nos falou isso claramente.

– Pois bem – continuou Sérgio –, Amélie não é exceção. Ela é um espírito que já reencarnou muitas vezes. Como acontece com todos nós, ela não se lembra de cada reencarnação que já teve. Todavia, no caso dela, há a lembrança de algumas facetas de duas ou três reencarnações. Logo, é perfeitamente possível que ela tenha conhecido Agostinho de Hipona, que viveu entre os séculos III e IV da nossa era. E também Allan Kardec, que viveu no século XIX.

– Mas como poderemos ter certeza de que aquilo que ela fala é verdade, e não uma mentira infantil? – perguntou Armand, com certa ansiedade.

– Procurem investigar mais. Façam-lhe perguntas, mostrem-lhe figuras, tanto de Agostinho como de Kardec. Anotem o que ela diz ao vê-las. Se ela estiver se referindo a aspectos e situações particulares da vida deles, sem ter podido ouvir nem ler a respeito em nenhum lugar, sem dúvida estará dizendo a verdade. Verifiquem também se ela está se conduzindo de acordo com sua idade; prestem muita atenção em seu comportamento habitual, a fim de averiguar se há algum desvio de conduta. Se isso não estiver acontecendo, não há por que temer. Caso contrário, aí sim, é necessário levá-la a um psicólogo. Mas, ainda que isto esteja ocorrendo, não é preciso alarmar-se, pois, com a terapia, tudo poderá voltar ao normal.

Armand ficou reflexivo por alguns segundos, depois falou, olhando bem para Sérgio:

– Sinceramente, ainda não estou convencido a respeito da teoria da reencarnação, mas farei exatamente o que você está nos aconselhando. Dentro de uns quinze dias, acho que poderemos conversar novamente. O que você acha? E quanto a você, Mara?

Mara respondeu prontamente:

– Falo pelos dois. Estamos juntos nesta investigação. Podem contar conosco. Quando necessitarem da nossa ajuda, entrem em contato, não importa que hora seja. E, fora isto, podemos deixar marcada uma nova reunião daqui a quinze dias. Mas... em casa – e riu, olhando para Giselle e Armand. – Afinal, fomos tão bem tratados, que nada melhor do que retribuir.

– Combinado – respondeu Giselle, acrescentando: – Vamos tirar toda e qualquer dúvida. Veremos se Amélie conheceu ou não Agostinho de Hipona e Allan Kardec.

– Conheci, sim. Conheci os dois.

Todos olharam para o corredor. Descalça, Amélie surgiu a correr para os braços da mãe.

– Você estava no corredor, Amélie?

– Não. Acordei, escutei vozes e vim até aqui. Mas que conheci os dois homens, isso é verdade mesmo. Pensam que só vocês podem conhecer?

Mara riu alto e levantou-se para beijar o rosto da menina, que demonstrava sinais de sono.

– Acredito em você, Amélie. Acredito mesmo.

Estava encerrada a visita. Sérgio e Mara despediram-se e voltaram para casa, conversando animadamente sobre tudo o que ocorrera naquela noite.

CAPÍTULO 15

As conversas de Amélie

A partir do dia seguinte, Giselle começou a prestar ainda mais atenção na filha. Tanto ela quanto Armand chegaram à conclusão de que Amélie tinha uma vida normal, como todas as outras crianças. Era alegre, ativa, inteligente e muito dócil. A única diferença eram as lembranças que ela dizia ter de outras existências. E não se passaram muitos dias para acontecer outro fato intrigante. Giselle conversava com Armand diante da televisão quando, em um filme, apareceu um personagem de meia-idade com bigode e costeletas. Em uma das falas, esse personagem pede que alguém seja perdoado de algo que havia feito no passado. Amélie, que brincava com uma boneca, ao olhar para a tela, virou-se para os pais e disse com seriedade:

– Como se parece com o professor.

– Seu professor? – perguntou Giselle.

– Não, mãe. O professor Rivail. Ele era mais ou menos assim, e falou certa vez para meu pai perdoar uma pessoa que dissera uma mentira sobre ele.

Giselle ficou emudecida. Armand, apenas para falar alguma coisa, perguntou:

– Ele morava perto da sua casa?

– Não muito. Ele morava na rue des Martyrs. Foi ali que escreveu o livro que você ganhou de presente. Vocês não sabiam?

Tudo foi anotado por Armand, que esperava o dia da visita a Mara e Sérgio. Mas outro fato ainda marcaria essa fase de pasmo e assombro diante das recordações de Amélie.

Certa noite, ao colocar a filha na cama, Giselle ia beijar-lhe a face, quando a menina disse numa linguagem adulta:

— Mãe, o bispo era um homem sério, que impunha respeito, mas quem pôde conhecê-lo pessoalmente, mesmo com rapidez, logo notava a bondade no seu coração.

— De quem está falando, Amélie?

— Do bispo Agostinho. Quem ouvia suas palavras queria escutar mais, pois ele tinha muito conhecimento. Era muito estudado, sabe? Muito estudado.

Giselle demorou para dormir naquela noite. Conversou muito com Armand, que lhe perguntou em dado momento:

— Você estudou Agostinho de Hipona em seu curso de Letras, não é verdade?

— Sim, estudei.

— E o que Amélie disse é verdade?

— Ele era muito culto, portanto, estudava muito. Isso é verdade. Quanto ao fato de impor respeito, é também verdadeiro. Não sei nada de mais íntimo sobre ele, mas Amélie falou com muita convicção a respeito da bondade de santo Agostinho. E o interessante é que ela fala a seu respeito usando a expressão "o bispo", como se ele ainda estivesse entre nós.

— Estou muito confuso, Giselle. Sérgio e Mara são pessoas sensatas e também cultas. No entanto, falam com naturalidade de algo tão difícil de assimilar, como a teoria da reencarnação.

— Eles se ofereceram para nos passar os títulos de alguns livros sobre esse tema. Nós é que não nos interessamos.

— Pois amanhã, no trabalho, eu vou pedir ao Sérgio. Comprarei dois desses livros. Eu lerei um e você outro, depois trocamos, para completar a leitura. O que você acha?

— Ótimo. Converse com ele. Estamos precisando fazer um estudo a esse respeito.

Na manhã seguinte, Armand abordou Sérgio e fez-lhe o pedido. Tomando de uma folha de sulfite, o colega anotou dois livros, que Armand ficou de comprar ainda naquela tarde, quando teria de fazer um trabalho externo.

Ao chegar em casa, à noite, mostrou os dois livros à esposa. Cada um ficou com um deles e iniciou a leitura naquela mesma noite.

Passados dois dias, Giselle teve uma ideia. Tirou cópia de uma ilustração de Boécio, filósofo e teólogo romano que vivera entre os séculos V e VI, e outra de Ambrósio de Milão, bispo dessa cidade, que viveu no século IV e influenciou Agostinho de Hipona. Fingindo naturalidade, chamou Amélie e lhe disse:

– Olhe o que encontrei, filhinha. Uma figura do bispo Agostinho.

Na verdade, ardilosamente, mostrara a ilustração de Boécio. Amélie olhou para a imagem e disse com segurança:

– Este não é o bispo Agostinho, mãe.

– Não?

– Claro que não. Este eu não conheço.

Nesse momento, Giselle tomou da outra figura, que representava santo Ambrósio, e apresentou-a a Amélie:

– Mas este é santo Agostinho, não é verdade?

Novamente, Amélie olhou bem para a figura e respondeu, rindo:

– Mãe, onde está com a cabeça? O bispo gostava muito de um padre que foi bispo antes dele. Seu nome era Ambrósio. Esta figura não é dele?

Por fim, Giselle mostrou uma ilustração de santo Agostinho e esperou a reação da filha. Amélie respondeu convicta:

– Ele não era bem assim. Mas esta é uma das maneiras como é representado. Vou dizer, então, que este é o bispo. Mas seu olhar impunha mais respeito.

Tudo foi relatado a Armand, que repassou as informações para uma folha de sulfite.

Os dias seguintes passaram-se sem novidades, até que, na véspera da visita a Sérgio e Mara, Amélie aproximou-se da mãe, que lia um compêndio de francês, e mostrou uma figura que ganhara de uma amiga na escola. Representava o rosto de Jesus. Olhando firme para Giselle, ela comentou:

– Mãe, eu conheço este olhar. Esta figura é muito pobre perto do verdadeiro olhar do Profeta, mas o olhar do bispo também fazia com que baixássemos a cabeça.

Tomada de surpresa, Giselle olhou melhor para a imagem e falou, atropelando as palavras:

– Espere um pouco, Amélie. O que está dizendo? Você conhece o olhar de Jesus? Como assim?

– Um dia, faz muito tempo, ele me olhou nos olhos, e eu quase desfaleci. Passei muitos dias vibrando como se caminhasse pelas nuvens.

– O quê?

– Mas o olhar dele era mais penetrante que o desta figura. Este aqui se parece mais com o olhar do bispo.

– Quer dizer que você viu Jesus?

– Eu quero dizer que me encontrei com ele, faz muito tempo. Não dá pra esquecer, né, mãe?

Giselle quis continuar o diálogo, mas Amélie, que tivera uma postura bastante adulta até ali, pegou sua boneca, sorriu levemente para a mãe e foi correndo brincar no quarto.

Aquilo era demais para a cabeça de Giselle, que tudo relatou, com espanto, para o marido, assim que ele chegou do trabalho.

Enfim, de posse das anotações, na noite seguinte, Armand e a esposa deixaram Amélie com os vizinhos, que tinham uma filha da mesma idade da garotinha. Elas estavam matriculadas na mesma escolinha e haviam se tornado amigas. Depois de beijos e recomendações, o casal seguiu para o apartamento de Mara e Sérgio. Muito teriam a conversar naquela visita e preferiam que não houvesse a interferência da filha.

⁂

O ambiente físico do apartamento de Mara e Sérgio era muito simples, porém decorado com extremo bom gosto. Reinava no ar muita tranquilidade.

Giselle e Armand foram recebidos informalmente, com muita cordialidade e alegria. Explicaram que haviam deixado a filha com os vizinhos, a fim de poderem conversar mais à vontade. Falaram a princípio sobre assuntos variados, até que Mara convidou todos para se achegarem à mesa, tendo início o jantar.

– Nós não tomamos bebida alcoólica – disse Sérgio –, mas, como sei que vocês gostam de vinho, comprei um Cave de Ribeauvillé. Dizem que vinho branco é melhor para acompanhar peixe. Aliás, a Mara colocou-se no papel de *chef* e escolheu uma comida tipicamente brasileira, para que vocês conheçam melhor nossa culinária. Mara, você pode anunciar?

– Claro! Preparei para vocês moqueca capixaba. Espero que gostem.

Giselle olhou para a travessa e comentou:

– Que visual lindo! O gosto, então, deve ser divino. Quais são os ingredientes, Mara?

– A base de tudo é o peixe. Escolhi robalo. Outros ingredientes são azeite, coentro, tomate, cebola, suco de limão, pimenta-malagueta e semente de urucum. No molho coloquei suco de limão, vinagre, cebola fatiada, coentro e cebolinha. Já o pirão é feito com postas de robalo, farinha de mandioca e novamente coentro.

– Deve ser muito difícil de preparar, Mara. Além do prato principal, estou vendo arroz branco, salada e farofa, não é isso? Você poderia ter feito algo mais simples.

– Que nada! Estou acostumada a cozinhar. Faço os pratos com amor. Se quiser, posso ensiná-la a preparar uma deliciosa moqueca. A minha não sei se está boa, mas a receita é ótima.

– Claro que este prato deve estar delicioso.

Sérgio riu e disse em tom de brincadeira:

– Então, pessoal, mãos à obra!

O jantar transcorreu muito alegre, recheado com histórias e risos. Depois do cafezinho, todos acomodaram-se no sofá e em cadeiras. Depois de um breve silêncio, Sérgio perguntou ao amigo:

– E então, Armand, quais são as novidades sobre a nossa pequena Amélie? Que pena ela não ter vindo. É tão meiga, tão cativante...

– E tão desconcertante – completou Armand, com certo desânimo.

– Então vamos lá. O que aconteceu nestes quinze dias?

Armand entregou as anotações a Giselle e pediu que ela narrasse os acontecimentos. Olhando para os amigos e para a folha de papel, Giselle fez todo o relato. Ao terminar, seu olhar vagou de Mara para Sérgio, esperando alguma explicação. Sérgio fez um sinal para que Mara dissesse alguma coisa. Esta, com voz suave, falou inicialmente:

– Muito bem. Vamos por partes. Analisemos primeiro o dia em que Amélie viu um personagem de cinema na televisão e o achou parecido com

Allan Kardec. Ele se assemelhava mesmo com o codificador?

– Codificador?

– Desculpe-me, Giselle. Nós, espíritas, costumamos chamar Kardec de Codificador, porque foi ele quem codificou a doutrina, organizando de modo metódico seu conteúdo.

– Desculpe-me a ignorância.

– Não se desculpe de nada. Apenas me diga se o personagem se assemelhava a Kardec.

– Era mesmo muito parecido. Mas, até aqui, tudo bem, pois ela já havia visto imagens de Kardec. O que realmente me intrigou foi ela ter dito em seguida que certa vez o professor Rivail aconselhou seu pai a perdoar uma pessoa que dissera uma mentira sobre ele.

– Ela disse "professor Rivail"?

– Essa foi a expressão que ela usou.

– Pois Kardec era chamado desse modo. Alguma vez você ou Armand usaram esse nome para se referir a Kardec?

– Não – respondeu Armand. – Eu nem sabia que ele era chamado assim.

– Eu também não – completou Giselle. – Ficamos um tanto desorientados. Armand perguntou se Amélie morava perto da casa de Kardec, e ela respondeu que não muito; que ele morava na rue des Martyrs. E ainda acrescentou que foi ali, naquela mesma rua, que Kardec escreveu o livro que Armand ganhou do Sérgio. Como se fosse muito natural, ainda indagou: "Vocês não sabiam?".

Mara sorriu levemente e olhou para Sérgio, perguntando:

– O que você acha? Parece-me que Amélie disse a verdade.

– A minha conclusão é a mesma. Parece que ela fala com muita naturalidade. É assim mesmo, Giselle? Ou ela pensa algum tempo antes de falar?

– Ela fala com naturalidade e sem pensar antes. A fala flui com muita espontaneidade.

– Você, que conhece Paris, diga-me: onde fica a rue des Martyrs?

– Essa rua fica entre a rue Notre-Dame-de-Lorette e a rue La Vieuville. É bem conhecida em Paris.

– Devo dizer-lhe que Kardec realmente morou aí. Se não me engano, o número do prédio é oito. E Amélie também falou a verdade ao dizer que foi nesse local que Kardec escreveu *O Livro dos Espíritos*. Mas me digam uma coisa: de algum modo, ela poderia ter tido acesso a tais informações?

– Não – respondeu Armand. – Você concorda, Giselle?

– Sem dúvida. Nem nós sabíamos disso.

Sérgio ajeitou-se na cadeira e sugeriu:

– Creio que vocês devam explorar mais esse suposto conhecimento de Amélie, buscando tirar mais dados. Podemos ajudá-los com algumas perguntas. Depois analisaremos em conjunto as respostas.

– Ótimo. E que pergunta vocês sugerem? – perguntou Armand.

Feitas as sugestões, anotadas por Armand, Mara retomou o diálogo:

– Passemos, então, à segunda parte: a noite em que, ao ser colocada na cama, Amélie falou sobre santo Agostinho. Mas antes queria dizer mais uma coisa que me havia fugido do pensamento. Ao dizer que Kardec aconselhou o perdão, nada mais justo às suas características. Tenho certeza de que este seria mesmo o conselho que ele daria.

– Estou plenamente de acordo – acrescentou Sérgio. – É o que ele faria.

– E com relação ao que ele falou sobre santo Agostinho? – voltou a perguntar Mara.

Giselle pensou um pouco e respondeu:

– Bem, eu acabava de colocar Amélie na cama quando, inesperadamente, ela falou que "o bispo" era um homem sério, que impunha respeito, mas que quem pôde conhecê-lo pessoalmente, ainda que fosse com rapidez, logo notaria a bondade em seu coração. Quando perguntei a respeito de quem ela falava, veio a resposta: "Do bispo Agostinho". E disse mais: "Quem ouvia suas palavras queria escutar mais, porque ele possuía muito conhecimento". E terminou dizendo que ele era muito estudado. Isso me deixou bastante confusa.

– Acredito – disse Mara –, pois a linguagem que ela usa nesses momentos não é infantil, mas adulta.

– Isso mesmo – confirmou Sérgio. – E o que ela disse corresponde à verdade, não é, Mara?

– Tudo o que conheço sobre Agostinho de Hipona parece confirmar as palavras de Amélie. O que se passa com ela pode ser intrigante, mas é também perfeitamente possível. Falando um pouco mais sobre reencarnação, devo relembrar-lhes que, ao reencarnarmos, nos esquecemos de nossas existências passadas. E isso tem uma explicação muito racional. O esquecimento das reencarnações pretéritas dá condições ao espírito de iniciar uma nova existência sem os fracassos e desapontamentos do passado, que poderiam dificultar seu pleno desenvolvimento atual, pela inquietação e desarmonia de sua consciência. De acordo com a Doutrina Espírita, o ser humano não pode nem deve saber tudo. Se não houvesse um véu a ocultar certas passagens, ficaríamos ofuscados, à semelhança de quem passa da escuridão à luz. Pelo esquecimento do passado, o ser humano torna-se mais senhor de si.

– Lembro-me de que você já nos disse isso. Parece razoável – aparteou Giselle.

Mara continuou:

– O que eu disse é particularmente verdade quando se trata de alguém que teve tristes e dolorosas passagens no passado. Desse modo, o esquecimento das existências anteriores torna-se um suavizante que lhe mostra tanto a sabedoria quanto a bondade de Deus. Retirar da memória os males que cometemos nos deixa mais livres para prosseguir nossa jornada de autorrealização e progresso.

– Tudo bem – ponderou Armand –, mas, se todos se esquecem das encarnações anteriores, por que Amélie se lembra tão bem de algumas partes de seu passado?

– Boa pergunta – disse Sérgio, que olhou para Giselle e perguntou se podia responder.

– Claro. Dê a sua explicação.

Sérgio compôs mentalmente as palavras e prosseguiu:

– Há momentos, Armand, em que lembranças do passado podem aflorar à mente de uma pessoa, em particular quando se trata de crianças.

– E por que isso?

– Na infância, a alma está ainda muito ligada ao que ocorreu no passado, de modo que é mais fácil que partes de existências anteriores sejam lembradas. Porém, à medida que a criança cresce e começa a entrar na puberdade, a realidade presente se torna mais forte, de modo que esses lampejos de memória vão desaparecendo e, em geral, não ocorrem mais.

– Entendi – falou Armand. – Mas por que esses lampejos acontecem na infância e cessam depois?

– O processo reencarnatório não termina no nascimento. Ele prossegue mais ou menos até os sete anos. Assim, a criança, nesse período, está ainda ligada ao passado. Porém, quando o processo reencarnatório se consolida, é a vida presente que se torna mais forte. Desse modo, sua atenção volta-se mais para os acontecimentos da existência atual.

– O que Sérgio explicou está de acordo com o ensinamento dos espíritos – acrescentou Mara. – Se Amélie ainda tem recordações de existências passadas é porque seu processo reencarnatório prossegue, isto é, ainda não se consolidou. O que está ocorrendo, Armand, guarda as características de lembrança de existências passadas.

– Gostaria de contar outra ocorrência – falou Giselle, com certa ansiedade.

– Por favor, fale – pediu Mara, interessada.

– Com o passar dos dias, tive uma ideia: checar se Amélie dizia ou não a verdade. Sei que as imagens que temos de Agostinho não correspondem à figura do pensador, mas, se eu mostrasse a figura de outra pessoa e ela dissesse ser Agostinho, provavelmente estaria mentindo. A ideia não foi genial, eu sei, mas foi o que me ocorreu no momento. Separei, então, duas ilustrações: uma do filósofo e teólogo romano Boécio, que não foi contemporâneo de Agostinho; outra de Ambrósio, que foi bispo de Milão e influenciou Agostinho. Mostrei primeiramente a Amélie a figura de Boécio, dizendo que era Agostinho de Hipona. Ela respondeu com convicção: "Este não é o bispo Agostinho, mãe". E disse mais: "Este eu não conheço". Mostrei-lhe, em seguida, a ilustração de Ambrósio, afirmando ser Agostinho. Ela riu e me falou: "Mãe, onde está com a cabeça? O bispo gostava muito de um padre que foi bispo antes dele. Seu nome era Ambrósio. Esta figura não é dele?". Fiquei chocada.

– Acredito – respondeu Sérgio. – Não é sempre que isso acontece.

– Pois é. Parti, então, para a terceira parte do plano. Mostrei a ilustração de Agostinho de Hipona e aguardei a reação de Amélie. Sabem o que ela disse? "Ele não era bem assim. Mas esta é uma das maneiras como é representado. Vou dizer, então, que este é o bispo". E completou: "Mas seu olhar impunha mais respeito". Fiquei paralisada, sem nenhuma reação. Até agora fico arrepiada quando penso no caso.

– Não é para menos – considerou Mara. – É verdade que ela poderia ter lido seu pensamento em um processo de telepatia, mas, quando disse que aquela era uma das ilustrações de Agostinho e, principalmente, quando afirmou que seu olhar impunha mais respeito, todas essas informações levam a crer que se trata mesmo de um caso de lembrança de encarnação passada.

– Penso do mesmo modo – concordou Sérgio. – Como já conversamos, há muitos casos registrados dessas lembranças, até com personagens famosos da História. É o caso, por exemplo, do pensador Pitágoras, que teria sido Etálides e Hermótimo de Clazômenas em encarnações passadas. Juliano, o Apóstata, imperador romano, dizia ter sido Alexandre Magno. Mais próximo a nós, o astrônomo Camille Flammarion acreditava ser reencarnação de Alonso de Ercilla, poeta espanhol que viveu no século XVI. Lemos no Novo Testamento que João Batista era considerado como reencarnação do profeta Elias. E como esses há inúmeros casos. Diz-se também que Kardec era reencarnação de um sacerdote druida, que muito depois reencarnou como Jan Huss, sacerdote tcheco, mártir e precursor da Reforma Protestante. Não podemos gratuitamente negar a doutrina da palingênese, ou reencarnação. É necessário que estudemos muito antes de sair por aí fazendo comentários sem fundamento.

– Quanto a isso, concordo plenamente – disse Armand. – A propósito, estamos lendo os livros que você nos indicou, Sérgio. Após lermos ambas as obras, teremos mais argumentos para um bom diálogo.

A conversa continuou por mais alguns minutos, até o casal anunciar que iria se retirar. Antes de saírem, Mara aconselhou:

– Continuem anotando tudo o que ocorrer com Amélie. Gostaríamos de ter outros dados, antes de fazer um julgamento mais preciso.

Ficou acertado que três semanas depois o encontro seria no apartamento de Giselle e Armand. Antes de a porta do elevador se fechar, Mara ainda teve tempo de dizer:

– Digam à gracinha da Amélie que lhe enviamos um beijão do tamanho do mundo. Vocês são abençoados por terem uma filha como ela.

Começava um novo período de observação.

CAPÍTULO 16

O veredicto

Armand e Giselle voltaram para casa um pouco mais seguros. Entretanto, ainda havia muito a observar para se ter uma noção exata do que ocorria com a filha. Nas próximas semanas, seriam muito necessárias perspicácia e prudência.

Passou-se, no entanto, uma semana sem que nada de incomum acontecesse aos olhos do casal. Somente quinze dias depois, numa tarde, quando Giselle chegava cansada do curso de francês, foi que Amélie se aproximou, dizendo sem nenhum preâmbulo:

— Mãe, eu não sou maluquinha não. E muito menos mentirosa.

— O que é isso, Amélie! Eu não lhe disse nada disso. De onde tirou essa ideia?

— Foi vovó Collette que me contou. Ela disse para eu desculpar a senhora, porque a senhora não entende "dessas coisas".

— O quê? Só essa me faltava. Vovó Collette já morreu, você sabe muito bem.

— Claro que sei.

— Então, por que inventou essa história?

— Eu não inventei. Ela me falou mesmo.

— Espere um pouco. Está me dizendo que vovó Collette *apareceu* para você?

— Não é que apareceu. Ela sempre aparece.

— Aparece e conversa com você?

– Isso mesmo.

– Tudo bem. Vou pensar nesse caso.

Na verdade, Giselle não sabia como dar continuidade ao diálogo, afinal, sempre pensara que pessoas, ao afirmarem ter visões, podiam ser consideradas mentirosas ou loucas.

A mãe de Giselle desencarnara antes do nascimento de Amélie, de modo que ela nunca tivera oportunidade de conhecer a avó. Porém, Amélie nunca se mostrara mentirosa e não fazia sentido considerá-la alguém com perturbações psíquicas.

Nesse momento, lembrou-se de Abeline, uma jovem que morava próximo de sua casa, em Alençon, na França. Ela sempre se mostrara uma moça equilibrada, até o dia em que dissera estar vendo seu tio Pierre, já falecido. Quando fora posta na berlinda, diante da família, havia confessado que não apenas via o tio, como também conversava com ele. Fora demais para os familiares. Levaram-na, contra a vontade, a um psiquiatra que se confessava materialista e ateísta. Depois de duas consultas, fora diagnosticada como esquizofrênica, sofrendo de alucinações auditivas e visuais.

Inconformada, a família a levara a Paris para uma consulta no famoso hospital Pitié-Salpêtrière. Logo depois, mudaram-se todos para a capital francesa, e Giselle, mesmo sem ter certeza da veracidade da notícia, soubera que Abeline fora internada, tendo-se confirmado o diagnóstico de esquizofrenia. Isso tinha causado comoção na pequena comunidade onde morava Giselle, afinal, Abeline sempre fora uma jovem de bom senso, sendo bem-vista por todos os vizinhos. No entanto, aquilo era coisa do passado. Mas será que agora estaria acontecendo o mesmo dentro de sua casa? E com sua filha? Perdida em meio às reflexões e sem saber como agir, Giselle dialogou com Armand, e decidiram que ele teria uma conversa com Sérgio no dia seguinte.

Após o expediente, Sérgio e Armand foram a uma lanchonete próxima da empresa em que trabalhavam, a fim de que alguma orientação fosse dada ao pai de Amélie. Depois de pedirem dois sanduíches e sucos, Armand contou o que estava acontecendo com a filha. Quase desesperado, ao final do relato, implorou a ajuda do colega de trabalho. Sérgio pensou um pouco e deu uma sugestão:

– Armand, se você concordar, iremos, juntamente com Giselle e Amélie, ao centro espírita que Mara e eu frequentamos. A fundadora do local, dona Estela, é também médium vidente e audiente. Creio que, após um bom diálogo com ela, teremos o verecdito final.

– Não brinque, Sérgio. Você quer que, em vez de procurar um psicólogo ou um psiquiatra, nós nos dirijamos a um centro espírita? Por acaso dona Estela é psicóloga ou médica?

– Não, ela é médium, Armand. E, na sua especialidade mediúnica, ela também vê e fala com espíritos.

– Não é possível. Você está de brincadeira comigo.

– Você pediu a minha ajuda. É a que eu posso lhe oferecer.

Armand pensou um pouco e depois, já mais tranquilo, disse, desculpando-se:

– Perdão, meu amigo. Sei que você só está querendo ajudar. Eu é que nunca pensei numa coisa dessas. Você sabe como sou: vivo o tempo todo no mundo da razão, de modo que falar em algo sobrenatural me deixa em desconforto.

– Não falei nada de sobrenatural, Armand. Falei de mediunidade.

– Mas mediunidade não é algo que tem a ver com o sobrenatural?

– De modo algum. O sobrenatural seria algo acima da natureza ou contrário a ela, não é mesmo? Pois, segundo a Doutrina Espírita, não existe o sobrenatural. De acordo com Kardec, a explicação dos fatos que o Espiritismo admite, de suas causas e consequências morais, forma toda uma ciência e toda uma filosofia. Não se trata, pois, do estudo fundado no sobrenatural. O que pode parecer hoje sobrenatural será explicado cientificamente amanhã.

– Entendo. Mas ouvir espíritos e falar com eles já não é um problema de ordem psiquiátrica?

– Uma pessoa com transtorno psiquiátrico tem, de algum modo, uma área de sua vida em desequilíbrio, não é verdade? Afinal, se tudo estivesse em equilíbrio, ela não teria nenhum transtorno.

– Isso é verdade. Mas aonde você quer chegar?

– Proponho que façamos uma visita a dona Estela. Primeiramente, iremos sem Amélie. A finalidade desse encontro será vocês verificarem por si mesmos como essa senhora é equilibrada e tem uma vida fraternal que está muito acima da média.

– Vida fraternal?

– Digo que ela não vive só para si mesma. Muito mais que isso, dona

Estela está sempre voltada para o próximo, dando alguma esperança ou oferecendo algum conforto. A fraternidade é o estilo de vida que ela adota, se posso dizer assim.

– Agora estou entendendo. Bem, como iremos primeiramente sozinhos, penso que não há nada de mau nessa visita. Falarei, entretanto, com Giselle e amanhã lhe darei uma resposta.

Em casa, Armand pediu a opinião da esposa.

– Sei que é algo que nos soa estranho, mas penso que é uma forma de buscarmos solução para este caso, que está a nos tirar muita energia – ponderou Armand.

– Então você concorda com essa visita ao centro espírita? – indagou Giselle.

– Sim, concordo. Mas não fale nada a ninguém. Não me sinto à vontade com esse assunto.

Sérgio foi informado sobre a decisão, e Mara ligou para dona Estela e contou o que estava acontecendo. Ficou acertado que poderiam vê-la na sexta-feira seguinte.

⁂

O centro espírita era constituído por um prédio de dois andares. Embora tudo ali fosse simples, a ordem e a limpeza chamavam a atenção. Logo que entrou, Giselle notou esse aspecto, além do silêncio que reinava nos cômodos por onde passaram. Subiram as escadas e foram até uma saleta no fundo do corredor. Quando chegaram, dona Estela escrevia alguma coisa. Tratava-se de uma senhora de seus setenta a setenta e cinco anos, vestida com simplicidade e bom gosto. Assim que viu Mara assomando à porta, levantou a cabeça e abriu um sorriso.

– Por favor, entrem.

Depois das apresentações, Mara tomou a palavra:

– Já lhe contei a respeito da filha de Armand e Giselle. Eles, porém, gostariam de saber antes algo mais a respeito de mediunidade, e em particular sobre audição e vidência.

– Claro! Claro! Vocês já estiveram antes num centro espírita?

Giselle foi quem respondeu:

– Não, dona Estela. Esta é a primeira vez que pisamos num deles.

– E qual foi a primeira impressão?

– Para ser franca, o que logo me chamou a atenção foram a ordem e o silêncio. Além da limpeza.

– Ótimo. Esta limpeza, esta ordem e este silêncio são o reflexo dos trabalhos que aqui desenvolvemos. A razão de ser deste centro, além da difusão do Cristianismo e do Espiritismo, é o serviço ao próximo. Jesus nos exortou a servir nossos irmãos, não é mesmo? Pois o fazemos de vários modos, sendo um deles por meio da mediunidade. A mediunidade é uma faculdade humana, natural, pela qual se estabelecem as relações entre nós, os encarnados, e os espíritos desencarnados. O médium é o intermediário entre o mundo espiritual e o mundo terreno.

– Sérgio já me havia dito que vocês, espíritas, não tratam do sobrenatural, mas do natural. E vejo que nessa definição entrou essa palavra. Mediunidade é uma faculdade *natural* – disse Armand.

– Exatamente – respondeu dona Estela, e, rindo, continuou: – Sérgio é um trabalhador muito competente. Ele está certo no que disse. Mas, continuando, não há só um tipo de mediunidade. Pelo contrário, há vários. Duas dessas modalidades são a audiência e a vidência. A audiência, ou audição espiritual, é a capacidade de ouvir a voz dos espíritos, como também sons provenientes do mundo espiritual. Já a vidência, ou visão espiritual, é a faculdade que possibilita ver os espíritos ou o plano espiritual. Devo esclarecer que tanto na vidência como na audiência a percepção é mental. O espírito André Luiz nos ensina que os olhos e os ouvidos materiais estão para a audiência e a vidência como os óculos estão para os olhos e os ampliadores de sons para os ouvidos. Não passam de aparelhos de complementação.

– Entendi – falou Giselle, olhando de modo significativo para Armand. Este mexeu-se na cadeira e completou com voz muito baixa:

– Sim, também entendi.

Dona Estela, notando que ambos haviam compreendido a explicação, mas duvidavam da veracidade do fenômeno, acrescentou:

– Para quem não está habituado ao estudo da Doutrina Espírita, pode parecer fantasioso, mas sempre houve no mundo videntes e audientes. Na Bíblia, por exemplo, o profeta Samuel é chamado "o vidente", e Gade é chamado "o vidente de Davi". Paulo de Tarso também manifestou o fenômeno da audição espiritual. Lembremos ainda que, no século XV, Joana d'Arc foi guiada por vozes ao comandar o exército francês. Mozart, pouco antes do seu desencarne, ouviu uma música sublime, que as pessoas em seu quarto não conseguiam escutar. Mas temos exemplos mais recentes, como foi o caso de Chico Xavier, que via e ouvia seu mentor, o espírito Emmanuel. Hoje em dia, temos Divaldo Franco, que vê e escuta sua mentora, o espírito Joanna de Ângelis. Há inúmeros casos de pessoas menos conhecidas, seja envolvendo a audiência ou a vidência.

O que chamou muito a atenção de Armand e Giselle foi o caso de Joana d'Arc, afinal ela fora francesa, como eles. Aquela senhora falava com tanta naturalidade sobre espíritos, que eles ficaram sem saber o que perguntar ou até como contestar. Após algum tempo de silêncio, dona Estela completou:

— Não sei ainda, mas pode bem ser que sua filha esteja manifestando esses dois fenômenos, assim como acontece comigo. Se ela é uma criança normal, que age como as crianças da sua idade, podem ficar tranquilos. Mas, segundo me falou Mara, vocês também estão preocupados porque sua filha parece ter recordações de outras existências, não é mesmo?

— Sim, dona Estela. E gostaríamos que a senhora nos esclarecesse a esse respeito.

— Com todo o prazer. No entanto, para saber o que pode de fato estar ocorrendo com sua filha, precisarei conversar com ela.

— Nós a traremos aqui, quando a senhora quiser — respondeu Giselle com rapidez.

— Marcaremos uma data, mas, quanto à recordação de existências passadas, posso dizer-lhes que é algo realmente possível. Já aconteceu a inúmeras pessoas através da História. Já tive a oportunidade de estar em contato com algumas crianças que tinham vaga noção de terem vivido anteriormente. Não podemos, por preconceito, descartar essa possibilidade. O pesquisador francês Gabriel Delanne, por exemplo, que foi também engenheiro elétrico, dizia que a doutrina da reencarnação nos é ensinada pelos espíritos instruídos. E o testemunho de inúmeros espíritos que se comunicam leva a essa crença a autoridade da experiência cotidiana. Afinal, eles nos dizem que veem os erros de suas existências passadas, sofrem por tal motivo e buscam voltar à Terra para reparar as faltas que aí cometeram no passado.

O que tocou Armand nessa fala foi o fato de Gabriel Delanne ter sido também um engenheiro. "Se tivesse sido um místico", ajuizou, "eu não daria muita importância, mas ele foi engenheiro, tal como eu".

Dona Estela ainda acrescentou com bastante tranquilidade:

– A crença nas vidas sucessivas foi o fundamento do ensino dos mistérios, como também afirmava Delanne. Vivemos sob a lei do progresso. O espírito não para; continua a evoluir intelectual e moralmente. Assim pensavam Sócrates, Platão, Plotino, Porfírio, Orígenes, Tertuliano e tantos pensadores. Isto fica bastante claro em Platão, quando afirma que aprender é recordar-se. Recordar-se de quê? Do que aprendeu em existências passadas.

– Estamos lendo dois livros sobre reencarnação, sugeridos por Sérgio – comentou Giselle.

– Então já estão tomando conhecimento do que estamos aqui a conversar, não é mesmo?

O diálogo prosseguiu por mais alguns minutos. Depois, marcou-se a data em que Amélie seria levada ao centro a fim de conversar com dona Estela. O casal saiu da reunião um pouco mais tranquilo.

Já no automóvel, Giselle perguntou a Armand:

– O que você achou de dona Estela?

– Para ser sincero, eu esperava encontrar uma carola falando coisas incompreensíveis.

– E o que encontrou?

– Uma senhora simpática, equilibrada e com explicações dignas de serem levadas em consideração. Mas ainda não me sinto à vontade para falar em reencarnação. Uma coisa, porém, é certa: ela me motivou a continuar a leitura do livro, que eu havia deixado de lado.

– Concordo com você. Também vou continuar a leitura do meu. Quanto a dona Estela, me pareceu ter amplos conhecimentos sobre o Espiritismo. Mas o que me deixa perplexa é que o codificador dessa doutrina foi francês, e nós mal tínhamos ouvido falar seu nome. Bem, Allan Kardec é pseudônimo, como ela disse. O nome de Kardec era Hippolyte Léon. O nome completo era Hippolyte Léon Denizard Rivail.

– Envolto em meus estudos de engenharia, nunca escutei esse nome. A primeira vez foi quando Sérgio me presenteou com *O Livro dos Espíritos*. Mas, como você sabe, eu o deixei de lado.

– Eu li, me empolguei, mas depois esqueci – comentou Giselle. – Porém, do jeito que as coisas estão andando, talvez eu tenha de voltar à leitura dele. Mas e com relação a Amélie? Qual será a conclusão de dona Estela? Nossa filha está mentindo, está enganada, ou viveu mesmo em épocas anteriores?

– Quando falamos da Amélie, tudo fica bastante confuso em minha cabeça. Vamos deixar que as coisas aconteçam de maneira natural – concluiu Armand.

– É verdade. Esperemos o dia do novo encontro com dona Estela.

E assim aconteceu. Não se falou mais em reencarnação, embora ambos tivessem terminado a leitura de seu livro e feito em seguida a troca, para que pudessem ter um julgamento mais preciso da doutrina das vidas sucessivas.

Chuviscava quando Armand deixou o carro no estacionamento e seguiu com a esposa e a filha para o centro espírita. Amélie estava tranquila e conversava alegremente com a mãe.

Dona Estela os aguardava na mesma sala em que recebera o casal anteriormente. Depois de conversarem um pouco, a dirigente do centro pediu gentilmente que o casal acompanhasse uma jovem trabalhadora da casa para o salão em que se faziam as preleções que antecedem o passe. Amélie, muito à vontade, assim que se viu a sós, perguntou a dona Estela:

– A senhora quer conversar comigo?

– Sim, lindinha. Seus pais falaram muito bem de você, de modo que quis conhecê-la melhor.

– O que eles falaram?

– Disseram que você é obediente, estudiosa e muito inteligente.

– É mesmo?

– Claro! E falaram também que você costuma conversar com sua avó. Como é mesmo o nome dela?

– Vovó Colette.

– Ela já morreu, não é mesmo?

– Já. Mas vem conversar comigo quando estou sozinha.

– Ah, é mesmo? E o que ela costuma falar?

– Muitas coisas. Ontem, por exemplo, ela falou que é para eu continuar estudando bastante. E disse mais uma coisa.

– O quê?

– Falou para eu só dizer a verdade à senhora.

– Ela falou isso? Então ela já sabia que você viria aqui?

– Sabia. Ela sabe muitas coisas. Gosto muito dela, e ela de mim.

– Quer dizer que você vê a sua avó e escuta o que ela diz?

– Isso mesmo.

– Fale um pouco mais a respeito do que vocês conversam.

– Ela diz para eu obedecer meus pais, chama atenção quando faço alguma traquinagem e pede que eu faça orações, principalmente à noite e pela manhã. Mas, quando tiro notas altas na escola, ela fica muito contente e me elogia. Outro dia, ela me falou que devo usar a minha inteligência só para coisas boas.

– Então sua avó gosta muito mesmo de você.

– É verdade.

– Diga-me uma coisa: como é que ela se veste? Ontem, por exemplo, como ela estava vestida?

– Deixe-me ver. Ela estava com um vestido azul-claro, um xale azul-escuro e brincos de ouro.

– Como eram esses brincos?

– Eram redondos, com uma pedrinha azul no meio.

– Muito bem.

– Agora olhe atrás de você. O que está vendo?

Amélie virou-se para trás, sorriu e disse:

– É a vovó Colette.

– Ela está dizendo alguma coisa?

– Está dizendo para eu continuar só falando a verdade. E falou que está contente comigo. Ah, disse também que a senhora é muito boazinha.

Dona Estela deu um largo sorriso e perguntou:

– O que vovó Colette está fazendo agora?

– Ela está colocando as mãos em minha cabeça.

– Só isso?

– Não. Agora ela está colocando as mãos nos brincos. Que pena!

– Por quê?

– Ela disse que tem de ir embora. Já está indo.

Dona Estela olhou bem para os olhinhos acesos de Amélie e perguntou:

– Agora, diga-me uma coisa: quem é o bispo de quem você fala às vezes?

É o bispo de alguma igreja de São Paulo?

Amélie soltou uma gargalhada e depois falou:

– Não, dona Estela. Não tem nada a ver com São Paulo.

– Então quem é ele?

– Eu me lembro de que ele me visitou no convento. Conversou comigo e foi muito bonzinho.

– Você estava no convento?

– Estava. Eu era freira, sabe?

– Freira?

– Isso mesmo.

– E quando foi isso?

– Faz muito tempo. Não sei quando foi.

– Como era o nome do bispo?

– Agostinho.

– Parece que você contou à sua mãe que ele foi amigo de outro bispo. Quem era ele?

– Era o bispo Ambrósio.

– E você o conheceu também?

– Conheci.

Depois de mais algumas frases, dona Estela mostrou um cartão e perguntou a Amélie:

– Você sabe quem é este homem?

– Sei. É o professor Rivail.

– Ele trabalha com seu pai?

Amélie deu outra gargalhada.

– Não! Não! Ele já morreu.

– E como você o conhece?

– Faz muito tempo que vi o professor, mas não me esqueci mais.

– Como ele era?

– Era sério e se vestia bem.

– Você gostava dele?

– Eu vi pouco o professor. Meu pai que conversou algumas vezes com ele. Ele foi... foi a reuniões em casa. Mas meu pai conhecia melhor o professor. Eu não me lembro muito bem. Acho que ele morava um pouco longe, na rue des Martyrs.

– Você se recorda do nome do seu pai e da sua mãe nessa época?

– Acho que meu pai era Marcel e minha mãe, Arlette.

– E você? Qual era o seu nome?

Amélie pensou um pouco e depois respondeu:

– Nicole.

Dona Estela notou que a garotinha já estava cansada de tantas perguntas, por isso conversou mais um pouco e disse, finalizando o diálogo:

– Muito bem, Amélie. Acho que conversamos bastante. Sabe de uma coisa? Gostei muito de você.

Amélie olhou para trás e falou, sorrindo:

– Minha avozinha voltou. Ela está passando a mão na minha cabeça e diz que falei tudo certo.

Em seguida, dona Estela pediu que uma jovem, trabalhadora do centro espírita, ficasse com Amélie, enquanto ela estivesse a conversar com os pais.

Armand e Giselle entraram apreensivos na sala. Dona Estela olhou demoradamente para eles e, em seguida, falou:

– Conversei bastante com Amélie. Vocês estão de parabéns por educarem tão bem esse amor de criança.

– Obrigada – disse Giselle. – E quanto ao que ela vem dizendo?

– Já lhes falei que tenho a faculdade da vidência e da audição mediúnica, não é mesmo?

– Sim – respondeu Armand, ansioso.

– Pois bem, depois do diálogo que travei com a sua filha, posso dizer que realmente ela vê e ouve a avó já desencarnada.

– A minha mãe? – perguntou Giselle, interessada.

– Exatamente.

– Como a senhora tem tanta certeza? – perguntou Armand, procurando falar com polidez.

– Eu vi a avó de Amélie. Perguntei como ela estava vestida, e a descrição de Amélie confirmou o que eu via.

– E como ela estava vestida? – perguntou Giselle.

– Ela estava com um vestido azul-claro, um xale azul-escuro e brincos de ouro.

– Como eram esses brincos?

– Redondos com uma pedra preciosa azul no meio.

– Ela usava esses brincos. A pedra preciosa era topázio azul. Costumava também usar um xale azul-escuro sobre um vestido azul-claro – comentou Giselle, emocionada.

– Amélie nunca viu fotos da avó? – perguntou dona Estela.

– Antes de Amélie nascer, deixei as únicas fotos da minha mãe com parentes, na França. Posso garantir que minha filha nunca viu nenhuma delas. E não me lembro de que a minha mãe tenha tirado alguma fotografia com esse vestuário.

– Então, Giselle e Armand, só posso concluir que Amélie apresenta a faculdade da vidência e da audiência.

– E no tocante às lembranças que ela diz ter de encarnações passadas? – perguntou Giselle, ansiosa.

– Também cheguei isso. Tudo que ela disse corresponde a fatos, e não à imaginação infantil. Ela disse até o nome da rua em que viveu Kardec.

– Ela me falou a respeito da rue des Martyrs, que conheço bem. Tive uma colega de faculdade que morava na rue Condorcet, que cruza a rue des Martyrs na altura da Place Lino Ventura.

– Pois foi nessa mesma rua que Kardec morou com sua esposa, que, por sinal, se chamava Amélie: Amélie Gabrielle Boudet. Foi lá que ele escreveu *O Livro dos Espíritos*. A sua filha conhece essa rua?

– Não. Certamente, não.

Dona Estela olhou no fundo dos olhos de Armand e Giselle, perguntando em seguida:

– E o que vocês me dizem?

Armand, que ficara em silêncio, logo respondeu:

– Dona Estela, terminei de ler dois livros sobre reencarnação, indicados pelo Sérgio. Devo dizer que ainda reluto muito para aceitá-la, mas, diante de tudo que aqui foi discutido, só posso chegar à conclusão de que minha filha está bem psiquicamente e não é mentirosa. Sou obrigado a dizer que, provavelmente, ela vê mesmo o espírito da avó e se lembra de antigas reencarnações. Tudo ainda me parece surreal e inverossímil, mas é preferível isto a saber que minha filha tenha algum transtorno mental. Entenda, dona Estela, estou confuso, extremamente confuso.

– Não é para menos, Armand. Segundo você me disse, não tem dado muita importância à dimensão espiritual da sua vida. A sua orientação caminhou sempre pelo lado do materialismo. De repente, se vê às voltas com temas sobre mediunidade e reencarnação. Eu não esperaria outra atitude da sua parte. Esteja, porém, certo de que tudo se arranjará. O importante agora é cuidar muito bem, com muita dedicação e carinho, de sua filha, que é uma criança inteligente e amável.

– Quanto a mim – falou Giselle –, tenho mais propensão ao espiritualismo. No entanto, falar em reencarnação ou mediunidade sempre me deixou um tanto desconfortável. Agora, parece que preciso reorientar-me para poder cuidar bem da minha filha. Mas o que podemos fazer com a sua mediunidade? O que a senhora sugere?

– Deixem que Amélie viva a sua vida, de acordo com a sua idade. Nada de trabalhar a sua mediunidade por enquanto. Quando ela se tornar jovem, se ainda estiver manifestando algum tipo de mediunidade, poderá participar de um curso de educação mediúnica num centro espírita. Entretanto, em termos de educação moral, religiosa e cívica, posso aconselhar os Encontros Infantis, que promovemos neste centro aos sábados à tarde. Neles há muita diversão, jogos e, sob todos esses folguedos, uma educação cristã esmerada. Pensem nisso. Estarei aqui para recebê-los, assim que se decidirem. E, se quiserem ter certeza de que tudo vai bem com Amélie, posso indicar-lhes uma psicóloga infantil.

– Eu gostaria – disse Armand com rapidez.

Dona Estela folheou a sua agenda e escreveu numa papeleta o nome e telefone da psicóloga.

– Muito obrigado, dona Estela – respondeu Armand, levantando-se para sair. – Não tomaremos mais o seu tempo.

Giselle, porém, permaneceu sentada e fez uma última pergunta à dirigente do centro espírita:

– Ficamos aguardando esta entrevista no salão, onde dois senhores fizeram breves preleções antes que as pessoas se dirigissem para outra acomodação do centro. Tive vontade de perguntar para onde se dirigiam essas pessoas ou o que iriam fazer. Talvez tenha sido um tanto curiosa, mas até hoje nunca havia entrado num centro espírita, de modo que realmente a curiosidade tomou conta de mim. Entretanto, nada disse. Agora, se não for incômodo, gostaria de saber...

Dona Estela sorriu e respondeu com gentileza:

– Essa é uma curiosidade sadia. Aquelas pessoas iam tomar passe.

230

– Já ouvi falar disso no Brasil, pois na França nunca escutei nada a esse respeito. Se não me engano, o passe é uma espécie de bênção que as pessoas recebem. Será isso?

Armand, notando o interesse da esposa, voltou a sentar-se. Dona Estela passou o olhar por ambos e respondeu:

– Allan Kardec diz em *O Livro dos Médiuns* que existe um gênero de mediunidade denominado *mediunidade de cura.* Consiste no dom que têm certas pessoas de curar pelo simples toque, pelo olhar e mesmo por um gesto, sem a participação de qualquer tipo de medicação. O passe tem relação com esse tipo de mediunidade. Chamamos de passe a transfusão de energias regeneradoras. Pense numa transfusão de sangue, em que se transfere sangue de um doador para o sistema circulatório de um receptor. Isto significa que alguém debilitado recebe certa quantidade de sangue saudável com a finalidade de restabelecer-se, não é mesmo?

– Sem dúvida – respondeu Giselle.

– Pois bem, no passe, alguém debilitado física, emocional ou moralmente recebe energias que lhe possibilitam curar-se em qualquer um desses setores de seu ser. O passe é um apoio eficaz em todos os tratamentos.

– Quer dizer que alguém, como um doador de sangue, retira parte de sua energia, que é repassada a alguém necessitado? – perguntou Armand.

– Sim e não – respondeu dona Estela. – Explico: há três tipos de passe. O passe magnético é aquele em que são transmitidos apenas os fluidos do médium. O passe espiritual é o que se processa sem a intermediação do médium, apenas com a transferência dos fluidos dos espíritos. Isto é, os fluidos dos espíritos são transferidos diretamente à pessoa necessitada. E há o terceiro tipo, denominado passe misto, em que aos fluidos dos espíritos somam-se os fluidos do médium. Nas casas espíritas, em geral, o passe é misto.

– Entendi – disse Giselle.

– Portanto – concluiu dona Estela –, o passe, como está sendo realizado agora em nosso centro, é uma transfusão de energias psíquicas e espirituais. Os médiuns doam o que podem, cabendo aos espíritos benfeitores oferecer aos assistidos o fluido espiritual.

– E isso dá algum resultado? – perguntou Armand, demonstrando no modo de falar a dúvida que lhe ia na alma.

– Sugiro que você converse com alguns dos nossos assistidos – respondeu dona Estela. – Eu mesma posso apresentá-los a você.

Giselle olhou firme para o marido, discordando da sua atitude. Ele, um tanto desconfortável, aceitou que lhe fossem apresentados três dos assistidos, aleatoriamente. Antes, porém, quis saber mais:

– Mas não é um despropósito orientar que as pessoas deixem o tratamento médico para apenas tomar passe? Afinal, o passe não faz parte da terapêutica médica tradicional...

Dona Estela sorriu, tomou as mãos de Armand nas suas e falou com calma, ignorando a provocação:

– Quem lhe disse que os assistidos devem deixar o tratamento médico? Não é isso que orientamos. Pelo contrário, nossos assistidos são orientados a continuar seguindo todas as prescrições médicas. Seria algo como "dar a César o que é de César e a Deus o que é de Deus".

– Desculpe-me, não quis ser indelicado.

– E não foi – respondeu a dirigente, soltando as mãos de Armand. – Você teve a mesma reação que eu quando entrei pela primeira vez num centro espírita. Questionar não é falta de educação. É querer conhecer. Agora, siga-me, pois vou lhe apresentar as pessoas que você me indicar.

Totalmente desconfortável, Armand seguiu dona Estela. Giselle, constrangida, acompanhou os dois. Armand apontou para uma senhora de seus setenta anos. Dona Estela a cumprimentou e disse que Armand queria fazer-lhe algumas perguntas sobre o passe. A senhora logo se colocou na sua frente e esperou a indagação.

– Desculpe-me – começou Armand, desajeitado. – A senhora costuma tomar passe?

– Desde que fui acometida por uma cistite aguda. Já faz seis meses que tomo passe semanalmente.

– E...

– Não tenho mais nada.

– Mas a senhora deixou o tratamento médico?

– Não. De modo algum. Segui à risca o que me disse o médico.

– Mas, se a senhora já sarou, por que continua a tomar passe?

– Aqui entre nós, eu não estava muito bem com a mudança do meu filho para um bairro mais distante. Pois o passe tem me dado cada vez mais tranquilidade em relação a isso. E também maior segurança.

Armand agradeceu, e dona Estela pediu que ele escolhesse outra pessoa que estivesse saindo da sala de passe. Desta vez, ele escolheu uma mocinha de seus vinte anos, fazendo-lhe a mesma pergunta sobre o porquê de ela tomar passe.

— Um ano atrás, comecei a entrar num processo depressivo. Já estava me fechando em casa, apenas remoendo a tristeza por ter perdido o meu noivo para outra garota. Quando comecei a tomar passe, fui aos poucos voltando a viver. Com o tempo, tornei a procurar minhas amigas, passei a deixar o meu quarto, e hoje posso dizer que minha vida voltou à normalidade. O passe me deu forças para vencer as minhas dificuldades.

Para Armand, já era o suficiente. Porém, dona Estela chamou um senhor de seus setenta anos. Colocando-se à disposição de Armand, este lhe perguntou rapidamente, querendo se desfazer daquela situação incomum:

— O senhor toma passe há muito tempo?

— Apesar de idoso, só conheci o Espiritismo há dois anos, quando fui acometido de tremores nas mãos. Mesmo sendo atendido por um médico e tomando a medicação indicada, vim para cá, a fim de tomar passe. Mas só cheguei aqui por causa de um parente. Eu era refratário ao Espiritismo. Pois aos poucos fui me sentindo melhor, e hoje não apresento aqueles tremores. Já não tomo medicação, que foi cortada pelo médico. E me sinto muito bem. É por esse motivo que continuo a vir aqui.

— Quer dizer que o senhor acha que o passe influiu na sua melhora?

— Sem dúvida. Principalmente no aspecto emocional. Hoje sou uma pessoa mais tranquila, tendo abandonado a rabugice que afastava as pessoas de mim. Agora, minha netinha adora passear comigo.

Não era preciso mais nada. Armand agradeceu aquele senhor e olhou para dona Estela, que sorriu, perguntando:

— E então? O que você me diz?

— Parece que as pessoas confiam de fato no passe, principalmente porque têm certeza de que ele só lhes fez bem. Creio que, antes de emitir qualquer outro conceito, devo estudar um pouco mais essa questão.

— Por que, da próxima vez que aqui vierem, vocês também não tomam o passe? Nada melhor do que experimentar na própria alma, não acham?

Durante a semana, Giselle pegou o bilhete escrito por dona Estela e ligou para a psicóloga indicada. Uma voz simpática se fez ouvir. Giselle contou a razão do telefonema. Ela iria sozinha da primeira vez, a fim de expor melhor o motivo da consulta.

– Tenho uma vaga na próxima sexta-feira, às onze horas. Pode ser?

– Sim, estarei livre nesse horário.

– Então, espero-a para conversarmos.

Se, de um lado, Giselle estava mais tranquila em relação à filha, de outro, esperava ansiosa pela conversa com a psicóloga.

Agora, só restava aguardar pela sexta-feira.

CAPÍTULO 17

Uma vida normal

Armand orientou Giselle para que se abrisse com a psicóloga, dizendo tudo o que vinha acontecendo com Amélie. Nada poderia ser ocultado. Se, para o Espiritismo, tudo estava bem, o que diria a psicologia?

Às 10h45 da sexta-feira, Giselle já aguardava a sua vez no consultório psicológico. Às onze em ponto, a porta se abriu, surgindo uma jovem de seus trinta anos. Vestia uma calça comprida, sapatos baixos, uma blusa branca e, sobretudo, ostentava um largo sorriso. Cumprimentou Giselle e pediu que entrasse.

O consultório era simples e bem organizado. Em um dos cantos, havia duas poltronas iluminadas por um abajur de luz suave. Teresa, a psicóloga, pediu que Giselle se assentasse, e teve início o diálogo:

— Então, foi dona Estela quem me indicou? Você a conhece?

— Fiquei conhecendo, quando fui ao centro espírita, a fim de pedir-lhe que desse o seu parecer sobre a minha filha.

— E o que ela disse?

— Segundo ela, Amélie é perfeitamente normal. Entretanto, como ela não é psicóloga, orientou-me que procurasse você, para que eu e meu marido ficássemos mais tranquilos.

— Ouvi o que você me disse pelo telefone, porém, gostaria que me contasse com detalhes o motivo pelo qual me procurou.

Giselle suspirou, colocou os pensamentos em ordem, e fez o relato mais completo possível, procurando nada omitir. Depois de várias explicações, solicitadas por Teresa, que fez algumas anotações, Giselle perguntou:

– O que você acha de tudo isso?

A psicóloga fez ainda outras perguntas e, por fim, concluiu:

– Para eu ter um diagnóstico preciso, serão necessárias algumas sessões com Amélie. Você poderá trazê-la aqui e aguardar na sala de espera. Só direi alguma coisa depois de concluídas as sessões necessárias. Tudo bem?

– Claro. Como mãe, fico um pouco ansiosa, mas sei que tudo demanda um tempo certo.

– É verdade. Após as sessões, poderei conversar mais precisamente com você. Aguarde tranquila.

– É o que farei. Concordo em vir aqui duas vezes por semana, na segunda e na sexta, às onze horas, pois nesse horário não dou aulas.

– Ótimo. Nós nos veremos, então, na próxima segunda.

Teresa trabalhava com ludoterapia, que é uma modalidade de psicoterapia adaptada à criança. Por meio desse processo, o psicólogo busca ajudar a criança a expressar suas dificuldades e seus conflitos, fazendo uso de histórias, desenhos, brinquedos e jogos. Através da ludoterapia, a criança consegue expressar seus sentimentos, pensamentos, experiências e comportamentos de modo lúdico, isto é, pelo brincar. Teresa era discípula de Melanie Klein, psicóloga alemã que desenvolvera a técnica de análise de crianças pela ludoterapia.

Na sala destinada à psicoterapia infantil, havia bonecas, fantoches, jogos, balde criativo, brinquedos para montar, enfim, uma infinidade de brinquedos e jogos. No centro da sala, uma grande caixa de madeira estava repleta de brinquedos. Havia também duas grandes prateleiras que ocupavam duas paredes, onde se viam tipos diversificados de brinquedos e jogos, além de muitos potes de guache, pincéis, cartolinas e caixinhas com massa de modelar. Viam-se ainda uma mesa infantil com quatro cadeiras e um pufe no centro. Num dos cantos, Teresa colocara duas poltronas e um abajur com motivos infantis.

Quando Amélie entrou naquela sala, ficou encantada com tudo o que viu. Teresa fechou vagarosamente a porta e teve início a primeira sessão.

Na sala de espera, Giselle folheava uma revista, sem prestar a mínima atenção. O seu pensamento estava voltado para a filha. O que estaria acontecendo lá dentro? Como estaria se sentindo Amélie? O que estaria pensando Teresa sobre a conduta expressa pela criança? Enfim, qual seria a conclusão da psicóloga?

Depois de cinquenta minutos, a porta abriu-se, e Amélie saiu sorridente, despedindo-se de Teresa com um beijo no rosto.

De volta para casa, Giselle fez muitas perguntas à filha, que respondeu a todas sem demonstrar cansaço. À noite, quando Armand chegou do trabalho, conversaram um bom tempo a esse respeito. De resto, a semana prosseguiu normalmente até sexta-feira, quando seria realizada a segunda sessão de ludoterapia. Amélie voltou a brincar e a conversar muito com Teresa, saindo alegremente da sala após os cinquenta minutos terapêuticos.

As semanas passaram-se com rapidez e, pouco tempo depois, encerrava-se o ciclo de sessões psicoterápicas. Enfim, a psicóloga diria se Amélie sofria de algum transtorno psicológico ou se a sua conduta correspondia à de outras crianças saudáveis da sua idade.

Foi com extrema ansiedade que Giselle seguiu para o consultório de Teresa. A conversa durou uns trinta minutos.

Ao despedir-se da psicóloga, Giselle estava aliviada. Segundo Teresa, não havia nada de anormal, ou melhor, nada que indicasse algum tipo de transtorno mental na conduta de Amélie. À noite, a notícia foi dada a Armand com um largo sorriso. Abraçados à filha, pensaram em seguir agora por um novo caminho, repleto de respeito e amor pela filha.

Porém, uma nuvenzinha pairou sobre a cabeça de Giselle. Se Amélie tinha uma vida normal, como agir em relação às suas visões da avó? E no tocante às lembranças de reencarnações passadas? A psicóloga havia dito que as lembranças iriam passar com o tempo, mas e as visões? "A psicóloga é espírita", pensou Giselle, "portanto, para ela, isso é normal. Mas o que pensarão outras pessoas? Como lidar com isso?". Nesse momento, ela se lembrou de que Teresa a havia aconselhado a conversar novamente com dona Estela. Aliás, a própria dona Estela tinha sugerido que Amélie passasse a frequentar as reuniões infantis de sábado no centro espírita. Mas uma ponta de preconceito ainda permanecia na mente de Giselle. Embora não fosse católica, ainda guardava alguns conceitos impressos na alma, desde criança. Resolveu ter uma conversa com Armand.

– O que você acha?

– Você sabe que não tenho nenhuma religião, portanto, não sou muito favorável a uma educação cristã, que possa tornar nossa filha uma *beata*. Pelo que conversamos com dona Estela e pela leitura que fizemos dos dois livros sobre reencarnação, deu para notar que a educação espírita é também cristã.

– E...?

– Apesar disso, penso que é melhor deixar que ela frequente um lugar onde o respeito ao ser humano é uma constante do que permanecer em casa vendo televisão. Ficaremos de olho no que for acontecendo. Caso não concordemos com o que ocorre ali, tiramos Amélie do centro espírita e pensamos no que fazer. Concorda?

– Sim. Para dizer a verdade, até me surpreendi por você pensar assim.

– O breve diálogo que tive com aquelas pessoas que saíam do passe mexeu comigo, por pouco que tenha sido. Mas, antes de tomarmos a decisão final, penso que deveríamos convidar Sérgio e Mara. Eles conhecem muito bem o centro e sabem como são feitas as reuniões semanais com as crianças.

– Ótima ideia, Armand. Ligo agora para Mara, e você reforça o convite amanhã com Sérgio.

Quando Sérgio e Mara entraram no apartamento de Armand e Giselle, o casal os aguardava com a esperança de obter informações precisas sobre a educação que era dada às crianças no centro espírita. Amélie foi logo abraçar os "tios" e deu um largo sorriso quando recebeu de presente uma bela boneca.

Como de costume, houve um jantar preparado com muito carinho por Giselle e Armand. Ao final, enquanto saboreavam um cafezinho, a conversa principal teve início:

– Sérgio e Mara – falou Armand, olhando para ambos –, nós os convidamos a vir até aqui, além da nossa amizade, por um motivo especial. Dona Estela, presidente do centro espírita, nos fez o convite para matricularmos

Amélie num curso para crianças, realizado semanalmente. Ela já chegou a nos dizer como funciona, mas ficou ainda uma dúvida em nossa mente. Por isso, gostaríamos que vocês nos falassem mais a esse respeito.

– Esse curso é ministrado por jovens muito bem preparados. Na verdade, são encontros realizados todos os sábados à tarde. Ali se prepara cada criança para a vida social, cívica, moral e religiosa. Chamamos simplesmente de Encontros Infantis. A didática é ativo-participativa, isto é, as crianças participam ativamente de todas as partes do encontro, não sendo meras ouvintes. São utilizadas técnicas como dramatização, jogos, brincadeiras, além de breves preleções. Uma das técnicas de que elas gostam muito é a de contar histórias, que têm sempre um fundo moral.

– E qual é o conteúdo desses encontros?

– Em cada sábado, os animadores tocam num ponto importante para a vida em sociedade, que diz respeito ao civismo, à moralidade e à religiosidade. O fundo moral é sempre cristão, pois o Espiritismo, codificado por Allan Kardec, é também cristão. Vou dar exemplos de temas tratados durante os encontros: "A verdade e a mentira", "O respeito aos semelhantes", "Amor aos pais", "Por que economizar água", "Amor aos animais e à natureza" e outros semelhantes. Se vocês quiserem, pedirei aos organizadores que lhes mostrem o programa. Posso, porém, dizer com segurança que é um excelente complemento da escola que Amélie frequenta.

Amélie, que a tudo escutava com atenção, disse para Sérgio:

– Eu gosto de animais. Vocês já conhecem a minha gatinha.

– Claro! Você trata bem dela?

– Trato. Lili é muito boazinha. Ela também gosta de mim.

– Ótimo. Continue tratando dela com carinho.

Em seguida, Amélie olhou para a mãe e comentou com seriedade:

– Eu quero ser matriculada nessa escolinha. Gostei de dona Estela e da moça que ficou comigo, mostrando um livro com figuras.

Giselle pensou um pouco e falou para Armand:

– Nós podemos ir ao centro espírita neste sábado e pedir mais algumas explicações a dona Estela. Creio que nesse mesmo dia possamos matricular Amélie.

– Faço uma sugestão – propôs Mara. – Por que não vão com o Sérgio na próxima sexta-feira à noite?

Sérgio deu um tapinha no braço de Armand e falou, convincente:

– Está aí uma ótima sugestão. Saímos do trabalho, passamos em seu apartamento e levamos também Giselle e Amélie. Dona Estela estará lá nesse horário.

Assim ficou combinado. Conversou-se ainda sobre o resultado das sessões de ludoterapia feitas por Amélie, de modo que o encontro terminou como havia se iniciado: com muita alegria e amizade.

Na sexta-feira à noite, dona Estela explicou em detalhes como se realizavam os Encontros Infantis, mostrando todo o programa ao casal. Convencidos da importância desse curso, matricularam Amélie, que ficou radiante.

No sábado, quando terminou o encontro, Amélie surgiu na sala onde a aguardavam os pais. Com ela, estava um garotinho de uns cinco anos.

– Este é Paulinho – disse Amélie. – É meu novo amigo.

– Oi, Paulinho, tudo bem? – perguntou Giselle.

O menino riu e respondeu:

– Tudo!

Disse em seguida, rapidamente, um "tchau" para Amélie e correu para seus pais, que o aguardavam à porta. Amélie pegou na mão do pai e puxou-o para fora.

– E então? – perguntou Giselle, já no carro –, gostou da sua primeira aula?

– Adorei.

– O que vocês fizeram?

– Nélia, a professora, conversou sobre o "muito obrigado".

– Muito obrigado?

– Claro! A gente tem de dizer sempre "muito obrigado" quando nos dão alguma coisa, não é mesmo?

– Entendi. Claro que temos de dizer.

Amélie fez-se de séria e concluiu:

– Então, muito obrigado a você e ao papai por terem me matriculado nessa escolinha.

Ao mesmo tempo em que riram, Giselle e Armand sentiram-se emocionados pela pureza de coração daquela menina que se abria para a vida como o botão de rosa que, lentamente, transforma-se em flor.

A leitura dos livros indicados por Sérgio fez bem aos pais de Amélie, que passaram a ver com mais naturalidade a doutrina das vidas sucessivas. Todavia, numa noite em que recebiam a visita de Mara e Sérgio, o assunto voltou à discussão.

– Pois é, Mara – falou Armand –, já não sou o crítico ferrenho que fui outrora em relação à reencarnação. Soa-me melhor hoje do que em tempos distantes, mas gostaria de escutar ainda mais sobre o assunto.

Mara olhou para Sérgio, a fim de verificar se ele não queria falar. Notando que o marido se mantinha calado e atento ao que ela diria, tomou a palavra:

– Pelas leituras que vocês fizeram, por certo ficou-lhes claro que as antigas civilizações orientais, como o Egito, a China e a Índia, tomaram como núcleo do seu pensamento a pluralidade das existências. A religião de cada uma delas fundamentava-se em grande parte nessa crença. Até mesmo os gregos, no Ocidente, tiveram célebres representantes de seu pensamento que adotavam como verdadeiros os princípios da reencarnação; basta que nos lembremos dos pitagóricos, de Sócrates e de Platão, não é mesmo?

– Sem dúvida.

– Pois bem, essa mesma crença persistiu, passando pela Idade Média, dominada pelos dogmas religiosos da Igreja Católica; pela Idade Moderna, grandemente influenciada pelo racionalismo e pelo empirismo, assim como chegou à contemporaneidade, com o acréscimo de várias pesquisas realizadas por pessoas competentes como o francês Charles Richet, vencedor do Prêmio Nobel de Fisiologia ou Medicina e também fundador da metapsíquica; o diplomata russo, doutor em filosofia, Alexander Akasakof; o pesquisador italiano Ernesto Bozzano; o médico francês Gustave Gelley; o engenheiro francês Gabriel Delanne; o químico e físico inglês William Crookes e tantos outros.

– Apenas para lembrar mais dois: – continuou Mara – o engenheiro militar francês Albert de Rochas e, no Brasil, um importante pesquisador, Hernani Guimarães Andrade.

– Pelo que vejo, foram muitos os pesquisadores que se debruçaram sobre esse tema.

– Essas pesquisas, Armand, foram feitas com metodologia científica, o que lhes dá o crédito que merecem – aparteou Sérgio.

– Noto que três dos pesquisadores citados são franceses – comentou Giselle.

– É verdade. Afinal, a Doutrina Espírita, codificada por Allan Kardec, nasceu na França.

– Um grande pensador espírita, também francês e já conhecido de vocês, muito contribuiu para a divulgação da doutrina das vidas sucessivas: Léon Denis – ajuizou Sérgio, acrescentando: – Vou ler algumas passagens para vocês.

Assim dizendo, retirou um livro da pasta que levava consigo, onde procurou certa passagem e começou a ler:

– Ouçam o que ele diz sobre as vidas sucessivas: "A alma, depois de residir temporariamente no Espaço, renasce na condição humana, trazendo consigo a herança do seu passado, seja boa ou má. Renasce criancinha, reaparece na cena terrestre a fim de representar um novo ato do drama de sua vida, pagar as dívidas contraídas, conquistar novas capacidades que lhe facilitarão a ascensão e acelerar a sua caminhada para a frente". Isto significa que um filho ou uma filha é, antes de tudo, um espírito que deixa a pátria espiritual, onde estagiou por algum tempo, e retorna a este mundo com missões específicas, para que possa ressarcir dívidas de outras existências e, principalmente, para que possa dar continuidade a seu progresso espiritual, em sua volta para o Criador.

Armand ficou a refletir sobre o que escutara e, na verdade, já lera em outras obras. Sérgio aproveitou-se do momento para acrescentar:

– Eis o que considera Denis um pouco mais à frente: "A reencarnação, afirmada pelas vozes de além-túmulo, é a única forma racional por que se pode admitir a reparação das faltas cometidas e a evolução gradual dos seres. Sem ela, não se vê sanção moral satisfatória e completa; não há possibilidade de conceber a existência de um Ser que governe o Universo com justiça".

– É um pensamento interessante, sem dúvida. Racional e bem fundamentado. Já li a respeito, e vocês já nos explicaram; resta-me, porém, uma dúvida, Sérgio e Mara. Trata-se do esquecimento para a maior parte das pessoas de tudo o que ocorreu em uma suposta encarnação anterior. Hoje, com a idade que tenho, lembro-me de várias passagens da minha infância. Com certeza, acontece com vocês também. Então, o que justifica o esquecimento em relação a existências passadas?

– Essa também é uma dúvida que tenho, mesmo já tendo lido e ouvido a respeito – argumentou Giselle, achegando-se mais ao grupo, a fim de ouvir um provável esclarecimento.

Mara, que estava agora com o livro de Léon Denis em mãos, apressou-se em responder:

– Gente, a resposta está aqui mesmo neste livro. Denis se propõe a refutar as principais objeções que são colocadas contra a doutrina das vidas sucessivas. Diz ele: "A objeção mais comum é esta: *Se o homem já viveu, por que não se lembra de suas existências passadas?*". Ele diz já ter indicado a causa fisiológica desse esquecimento, explicando: "Esta causa é o próprio renascimento, ou seja, o revestimento de um novo organismo, de um invólucro material que, ao sobrepor-se ao invólucro fluídico, age como um apagador. Como consequência da redução do seu estado vibratório, o espírito, cada vez que toma posse de um novo corpo, de um cérebro isento de toda imagem, encontra-se impossibilitado de expressar as recordações acumuladas das suas existências passadas"[5].

Mara parou a leitura e olhou para Armand e Giselle. Armand ficou um tempo em silêncio e depois falou brevemente:

– Faz sentido.

Mara ainda esclareceu:

– Denis pondera que os antecedentes do espírito agora reencarnado continuam revelando suas aptidões. É o caso, por exemplo, das qualidades e dos defeitos que a criança começa a expressar ainda na primeira infância. Mas as particularidades dos fatos que constituem seu passado ficarão ocultas durante a vida terrestre. Em estado de vigília, o espírito somente poderá expressar pelas formas da linguagem as impressões registradas por seu cérebro material.

– Entendo. E devo admitir que é tudo racional. Não tenho objeções – respondeu Armand, olhando, interrogativo, para Giselle, que também se expressou:

---

5 - DENIS, Léon. *O probelma do ser, do destino e da dor*. Rio de Janeiro: FEB, 2008.

– É verdade. A explicação é lógica. Nada a objetar.

– Ainda gostaria de acrescentar algumas considerações – disse Sérgio. – A reencarnação constitui-se numa grande oportunidade que nos é concedida para corrigirmos, repararmos os erros que cometemos em existências anteriores. Também para incorporarmos virtudes que suplantem os vícios e defeitos que alimentamos em outras encarnações. É igualmente ocasião oportuna para perdoarmos antigos inimigos e nos reconciliarmos com eles. Quando assim agimos, conseguimos acelerar o nosso progresso, dando continuidade ao percurso rumo à perfeição.

– Do modo como vocês explicam – interveio Giselle –, começamos a ver as coisas com outros olhos.

– Só para concluir – aparteou Sérgio –, gostaria de completar o raciocínio, dizendo que o esquecimento, no caso da reencarnação, é também uma bênção divina, pois através dele não ficamos fixados em pensamentos, sentimentos e comportamentos errôneos de outras reencarnações, tampouco nos gabamos de realizações gloriosas do passado. Enfim, é a chance para mantermos pensamentos elevados, expressarmos sentimentos nobres e nos conduzirmos de acordo com a lei divina, em vez de permanecermos nos enganos e desacertos pretéritos.

Outras objeções foram levantadas e respondidas. Depois, Mara retirou da bolsa *O Livro dos Espíritos* e leu as questões formuladas por Kardec, que pediam logicamente como resposta a veracidade da lei da reencarnação:

– Pergunta o Codificador do Espiritismo: "1. Por que a alma revela aptidões tão diferentes e independentes das ideias adquiridas pela educação?; 2. De onde provém a aptidão extranormal de certas crianças de tenra idade para esta arte ou aquela ciência, ao passo que outras permanecem inferiores ou medíocres durante toda a vida?; 3. De onde provém, em uns, as ideias inatas ou intuitivas, que não existem em outros?; 4. De onde provém, em certas crianças, os impulsos precoces de vícios ou virtudes, esses sentimentos inatos de dignidade ou de baixeza, que contrastam com o meio em que nasceram?; 5. Por que alguns homens, independentemente da educação, são mais adiantados que outros?; 6. Por que há selvagens e homens civilizados? Se tomarmos uma criança hotentote recém-nascida e a educarmos nos nossos melhores liceus, faremos dela, algum dia, um Laplace ou Newton?".

– Devo confessar: uma pessoa que encare esta existência como única terá dificuldade de responder com coerência a tais questões – ponderou Armand.

– Há outras perguntas formuladas por Kardec – prosseguiu Mara. – Querem ouvir?

– Sem dúvida – disse Giselle, muito interessada.

– São estas: "1. Se a presente existência é que deve decidir sobre a nossa sorte futura, qual é, nessa vida futura, a posição do selvagem e do homem civilizado? Estarão no mesmo nível ou distanciados em relação à soma de felicidade eterna?; 2. O homem que trabalhou durante toda a vida por melhorar-se estará na mesma posição daquele que permanece inferior, não por sua culpa, mas porque não teve tempo nem possibilidade de se melhorar?; 3. O homem que praticou o mal, por não ter podido instruir-se, será culpado por um estado de coisas que não dependeu dele?; 4. Trabalha-se para instruir, moralizar e civilizar os homens. Todavia, para um que se esclarece, há milhões que morrem todos os dias, antes que a luz possa alcançá-los. Qual é a sorte destes últimos? Serão tratados como condenados? Caso contrário, o que fizeram eles para merecer estar no mesmo nível dos outros?". Por fim – disse Mara –, "qual a sorte das crianças que morrem em tenra idade, quando ainda não fizeram nem o bem, nem o mal? Se estiverem entre os eleitos, por que esse favor, sem nada terem feito para o merecer? Em virtude de qual privilégio estarão livres das atribulações da vida?".

Reinou um grande silêncio na sala, até que Mara ainda dissesse:

– Kardec, entre outras considerações, ainda pergunta: "Há uma doutrina que possa resolver essas questões? Admiti as existências sucessivas e tudo estará explicado conforme a justiça de Deus. Aquilo que não pudemos fazer numa existência, faremos em outra. É assim que ninguém escapa da lei do progresso. Cada um será recompensado de acordo com o seu merecimento real e ninguém é excluído da felicidade suprema, a que pode aspirar, sejam quais forem os obstáculos que encontre em seu caminho". O que acham disto?

Armand mexeu-se, incomodado, na poltrona. O que dizer diante de uma lógica tão pura? Num misto de humor e seriedade, apenas respondeu:

– O meu compatriota tem uma lógica tão cristalina, que não consigo encontrar outra resposta a não ser a concordância com o que ele diz. Prometo uma coisa: vou ler com toda a atenção esse livro. Preciso me decidir de uma vez por todas: afinal, sou favorável ou contrário à reencarnação?

Giselle concordou com o marido:

– Quando tomei conhecimento de *O Livro dos Espíritos*, fiz uma leitura superficial. Também me comprometo a relê-lo com atenção. Creio que, dentro de um ou dois meses, teremos a nossa resposta definitiva, não é, Armand?

– Talvez até antes, Giselle, talvez até antes.

Amélie, que em silêncio tudo escutava, tomando ares de adulta, encerrou a discussão:

– O professor Rivail sabia do que falava, gente.

Sérgio não perdeu a oportunidade e perguntou:

– Como você sabe disso, Amélie?

E ela, com toda a naturalidade, respondeu:

– Porque eu conheci o professor, *oras*!

Estava encerrada a visita. Entretanto, Armand e Giselle haviam se comprometido a reler uma das obras básicas do Espiritismo a fim de poderem concluir se, afinal de contas, eram ou não favoráveis à doutrina das vidas sucessivas.

***

Três meses se passaram até que ambos tivessem lido *O Livro dos Espíritos*. Como não haviam comentado muito o que achavam, numa noite, quando haviam acabado de jantar, Giselle perguntou:

– E então, Armand? O Espiritismo está dizendo a verdade ou não?

– Que pergunta difícil, Giselle. É tudo tão complicado.

– Você não entendeu o livro?

– Não é a isso que me refiro. É complicado dar uma resposta. E você?

– Sempre pendi para o espiritualismo, de modo que me é mais fácil chegar a uma conclusão. Devo dizer que, depois de ouvir Sérgio, Mara e dona Estela, não sou capaz de fugir à conclusão.

– E qual é?

– Creio que os espíritas estão com a razão. Há mesmo reencarnação, assim como mediunidade, isto é, os médiuns podem se comunicar com os espíritos daqueles que já partiram para o mundo espiritual.

– Isso não é uma loucura?

– Pense bem: Amélie foi analisada por dona Estela e pela psicóloga. E qual foi a conclusão de ambas?

– Amélie é normal. Não sofre de nenhum transtorno mental nem é mentirosa.

– Depois disso e das nossas leituras, dá para deduzir outra coisa que não seja a veracidade dos princípios espíritas?

Armand resistiu em responder. Giselle prosseguiu:

– A doutrina da reencarnação é plenamente racional, de modo que se torna impossível para mim rejeitá-la. Se eu a refutasse, não passaria de preconceito. Você, Armand, é uma pessoa que prima pela lógica; como não conseguiu concluir pela veracidade de uma doutrina tão racional? O que impede a sua aceitação?

Encostado contra a parede, Armand respondeu com voz mais baixa que a habitual:

– Não sei, Giselle, não sei.

– Não será por orgulho?

– Como assim?

– Afinal, desculpe-me, mas você se considera intelectualmente acima de quase todas as pessoas, inclusive de Sérgio e Mara, sem falar em dona Estela, que não cursou a faculdade. E, agora, acaba por verificar que eles estão com a razão.

– Você pensa assim?

– Penso. Você percebeu toda esta situação como uma luta em que deveria haver vencedores e vencidos. Como, no fundo, se sente vencido, não quer dar o braço a torcer. Isso não é orgulho, vaidade, sei lá?

– Por acaso está me ofendendo?

– É claro que não. O que você está fazendo agora é fugir do confronto com a realidade. Está usando, como dizem os psicólogos, um mecanismo de defesa.

– Você é muito culta, hein, Giselle!

– Talvez você queira mais um tempo para pensar, não é mesmo? Não precisa dar a resposta neste instante. Voltaremos ao assunto noutro dia. Agora, me dê um abraço.

⁕

Passou-se mais de uma semana, e Armand não voltou a tocar mais no tema das existências sucessivas. Num sábado, porém, em que Sérgio e Mara foram visitar o casal, o engenheiro achou que não poderia furtar-se mais a uma consideração sobre esse assunto. Após o jantar, quando todos falavam sobre amenidades, tomou uma posição ereta no sofá e disse:

– Tenho algo a dizer a todos vocês.

A conversa cessou de imediato, e todos olharam para o engenheiro, que parecia tenso.

– Em primeiro lugar, quero agradecer à paciência com que Giselle me tratou nos últimos dias, pois eu estava muito chato, rabugento mesmo. Obrigado, Giselle, pela compreensão.

A esposa fez um sinal com a cabeça, para dizer sem palavras que ele não fora rabugento. Em seguida, comentou:

– Como percebi que você passava por um momento difícil, achei melhor tentar compreender que julgar.

Tentando disfarçar sua ansiedade, Armand brincou:

– Ela é muito boazinha. Se fosse outra... Bem, não quero fazer suspense, portanto, entrarei logo no assunto. Pensei muito nestes meses, muito mesmo, sobre a reencarnação, a doutrina das existências sucessivas. Houve momentos em que achava que tudo isso era uma loucura, depois olhava para a minha filha e, vendo-a na pureza de sua infância e na integridade da sua sanidade mental, decidia refletir por mais tempo. Dias atrás, conversei com Giselle, que estava propensa a aceitar a veracidade dessa doutrina, mas recuei novamente, não tocando mais no assunto. Todavia, sinto-me desconfortável diante da minha inabitual demora para decidir. Em português claro: estive procrastinando demais, isto é, adiando em demasia a tomada de decisão. Pois bem, procurei pesar criteriosamente os prós e os contras da doutrina da reencarnação e, após as leituras que fiz e as lições que vocês nos deram, devo dizer-lhes, sem mais demora, que aceito, mesmo que seja de modo provisório, a possibilidade de termos existências sucessivas, a fim de que possamos crescer, evoluir, enfim, progredir. Aceito também a possibilidade de comunicação com aqueles que já partiram para o que vocês chamam de "mundo espiritual". Sabedor da saúde psíquica de Amélie e da sua crença na presença do espírito da sua avó Colette, que se comunica com ela, concluo que ou isso é verdade, ou essa fase passará com o tempo. O amor que sinto por Amélie e por Giselle faz também com que me abra mais e aceite ideias que antes não queria nem mesmo colocar na balança da verdade para um julgamento preciso. Enfim, não serei mais nenhum obstáculo ao pensamento dos espíritas, cujas crenças podem até não ser verdadeiras, mas são, sem nenhuma dúvida, plausíveis e puras.

O silêncio continuou por alguns segundos, até que, incomodado, Armand pediu:

– Por favor, digam alguma coisa. Acabo de fazer uma confissão penosa, e vocês sequer me recriminam?

– Armand – disse Sérgio –, conheço você há algum tempo. E, nesse período, pensei às vezes que sua vida era de uma racionalidade e de uma lógica que não davam espaço aos sentimentos, mas, depois do modo como você conversou conosco hoje, sei que há um universo de emoções e sentimentos dentro de você. Tentando ser lógico, você demonstrou pela sua postura e pela sua atitude toda a afetividade que há no seu coração. Parabéns. Aceite um abraço deste seu amigo.

Mara também se manifestou, e Giselle, emocionada, abraçou fortemente o marido, com lágrimas nos olhos. Amélie, que estivera o tempo todo no quarto com uma amiguinha do apartamento ao lado, entrou na sala, dizendo com alegria:

– Viva, papai! – e jogou-se nos braços de Armand, que não conteve as lágrimas.

Cumpria-se mais uma etapa na vida dessa família, unida por laços que provinham de outras eras...

CAPÍTULO 18

Considerações e surpresas

A confissão de Armand à esposa e aos amigos fez-lhe muito bem. Assim, na noite seguinte após o jantar, ao deitar-se, abriu *O Livro dos Espíritos* e leu a questão 171 com muito vagar:

> Em que se baseia a doutrina da reencarnação?
> Na justiça de Deus e na revelação, pois não nos cansamos de repetir: o bom pai sempre deixa aos filhos uma porta aberta ao arrependimento. A razão não diz que seria injusto privar para sempre da felicidade eterna todos aqueles cujo melhoramento não dependeu deles mesmos? Não são filhos de Deus todos os homens? Somente entre os homens egoístas se encontram a iniquidade, o ódio implacável e os castigos sem perdão.

Depois de refletir por algum tempo sobre a resposta dos espíritos, Armand leu atentamente as considerações de Kardec:

> Todos os Espíritos tendem à perfeição, e Deus lhes proporciona os meios de atingi-la pelas provações da vida corporal. Mas, em sua justiça, permite-lhes realizar, em novas existências, o que não puderam fazer ou concluir numa primeira prova.
> Não agiria Deus com equidade nem de acordo com a sua bondade se castigasse para sempre aqueles que encontraram obstáculos ao seu melhoramento, independentemente de sua vontade, no próprio meio em que foram colocados.

Se a sorte dos homens fosse irrevogavelmente fixada depois da morte, Deus não teria pesado as ações de todos na mesma balança, nem os teria tratado com imparcialidade.

A doutrina da reencarnação, isto é, a que consiste em admitir para o homem muitas existências sucessivas, é a única que corresponde à ideia da justiça de Deus, com respeito aos homens de condição moral inferior; a única que pode explicar o nosso futuro e firmar as nossas esperanças, pois que nos oferece os meios de resgatarmos os nossos erros mediante novas provações. A razão assim nos diz e os espíritos nos ensinam.

O homem que tem consciência da sua inferioridade encontra na doutrina da reencarnação uma esperança consoladora. Se crê na justiça de Deus, não pode esperar que venha a encontrar-se, por toda a eternidade, na mesma situação daqueles que agiram melhor do que ele. A ideia de que aquela inferioridade não o deserdará para sempre do bem supremo, e que ele poderá conquistá-lo por meio de novos esforços, o sustenta e lhe reanima a coragem.

Quem é que, no final da sua carreira, não lamenta ter adquirido tarde demais uma experiência que já não pode aproveitar? Essa experiência tardia não fica perdida; ele a aproveita numa nova existência.

Embora já tivesse lido anteriormente essa mesma passagem, pareceu agora a Armand que ela fazia um sentido que lhe escapara em leitura recente. "Será que estou prestes a tomar contato com uma experiência tardia?", pensou com um ar de tristeza incomum. "Nesse caso, ela poderá ser aproveitada numa nova existência. Isso é bom." Quando se deu conta do que pensava, procurou mudar os pensamentos e foi conversar com Giselle.

— Estive relendo algumas passagens do livro do "professor Rivail", como diz Amélie.

— Amélie é uma gracinha – disse Giselle, sorrindo. – Mas o que você notou de especial?

— Bem, penso que estive errado por esses anos todos. Fixei-me muito na técnica, na tecnologia, e me esqueci da espiritualidade, tão necessária ao ser humano.

— Gosto de escutar isso, Armand, afinal, também venho pensando a mesma coisa. Sabe que, ao pensar assim, consigo até me entender melhor com a nossa filhinha? E não só com ela, mas com você e as outras pessoas. Agora, quando me encontro com alguém, considero duas coisas: primeiro Deus, que habita o coração dessa pessoa como habita o meu, e, segundo, a experiência que deve ter esse espírito de vivências passadas em outras reencarnações.

– Giselle, sinto até um certo medo, pois noto que estamos mudando e não sei muito bem aonde vamos chegar.

– Isso é normal, Armand. Quando começamos um processo de mudança, passamos a ter medo, porque já não somos o que éramos há pouco e também não sabemos o que seremos no futuro. Porém, quando nos transformarmos realmente, nos sentiremos bem, pois teremos dado um passo à frente.

A conversa do casal tomou, a partir desse dia, um feitio diferenciado. Falavam dos mais variados assuntos, mas cada um deles notava como a conversa se tornava mais profunda e espiritualizada. Isso foi notado até por Sérgio, no local de trabalho. Houve mesmo um dia em que ele se aproximou de Armand e lhe disse com seriedade:

– Posso falar-lhe com sinceridade, Armand?

– Claro! Fiz alguma coisa errada?

– De modo algum. Você vem fazendo a coisa certa: está se transformando, e muito mais rápido que eu. Que bom saber que está sendo um exemplo de vida para todos nós.

A confissão tão espontânea pegou o engenheiro de surpresa. Uma onda de emoção percorreu todo o seu corpo. Sentiu-se alegre, mas uma ponta de tristeza também assomou em seu coração. Ele não sabia por quê, mas estava há alguns dias pressagiando um grande mudança em sua vida. Procurou disfarçar, agradecendo a manifestação do amigo e propondo um encontro em seu apartamento no domingo seguinte.

– Você vai deliciar-se com um prato francês que talvez desconheça.

– Não é necessário, Armand. Vamos comprar um frango assado, e eu levo espaguete ao sugo ou à bolonhesa, como você e a Giselle preferirem.

– Seria ótimo, meu amigo, mas quero fazer um almoço especial para amigos especiais.

Sérgio notou a emoção que tomou conta de Armand ao dizer aquilo. Ficou intrigado e, inclusive, comentou com Mara à noite.

– A emoção que Armand sentiu foi intensa, Mara. Imediatamente pensei em algo muito grave, mas não consegui descobrir o que possa ser. Em todo caso, penso que devemos dar atenção especial ao nosso amigo. Façamos preces e vibrações. Algo me diz que ele está precisando.

No domingo, ao chegarem ao apartamento, foram recebidos calorosamente pelo casal e por Amélie, que se jogou nos braços deles, falando baixinho:

— Gosto muito de vocês!

— Nós também amamos você, Amélie – disse Giselle, apertando a criança em seus braços.

— E então, Armand, como estamos? – perguntou Sérgio, disfarçando um certo incômodo que acabara de sentir, ao ver-se diante do amigo.

— Tudo bem, como sempre.

A conversa começou a se animar, até que Giselle convidou os amigos a dirigirem-se à mesa. Armand falou com um sorriso nos lábios:

— A entrada para o nosso almoço é sopa de cebolas. Depois vocês irão saborear um salmão *poché* com temperos *court bouillon*. Serviremos ainda uma salada de camarão e frutas com molho *provençale*. Para acompanhar, se me permitirem, não haverá nenhum vinho francês, mas um *sirop d'Érable*.

— Um o quê? – perguntou Mara, rindo.

— *Sirop* é o que vocês chamam de xarope. Mas não é o xarope que estão pensando. É, antes, um delicioso suco que vem do Canadá, produzido na região de Québec.

— Então, que venha o *sirop* – disse Sérgio, segurando o braço de Armand. – Nada de álcool. Também preferimos os sucos.

— E, de sobremesa – concluiu Armand –, terão deliciosas *profiteroles* com sorvete.

— Você é muito chique – falou Mara, piscando para Giselle. – *Profiteroles* são mesmo deliciosas. Mas... o que são mesmo *profiteroles*?

— Mara, você vai adorar. São o que muitos chamam de "bombinhas" aqui no Brasil. Na verdade, constam de massa açucarada, que denominamos *choux*, recheada com cremes, sorvetes e caldas. Vocês sabiam que esta receita foi criada por um *chef* italiano, a pedido de Catarina de Médicis, no século XVI?

— Não, Armand, não. Mas já notei que até nas refeições nós aprendemos com você. Parabéns!

O almoço transcorreu num clima de alegria comedida, pois algo pairava no ar, como uma espécie de despedida, principalmente quando Armand levantou o copo com *sirop*, dizendo com emoção controlada:

– Felicidade a todos nós. Que Deus nos proteja nesta passagem emblemática da nossa vida!

– Emblemática? – perguntou Giselle. – Por quê?

– Porque estamos todos num momento essencial da nossa vida. Aliás, é a primeira vez que falo em Deus. Vocês notaram?

Emprega-se o adjetivo "emblemático" quando alguém se refere a um tema que representa simbolicamente a essência de algo. Mas por que Armand estaria dizendo que estavam todos numa fase essencial de suas vidas? Para Sérgio, havia algo de misterioso na fala de Armand. Todavia, para não estragar a reunião, preferiu o silêncio e procurou levar alegria àquela reunião de amigos.

Conversou-se sobre vários assuntos, inclusive a aquiescência de Armand em relação às vidas sucessivas e à mediunidade de Amélie, que estava sendo muito bem assistida no centro espírita. Ao sair, Mara brincou com o casal, dizendo:

– Depois deste almoço maravilhoso, que poderemos servir a vocês quando os recebermos? Será que existe em nosso cardápio algum prato próximo dos que vocês nos serviram?

– Não exagere – respondeu Giselle. – Afinal, o melhor prato do dia foi o fortalecimento da nossa amizade.

– Agora concordo. Quero que sejamos sempre amigos. Temos vocês em nosso coração.

Nesse momento, Sérgio notou que os olhos de Armand se encheram de lágrimas. Procurando disfarçar, ele abraçou com força os amigos e ficou postado atrás da esposa. Amélie ficou um bom tempo abraçada aos "tios", encerrando a visita.

<hr />

A noite em casa dos Fontaine parecia normal, até Armand reclamar de enjoo.

– Deve ter sido a comida – disse. – Fazia tempo que não comia os pratos de hoje. Talvez tenha exagerado. Tomarei um antiácido.

Pouco depois, passou a sentir tontura e, sem dizer nada à esposa, resolveu deitar-se.

Giselle colocou Amélie na cama e foi ao dormitório. Logo após acomodar-se na cama, notou que Armand colocara as mãos no lado esquerdo do peito, assim permanecendo por algum tempo. Achando estranho esse comportamento, perguntou se ele sentia alguma dor. Não obtendo resposta, olhou para o marido e notou seu rosto pálido e contraído. Tentou mais uma vez conversar, mas ouviu dele apenas um grunhido sem significado. Levantou-se com rapidez, vestiu-se e foi bater à porta de um morador do andar inferior, que era médico.

— Perdoe-me por vir aqui a esta hora, mas temo que meu marido esteja tendo algum tipo de ataque.

— Vou pegar minha maleta e já subimos. Não podemos perder tempo.

O médico chegou ao quarto do casal e notou a respiração rápida e barulhenta de Armand. Quando colocou o estetoscópio no peito do paciente, a respiração cessou por completo. Todos os esforços para reanimá-lo foram em vão. Após pouco tempo, olhou tristemente para Giselle e disse com o desalento estampado na face:

— Não podemos fazer mais nada. Agora é com Deus. Armand teve um infarto fulminante.

Giselle não viu mais nada à sua frente. O chão pareceu rodopiar, e ela caiu desajeitadamente sobre a cama, amparada pelo médico. Após ser atendida, sentou-se na cadeira do quarto por um instante e depois perguntou aflita à vizinha, que estava à sua frente:

— Meu Deus, como vou dar essa notícia a Amélie?

A vizinha iniciava a sua resposta quando a menina, encostada na porta e segurando um ursinho de pelúcia, disse com seriedade:

— Mamãe, não chore por mim. Eu já sei o que aconteceu.

— Você estava aqui, filhinha?

— Não, mamãe. Foi vovó Colette que me disse.

Giselle criou forças, levantou-se e correu para abraçar a filha.

— Precisamos agora, filhinha, seguir muito unidas sem o papai.

Com ares de adulta, respondeu Amélie:

— Nós não vamos ficar sem o papai. Vovó me disse que ele vai continuar nos amando, onde estiver. Ela disse também que será o amor que vai fazer com que a gente continue sempre junto.

A vizinha não entendeu bem a conversa, que foi dita em voz baixa.

Quanto a Giselle, abraçou ainda mais a filha e disse, entre lágrimas:

– Eu a amo, Amélie! Eu a amo! Estaremos sempre unidas!

A notícia do desencarne de Armand tomou de surpresa Sérgio e Mara, que acorreram pressurosos ao apartamento de Giselle. Porém, no caminho, Mara lembrou-se do que dissera Armand durante o último almoço em que estiveram juntos: "Felicidade a todos nós. Que Deus nos proteja nesta passagem emblemática da nossa vida!". Depois comentou ainda:

– Sérgio, de algum modo, Armand sabia que hoje seria o nosso último encontro como encarnados.

– É verdade. No momento em que desejou felicidade a cada um de nós e falou do momento solene que vivíamos, seus olhos marejaram-se de lágrimas, tornando-se avermelhados. De algum modo, ele sabia que estávamos nos despedindo.

O laboratório químico em que Armand trabalhava assumiu todas as atividades relativas ao enterro do corpo de seu funcionário e da documentação para o recebimento da certidão de óbito.

No local do velório, Giselle conversava em voz baixa com Sérgio, buscando um pouco de serenidade naquele momento tão difícil de sua vida. Depois, ficou em silêncio, como a meditar sobre tudo o que vivera com aquele homem, que começava a beber da fonte do espiritualismo, quando foi chamado por Deus.

Mara ficou no apartamento dos amigos, tentando amenizar aquele momento para Amélie. Esta contou-lhe que soubera do desencarne do pai pelas palavras da avó desencarnada.

– Como foi isso, Amélie?

– Vovó entrou no quarto e me deu um beijo na testa, abraçando-me bastante. Depois, alisando meus cabelos, disse que Papai do Céu precisava do meu paizinho. Ele vai fazer trabalhos por lá. Acho que estão precisando de engenheiros no céu.

A pureza infantil de Amélie comoveu Mara, que se esforçou para não chorar.

– É verdade, Amélie, seu paizinho vai estudar e trabalhar no mundo espiritual. Para ele, isso vai ser muito importante. Você pode ficar orgulhosa de ter um pai como ele.

Amélie continuou:

– Depois minha avozinha falou para eu ficar muito perto da minha mãe, agora que meu pai nos deixou por um tempo. Minha mãe vai precisar muito de mim. É o amor que vai nos unir, disse também minha vovó.

– Tudo isso é verdade, Amélie. Sua avó é maravilhosa.

– É mesmo. Antes de ir embora, ela disse que vai estar muito perto de mim e da minha mãe, para nos ajudar. Um dia vamos nos encontrar com o meu paizinho. Mesmo estando longe, ele vai permanecer no coração de quem sempre gostou dele.

Nesse momento, pela primeira vez, Mara notou lágrimas escorrendo dos olhos de Amélie. Abraçando-a muito forte, e com olhos avermelhados, escolheu as melhores palavras para fortalecer aquela alma que, mais que nunca, precisaria de muito cuidado, muito carinho e muito amor.

O enterro foi acompanhado por vários profissionais do laboratório químico em que trabalhava Armand. A sua fama no local de trabalho era de um engenheiro competente e comprometido com a empresa e os colegas. Também estiveram presentes no velório e no enterro dona Estela e Nélia, a expositora dos Encontros Infantis.

Não foram nada fáceis para Giselle os primeiros dias após o desencarne de Armand. Sempre que se lembrava do marido, o choro fluía instantaneamente, e ela perguntava a Deus qual seria o seu futuro sem o companheiro que tanto amava. A tristeza estava estampada em seu rosto abatido.

Sérgio e Mara demonstraram um valor inestimável nesses primeiros momentos de angústia e dor.

Amélie apegou-se de modo incomum a Lili, a gatinha magra que havia sido encontrada a dormir no portão do condomínio.

– Mãe, Lili vai passar a dormir comigo.

– Não, Amélie. Isso não é nada bom.

– É bom, sim. Ela me ajuda a lembrar de papai com alegria.

– Com alegria?

– Claro! Eu me lembraria dele com tristeza se ele tivesse sido mau, mas ele foi sempre bonzinho, não foi?

Giselle, mais uma vez, foi pega de surpresa pela lucidez da filha. "É verdade", pensou, "se ele tivesse sido um cafajeste, um canalha, um homem sem moral, eu deveria lembrar dele com pesar, pois ele teria perdido a oportunidade de evoluir em sua existência. Mas, pelo contrário, ele foi um homem de moral elevada, um profissional dedicado, um marido amoroso e um pai exemplar. Tentarei fazer o que me ensinou Amélie. De agora em diante, me lembrarei dele com amor e alegria".

– Estou esperando, mãezinha. Lili pode dormir comigo?

Não havia como dizer "não". Ainda que um tanto a contragosto, Giselle olhou amorosamente para a filha e respondeu:

– Pode, filhinha, mas com uma condição.

– Qual?

– Que ela esteja sempre bem limpinha. Quando precisar de banho, você me acompanhará ao veterinário.

– Legal! Você é um anjo, mamãe.

Ainda nesse dia, Giselle foi ao salão de beleza, que costumava frequentar anteriormente. Como fazia um bom tempo que estivera ausente dali, foi recebida com alegria pelas cabeleireiras.

– Quem é vivo sempre aparece.

– Pois é, resolvi voltar à vida, depois da desencarnação do meu marido. De nada vale ficar fechada em casa a remoer o passado. Afinal, tenho uma filha para educar, e ela precisa de alegria e felicidade, não de tristeza e desespero.

– Você está muito certa, Giselle. Do passado, nós devemos apenas reter as lições. O futuro depende de hoje, de modo que é *aqui e agora* que temos de viver. Minha mãe costumava dizer: "Se você quer um futuro feliz, seja feliz agora".

– Ela estava certa. Já voltei a dar aulas de francês e me senti bem melhor assim.

– Ótimo. Você e sua filhinha merecem a felicidade, não o sofrimento.

Passaram-se os meses, e a amizade entre Sérgio, Mara e Giselle cresceu muito. Amélie, quando estava entre eles, aninhava-se nos braços de Sérgio, que fazia as vezes de pai, e ali ficava a escutar a conversa animada dos adultos. Giselle, que lera vários livros sobre reencarnação, já não tinha dúvida: a palingênese, a doutrina reencarnatória, era mesmo uma verdade.

Em uma das conversas entre eles, Giselle foi enfática ao dizer com suas palavras o que lera em algumas dessas obras:

— Aqui na Terra, nos esquecemos frequentemente do que prometemos quando estávamos na erraticidade, entre uma e outra encarnação. Entretanto, quando voltamos à pátria espiritual, tomamos consciência dos descaminhos pelos quais transitamos na experiência da reencarnação. Pois é quando nos conscientizamos dos nossos erros e nos arrependemos que pedimos ardentemente a oportunidade de uma nova experiência reencarnatória. Como dizem os estudiosos desse tema, chega um momento na erraticidade em que, conhecedores dos débitos que acumulamos nas encarnações anteriores, decidimo-nos por ressarcir essas dívidas, voltando dispostos a cumprir todas as tarefas que nos couberem, expiando os erros e passando vitoriosos pelas provas que teremos pela frente. Eu e a pequena Amélie estamos passando por uma prova muito difícil, quase insuportável, mas acredito que estejamos sendo aprovadas. Eu, em particular, tenho titubeado às vezes, mas sempre volto a pôr os pés no caminho ensinado pelo Cristo. Com a compaixão divina, seremos aprovadas nessa fase tormentosa da nossa vida.

Ao dizer essas palavras, Giselle emocionou-se, abraçando-se em Amélie, que lhe disse com carinho:

— Mamãe, pode ficar alegre, pois vovó Colette acaba de me dizer que a senhora está sendo aprovada. E lhe manda um grande beijo.

Deixando que mãe e filha sentissem a experiência desse momento, Mara falou em seguida:

— Fico feliz por saber que você já admite abertamente a lei da reencarnação, Giselle.

— É claro que, mesmo tendo lido alguns livros em que se mostram vários casos de reencarnação, ainda tenho muito por saber, mas, como você disse, já me considero reencarnacionista.

— Há verdades de que somente tomaremos conhecimento em encarnações futuras, mas creio que você já tenha conhecimento suficiente para declararse adepta da doutrina das existências sucessivas. Kardec disse mais ou menos o seguinte: o aperfeiçoamento do espírito é fruto do próprio labor; ele progride na razão da sua maior ou menor atividade ou da sua boa vontade em adquirir as qualidades que lhe faltam. Como não pode o espírito numa só existência adquirir todas as qualidades morais e intelectuais que hão de conduzi-lo à meta, ele chega a essa aquisição por meio de uma série de existências. Em cada uma delas dá alguns passos para a frente na senda do progresso e depura-se de algumas imperfeições.

– Era isso que Armand estava fazendo tão bem: livrar-se de algumas imperfeições. Mas desculpe-me a interrupção. Continue.

– Nada de desculpa, afinal estamos dialogando, e fico feliz por você ter chegado a essa conclusão a respeito de Armand. Bem, Kardec ainda considera o seguinte: para cada nova existência, o espírito vem com o que ganhou em inteligência e em moralidade nas suas existências passadas, assim como os gérmens das imperfeições de que ainda não se desfez. Se empregou mal uma existência, quase nada aproveita dela, tendo de recomeçá-la em condições mais ou menos penosas, por efeito da sua negligência ou má vontade. Enfim, para nossa felicidade, completa Kardec que, devendo o espírito, em cada existência corpórea, adquirir alguma coisa no sentido do bem e despojar-se de alguma coisa no sentido do mal, após certo número de encarnações, ele se encontra purificado e atinge o estado de puro espírito. Estado que todos nós atingiremos um dia.

– Como é reconfortante essa verdade, Mara. Não é sem motivo que chamam o Espiritismo de "Consolador".

– Concordo. É verdade que o número de existências corpóreas é grande, mas depende de cada espírito reduzir esse número.

– Como?

– Trabalhando ativamente pelo seu progresso moral. Deus não privilegia ninguém. Com Seu poder, justiça e amor, dá a todos as mesmas oportunidades de se tornarem um dia espíritos de primeira ordem, ou seja, espíritos puros. Qual o tempo requerido para se chegar lá, cabe a cada um escolher. Vou ler um pequeno trecho de Kardec para você notar como a Doutrina Espírita é mesmo consoladora.

Assim falando, Mara levantou-se e pegou na estante o livro *Obras* póstumas, de Kardec, e leu:

– "Quando, num mundo, os espíritos têm realizado a soma de progresso que o estado desse mundo lhe faculta efetuar, deixam-no e passam a encarnar noutro mais adiantado, onde entesouram novos conhecimentos e assim por diante, até que, de nenhuma utilidade mais lhe sendo a encarnação em corpos materiais, entram a viver exclusivamente a vida espiritual, em que também progridem noutro sentido e por outros meios. Galgando o ponto culminante do progresso, gozam da felicidade suprema. Admitidos nos Conselhos do Onipotente, identificam-se com o pensamento deste e se tornam seus mensageiros, seus ministros diretos para o governo dos mundos, tendo sob suas ordens os outros espíritos ainda em diferentes graus de adiantamento." Fechando o livro, Mara concluiu:

– Aqueles que estão acima ajudam os que ainda se encontram embaixo. Isto não é animador? Não é consolador saber que depende de nosso próprio esforço chegar à felicidade suprema que tanto almejamos? – Olhando bem para Giselle, falou seriamente: – Armand estava se esforçando na busca da sua felicidade. E, com certeza, continua desenvolvendo a sua trajetória no mundo espiritual.

Giselle deixou escapar uma lágrima e sorriu levemente para a amiga, ciente de que aqui na Terra ainda havia muito para ela fazer em companhia da filha adorada. E não poderia titubear. A via era longa; urgia que ela retomasse a caminhada.

CAPÍTULO 19

Novas recordações

Já se haviam passado mais de seis meses que Armand desencarnara, quando, inesperadamente, Giselle recebeu um telegrama em que sua prima de Paris, Adrienne, notificava sua chegada dentro de dois dias. Surpresa, preparou o dormitório para receber a prima. "Qual será o motivo da sua visita?". Era verdade que, ao passar a familiares de ambos a notícia da desencarnação de Armand, Giselle havia recebido vários telefonemas da França, repletos de condolências e pedidos de ânimo nesse difícil momento, mas, passado esse tempo, qual seria o motivo daquela visita? Não precisou esperar muito para descobrir.

– Prima querida – disse Adrienne ao chegar –, só não vim antes por causa do meu emprego, mas, agora que consegui umas férias, quero estar a seu lado por três semanas, para trabalharmos juntas pela felicidade da pequena Amélie e do seu próprio restabelecimento.

Notando a sinceridade da prima, Giselle alegrou-se, pois precisava ampliar o número de aulas, a fim de poder dar conta sozinha dos gastos familiares, cada vez maiores, e, estando com Adrienne no início, Amélie não sentiria tanto a ausência da mãe. Conversando com a prima, expôs os seus problemas e agradeceu a ajuda que poderia receber ao desligar-se mais do lar.

Adrienne, com apenas trinta anos, era gerente de compras na matriz francesa do laboratório químico em que trabalhara Armand. Fora ele que, anos antes, conseguira para ela um posto na área de compras do laboratório. Dali para frente, o dinamismo de Adrienne a fizera se tornar supervisora e, logo depois, gerente do departamento. Muito bem-conceituada na empresa, conseguira as férias desejadas, mais duas semanas, por conta de um trabalho que desenvolveria na filial brasileira do laboratório.

– Hoje mesmo conversarei com a diretora da escola de línguas – falou Giselle. – Uma professora está pedindo demissão e poderei assumir as suas aulas.

Passada a primeira semana da estadia de Adrienne em São Paulo, Giselle conseguiu as aulas suplementares. Com isso, Amélie passava grande parte do tempo com a prima, que ela insistia em chamar de "tia".

Numa noite em que as três assistiam a um documentário na televisão e Amélie fizera uma pergunta à prima, dizendo "tia", Giselle perguntou-lhe:

– Por que você chama Adrienne de "tia"? Ela não é sua prima?

– Claro que é – respondeu a menina –, mas é também minha tia.

– Não entendi.

– Ela é irmã da tia Julie, portanto, é minha tia também.

– Tia Julie? Você não tem nenhuma tia chamada Julie.

– Isso faz tempo, mãe. Você não tinha nascido.

Adrienne, que não conhecia muito bem o Espiritismo e a lei de reencarnação, ficou intrigada com o que Amélie acabara de dizer e olhou, interrogativa, para Giselle.

– É uma longa história, Adrienne, mas conversarei com você a respeito, pois é bom que você a conheça.

Terminado o documentário, o televisor foi desligado, e Giselle procurou explicar tudo que vinha acontecendo com a filha há algum tempo. Ao final, Adrienne estava confusa.

– Você é budista ou hinduísta?

– Não, Adrienne. Aqui no Brasil floresceu uma doutrina que, na verdade, nasceu na França e é chamada de Espiritismo.

– Já ouvi falar. Mas, pelo que sei, o espiritualismo existiu anteriormente em outros países.

– É verdade. Entretanto, um professor de Lion, chamado Hippolyte Léon Denizard Rivail, criou o termo "Espiritismo", fundamentado em inúmeras mensagens recebidas do plano espiritual superior, codificando-as. A partir daí, quando falamos em Espiritismo, é a essa doutrina que nos referimos.

Adrienne riu e comentou:

– Agora é que fiquei confusa mesmo. O que tudo isso tem a ver com Amélie?

– Eu também acabei ficando desorientada. Não sei como juntar as peças para formar o quebra-cabeças. Isto quem poderá fazer é aquele casal de amigos que lhe apresentei, Sérgio e Mara. Eles professam a Doutrina Espírita e me têm dado muita força para superar a situação em que me encontro. Armand também era muito amigo deles. Foram eles que nos deram todas as explicações sobre a reencarnação, de modo que hoje estou convicta de que não vivemos uma vida apenas. Agora entendo. Quando Amélie falou que você é tia dela, quis se referir a uma outra reencarnação, a uma existência passada.

– Giselle, essa história está ficando interessante. Quero saber mais a respeito, quando esse casal vier nos visitar. Mas não me lembro desse professor lionês.

– Ele viveu no século XIX, sendo discípulo de Johann Pestalozzi e propagador de seu método pedagógico, que teve grande influência na França. Publicou também diversas obras sobre educação, tendo-se tornado membro da Real Academia de Ciências Naturais.

– Você estudou bem a biografia desse professor, hein!

– Não, Adrienne, o que sei é muito pouco. Entretanto, ele não é habitualmente conhecido por esse nome. Usou um pseudônimo quando começou a publicar obras espíritas.

– E que pseudônimo é esse?

– Allan Kardec.

– Allan... Allan... Já sei! No ano passado, visitei com uma amiga a sua sepultura em Paris. Há um dólmen por sobre o túmulo, lembrando a tradição druida.

– Pois é, esse pseudônimo refere-se a um sacerdote druida do passado. Mas o que é dólmen?

– É um monumento com uma pedra plana horizontal sobre outras duas verticais.

– Entendi.

– Quando você for visitar nosso país, eu a levarei até aquele túmulo. Mas, para ser sincera, não conheço nenhuma obra desse autor.

– Eu tenho duas. Quando formos nos deitar, eu lhe mostrarei.

– Priminha, meu português é bem ruinzinho. Não sei se vou entender. Para ler relatórios que enviam daqui para a matriz, preciso sempre da ajuda de um diretor que passou alguns anos em São Paulo.

– Eu sei onde encontrar obras em francês por aqui. Amanhã faremos uma visita a essa livraria.

Adrienne comprou *Le Livre des Esprits* e *L'Evangile Selon le Spiritisme*, isto é, *O Livro dos Espíritos* e *O Evangelho Segundo o Espiritismo*. Naquele mesmo dia, quando Giselle foi lecionar e Amélie estava na escola, ela começou a ler o segundo deles. Chamou-lhe a atenção, no primeiro capítulo, o subtítulo: "Aliança da ciência e da religião". Leu vagarosamente a afirmação de Kardec: "A Ciência e a Religião são as duas alavancas da inteligência humana: uma revela as leis do mundo material, ao passo que a outra, as leis do mundo moral. *Ambas*, porém, *tendo o mesmo princípio, que é Deus*, não podem contradizer-se".

Dois pensamentos surgiram em sua mente: "Que coisa!", pensou. "Sempre achei que nos dias de hoje é que buscavam a harmonia entre a ciência e a religião. Sei que Tomás de Aquino, na Idade Média, tentou conciliar razão e fé e, antes dele, Agostinho de Hipona fez o mesmo. Entretanto, parecia-me que isto era um tema deixado para trás e somente retomado na atualidade. No entanto, aqui está o tal de Kardec, na segunda metade do século XIX, a nos mostrar que ambas caminham juntas, e explica o motivo: é porque o princípio de cada uma delas é Deus. Isto é, no mínimo, interessante."

O segundo pensamento que a intrigou foi Kardec afirmar que Agostinho de Hipona era um dos maiores vulgarizadores do Espiritismo. "Alguma coisa deve estar errada", refletiu, "pois Agostinho viveu entre o terceiro e o quarto séculos. Como poderia ter divulgado a Doutrina Espírita, se a codificação de Kardec, como me disse Giselle, só ocorreu na segunda metade do século XIX?". Isso tirou um pouco da motivação que alcançara para ler a obra. Todavia, prosseguindo mais um pouco, entendeu que Kardec se referia ao espírito Agostinho, evocado por médiuns. E o motivo de divulgar o Espiritismo também estava esclarecido por Kardec, ao dizer que ele via com os olhos do espírito o que não via como homem. Sua alma conseguia entrever novas claridades, compreendendo o que antes não compreendia. Foi assim que pôde, sem renegar sua fé, fazer-se o propagador do Espiritismo. Ao proclamar a Doutrina Espírita, Agostinho nos conduziu a uma interpretação mais acertada e lógica dos textos. Foi também o que se deu com outros espíritos que se achavam em posição semelhante. "Bem", ponderou Adrienne, "estava pensando que leria um livro cheio de amenidades, mas o que estou vendo é um pensamento fundamentado num raciocínio lógico. É claro que tenho muitos capítulos à frente, mas é importante que continue a leitura. O que ficar incompreendido, perguntarei aos amigos de Giselle".

À noite, quando Giselle tomava chá, Adrienne iniciou uma conversa:

– Comecei a ler um dos livros que comprei. Parece-me que, além da espiritualidade, que lhe é própria, há também ali coerência e coesão em seus pensamentos. É um livro que se pauta pela lógica, e isso considero muito importante.

– A Doutrina Espírita busca conciliar fé, ciência e filosofia, por isso seus pensamentos são mesmo coerentes.

– Você poderia convidar seus amigos a virem aqui neste fim de semana? Gostaria de tirar algumas das dúvidas que estou tendo.

– Claro! Eles são muito amáveis e conhecedores do Espiritismo. Tenho mesmo de estar muito próxima deles, pois têm me reconfortado durante todos estes meses.

– Só mais uma pergunta, prima: você é espírita?

Nesse momento, tocou o telefone e Giselle foi atender.

– Não acredito! Eu e Adrienne falávamos de você e do Sérgio, Mara.

Mara brincou, perguntando se estavam falando bem ou mal.

– Bem, é claro! E dá para falar mal? Na verdade, combinamos de convidar vocês para virem aqui neste final de semana. Adrienne começou a ler *O Evangelho Segundo o Espiritismo* e tem algumas dúvidas. Ela gostaria imensamente de conhecer alguma coisa sobre a Doutrina Espírita.

Ficou acertado que Mara e Sérgio iriam almoçar com Giselle e Adrienne no próximo domingo.

Adrienne ficou muito contente com o que fora combinado, porém, não teve coragem de perguntar novamente se Giselle era espírita. "Pode ser uma indiscrição", pensou. "É melhor deixar para outra oportunidade."

Finalmente chegou o domingo esperado por Adrienne. Durante a semana, recebeu da prima algumas aulas de português, buscando entender melhor o que eles dissessem, pois o que ela conhecia da língua era muito pouco.

Ao meio-dia, Sérgio e Mara entraram no apartamento de Giselle. Amélie correu para abraçá-los.

– Que bom que vieram! Estava com saudade.

– Nós também, Amélie. Você sabe que nós a adoramos.

Amélie correu para pegar o boletim escolar e mostrar aos "tios".

– Como você é inteligente, Amélie – disse Sérgio, depois de olhar as notas. – A menor nota é oito. Venha cá, pois quero lhe dar um grande beijo.

Amélie, toda feliz, abraçou-se a Sérgio e Mara, recebendo um beijo de cada um.

– Giselle – disse Mara, rindo –, a sua filhinha sabe português melhor que nós. Tirou nota dez. Continue assim, Amélie; você é uma garotinha notável.

Depois de muitas palavras para estimular Amélie e deixá-la feliz, a conversa tomou o rumo esperado por Adrienne. Mara perguntou se ela continuava a ler *O Evangelho Segundo o Espiritismo*". Como ela não tivesse entendido a pergunta, Giselle fez-se de intérprete e reproduziu a pergunta em francês.

– Sim, continuo a ler, e noto que ali há um verdadeiro código de moral. Para falar a verdade, nunca dei à espiritualidade o valor que ela merece. Foi nestes poucos dias de convivência com esta maravilhosa prima que despertou em mim esse lado adormecido.

– Há sempre um momento para tudo – respondeu Sérgio em francês, língua que conhecia devido ao trabalho desenvolvido no laboratório químico, onde havia alguns funcionários franceses. – Entre os adeptos do Espiritismo, há uma frase repetida em muitas circunstâncias: "Nada acontece por acaso".

– Concordo plenamente. Há, entretanto, alguns aspectos que me deixam insegura com a veracidade da doutrina. Desculpem-me. Espero que não esteja sendo mal-educada.

– De modo algum. As dúvidas existem para que possamos esclarecê-las. Mara e eu estamos aqui para responder a todas as suas questões, desde que tenhamos conhecimento para isso, claro.

– Agradeço a amabilidade de vocês. Começarei com o que mais me tem intrigado nestes dias em que estou visitando este belo país. Amélie tem insistido em me chamar de "tia" e, quando Giselle a corrigiu, dizendo que sou sua prima e não tia, ela respondeu explicando que fui sua tia numa outra encarnação. Pelo que eu me lembre, em minha família nunca se falou em reencarnação, de modo que isto chega a me incomodar. Todavia, escutei ainda há pouco que Amélie os chama igualmente de "tios". Será que ela pensa que vocês também foram tios dela em outra encarnação?

Amélie, que até aquele momento estivera em silêncio, ouvindo a conversa dos adultos, respondeu com rapidez:

– É diferente. As crianças chamam quase todos os adultos de "tio". É por isso que sempre digo "tio" e "tia" para Sérgio e Mara. Mas você – disse apontando Adrienne – foi minha tia mesmo. Você e o tio Achille.

– Tio Achille? – perguntou Adrienne, rindo. – Quem é tio Achille?

– Vocês eram casados, não se lembra?

– Como assim?

– Vocês moravam em Reims.

– Nunca fui casada, Amélie, e jamais morei em Reims.

– Não falo de agora, "tia". Falo de antes.

Perplexa, Adrienne olhou para Sérgio e Mara, pedindo ajuda. Foi Mara quem respondeu, sendo repetida em francês por Sérgio:

– Adrienne, vou fazer um resumo histórico da doutrina da reencarnação.

Mara fez um longo levantamento, desde a Antiguidade até os dias atuais, procurando demonstrar que a lei da reencarnação sempre fora divulgada entre os mais diversos povos. Falou também a respeito das pesquisas de vários estudiosos, culminando com as de Ian Stevenson, e, no Brasil, com as pesquisas de Hernani Guimarães Andrade. Adrienne escutou tudo em silêncio. Ao final, disse com sinceridade:

– Mara, sempre ouvi falar de reencarnação no hinduísmo, mas não sabia da sua amplitude, como você acaba de me explicar. Confesso que tudo que vocês dizem sobre o Espiritismo é para mim novidade. Isso me deixa um tanto confusa. Mas procurarei assimilar cada tema com grande respeito e curiosidade sadia.

Sérgio sorriu e comentou com Adrienne:

– As mudanças se fazem lentamente, e não da noite para o dia. Na nossa empresa não se fala tanto em "melhoria contínua"? Ela acontece também em nossa vida particular.

– Você tem razão. Estudarei tudo o que vocês me disseram. Gostaria de fazer-lhes, porém, um pedido.

– Esteja à vontade.

– Vocês, espíritas, se reúnem em algum lugar para discutir suas ideias, certo?

– Nós nos reunimos no centro espírita, onde há várias atividades, inclusive estudos. Amélie participa de um grupo infantil, aos sábados.

– Ótimo. O meu pedido é: poderiam levar-me até lá, para eu ver como funciona?

– Com todo prazer – disse Mara. – Você aceita ir conosco na terça-feira à noite?

– Certamente.

– Então, passaremos aqui e a levaremos. Giselle vai conosco?

– Prefiro ficar com Amélie. É melhor que haja um grupo menor, para Adrienne ficar a par de todas as atividades do centro.

– Tudo bem. Passaremos aqui na terça-feira, às sete da noite.

O almoço transcorreu com assuntos variados, desde a vida em Paris até o trabalho no laboratório.

Quando o casal se despediu e deixou o apartamento, Adrienne quis conversar com a prima.

– Giselle, não dá para não adorar Sérgio e Mara. Estou feliz, pois já consegui dois amigos aqui no Brasil, além de você, é claro.

– E além de mim também – falou Amélie, encostando-se em Adrienne.

– Claro, Amélie. Você é uma amiguinha inigualável.

– Inigualável?

– Não há outra igual a você.

– Que legal!

À noite, quando Amélie já dormia, Adrienne puxou conversa com Giselle, dizendo pausadamente:

– Tenho uma surpresa para você.

– Surpresa?

– Exatamente. Você não me disse que vai tirar duas semanas de férias no próximo mês?

– Sim, é verdade.

– E já escolheu o que vai fazer nesse tempo?

– Bem...

– Pois eu escolhi. Você vai a Paris visitar-me.

– Mas eu não posso ficar quinze dias fora; tenho coisas a resolver aqui.

– Ficará, então, uma semana. Quem paga a viagem sou eu. E vocês ficam hospedadas em meu apartamento.

– Adrienne, isso é maravilhoso, mas...

– Mas o quê? Além do passeio que lhes vou proporcionar, tenho umas dúvidas a tirar com Amélie. E lá é o lugar certo.

Adrienne explicou a Giselle que iria testar Amélie para checar se era verdade o que ela falara a respeito do parentesco entre as duas.

– Hoje à tarde, enquanto você lia no quarto, ela me disse mais uma coisa.

– O quê?

– Ela me deu o endereço onde diz que eu morava com o meu "marido", Achille. Meu nome teria sido Thérèse.

– Ela disse isso?

– Sim. Segundo ela, eu teria morado na rue Saint-Thierry.

– Você sabe onde fica?

– A rua eu sei onde fica, pois em Reims reside uma prima de segundo grau, que já visitei algumas vezes. A rue Saint-Thierry cruza o Boulevard Albert Premier. Quanto à casa onde ela diz que morei, ignoro por completo. Giselle, teremos muito a fazer ali.

⚜

Os últimos dias que Adrienne passou em São Paulo foram muito agradáveis: visitou Sérgio e Mara, esteve no laboratório químico, conheceu melhor a cidade, foi a restaurantes, ao cinema e assistiu a uma peça de teatro promovida pela Aliança Francesa. Mas o que mais a deixou aturdida foi a visita ao centro espírita frequentado por Sérgio e Mara. Sem saber por que, ali Adrienne sentiu-se relaxar. Foi apresentada à presidente do centro e pediu para tomar passe, quando viu tanta gente fazer o mesmo. Entendeu que se tratava de uma imposição de mãos que, se não fizesse bem, mal também não faria. Assim, instalou-se numa cadeira da sala preparatória para o passe e escutou uma preleção, sem entender quase nada. Quando foi chamada, entrou na saleta do passe e, após recebê-lo, notou que alguns problemas que remoía desde que chegara a São Paulo pareceram diminuir.

Ao sair do local com o casal de amigos, Adrienne sentia-se a flutuar. Não disse nada, a não ser que se sentia muito melhor, mas essa visita ficou registrada em sua memória.

Na visita ao casal de amigos, contou sobre o que lhe dissera Amélie a respeito de sua existência anterior em Paris. Sérgio e Mara orientaram-na sobre como agir para verificar a exatidão de tudo o que fora dito.

Quando se despediu do casal, falou, emocionada:

– Eu vim ao Brasil para solidificar a amizade com a minha prima. Porém, jamais teria pensado que conseguiria dois amigos inestimáveis como vocês. Muito obrigada por eu ter o privilégio de contá-los entre meus melhores amigos.

Dias depois, já no aeroporto, despediu-se de Giselle, dizendo com um largo sorriso:

– A sua viagem a Paris vai ser melhor do que você pode imaginar. Até breve, prima!

CAPÍTULO 20

A viagem

Na véspera de suas curtas férias, Giselle seguiu com Amélie para o aeroporto. Estava um tanto apreensiva em relação ao que poderia acontecer na cidade de Reims. As afirmações de Amélie seriam checadas por Adrienne; era isso que lhe causava um frio na região do plexo solar. Ao entrar no avião, chegou a se sentir arrependida de ter aceitado o convite da prima. No entanto, agora era tarde demais. Quando o avião iniciou a decolagem, Giselle fechou os olhos e fez uma sentida oração a Deus, pedindo proteção para toda a estadia na França, em particular quando ela e a filha estivessem em Reims.

A viagem foi tranquila, e Amélie estava muito animada. Queria rever logo a "tia", que a cativara desde o primeiro momento. Enfim, o avião aterrissou calmamente na capital francesa. Entre as pessoas que aguardavam os passageiros, estava Adrienne, que recebeu as parentes com fortes abraços e muito riso.

– Como foi a viagem, prima?

– Tranquila, Adrienne. Amélie estava ansiosa por chegar a Paris e rever você.

Adrienne abriu um sorriso amigável e disse, abraçando Amélie:

– Eu estava com saudade de você, minha querida. Quem a conhece não quer mais perdê-la de vista. Vamos passar uma semana muito gostosa aqui, você vai ver.

Nos dois primeiros dias, Adrienne, que deixara a última semana de férias para essa ocasião, acompanhou as primas para locais interessantes de Paris. No segundo dia, visitaram o Museu do Louvre. Amélie ficou encantada com as pinturas. Foi-lhe difícil apreciar a *Mona Lisa*, de Leonardo da Vinci, pois havia um acúmulo de pessoas que lhe dificultava a visão, mesmo no colo da mãe. Entretanto, pôde observar muito bem outras obras do pintor, como *A Virgem dos Rochedos* e *A Virgem e o Menino com Santa Ana*. Entre outras obras que admirou, estavam *Bonaparte cruzando os Alpes*", de Paul Delaroche, *A liberdade guiando o povo*, de Eugène Delacroix, e *O casamento em Caná*, de Vèronèse.

Num dos momentos mais encantadores da visita ao Louvre, Adrienne e Giselle começaram a subir uma escadaria. Amélie galgou mais rapidamente os degraus e, ao chegar no topo, quase perdeu o fôlego. Não por causa do cansaço, mas porque viu uma escultura que a fascinou. Era a *Vitória de Samotrácia*, estátua alada da deusa Vitória, esculpida na Grécia por volta do ano 200 antes de Cristo. Mesmo sem a cabeça, a escultura chamava a atenção pela imponência e leveza do tecido que vestia. Amélie, encantada, disse para a mãe e a "tia":

– Nunca vi uma estátua tão bonita em toda a minha vida.

No terceiro dia da viagem, Giselle e Amélie seguiram com Adrienne até a cidade de Reims, na região administrativa de Champagne-Ardenne, no Departamento de Marne. Reims, principal cidade da região de Champagne, ficava a 130 quilômetros de Paris, de modo que a viagem foi breve. A primeira visita que fizeram, para descontrair, foi à catedral Notre Dame, obra-prima da arte gótica, cuja construção teve início em 1211, sendo construída em três séculos. Antes que se aproximassem do edifício, Amélie falou distraidamente:

– Não deixem de ver o Anjo Sorridente na frente da catedral.

– O quê? – perguntou Giselle, estupefata.

– O Anjo Sorridente, oras.

– Mas você nunca veio aqui antes, como sabe disso? Falaram na escola?

– Por que iriam falar sobre isso, mãe?

– Então, como sabe?

– Porque já estive aqui com a "tia" Adrienne.

Adrienne não estava acreditando no que acabara de escutar.

– Giselle, Amélie está falando a verdade sobre o Anjo. Logo estaremos diante dele.

– Espere um pouco. Deixe-me fazer uma pergunta a Amélie.

– Pode fazer – disse a menina com um sorriso enigmático.

Giselle tomou um ar sério e perguntou:

– Se olharmos a catedral de frente, o Anjo está do lado direito ou do lado esquerdo?

– É claro que está do lado esquerdo – respondeu Amélie –, e fica no meio, entre são José e Nossa Senhora.

Ao chegarem diante da imponente catedral, a primeira coisa que fizeram foi procurar a estátua a que se referira Amélie. Logo a encontraram. À esquerda dos visitantes, o Anjo, com suas asas abertas, parecia sorrir para quem se aproximava. Estava entre José e Maria, como dissera Amélie.

– Não acredito – disse Adrienne. – Eu já conhecia esta catedral, mas... e quanto a Amélie?

A garotinha abriu um sorriso maroto e respondeu:

– Eu também.

Da catedral, rumaram para o apartamento da amiga de Adrienne. O nome da jovem senhora era Heloïse, que as recebeu com muita atenção e simpatia. Depois de breve estadia ali, rumaram para a rua Saint-Thierry. Adrienne procurava disfarçar a ansiedade que tomava conta do seu peito. Giselle, embora já concordasse com a doutrina reencarnacionista, também estava aflita, afinal, era a veracidade do que dizia sua filha que estava em jogo. Mas, assim que entraram no Boulevard Albert Premier, Amélie olhou para a "tia" e disse convicta:

– É a segunda rua. Venham comigo – e disparou na frente.

Antes que Giselle e Adrienne chegassem, ela adentrou a rua Saint-Thierry e falou para Adrienne:

– A sua casa é depois do segundo quarteirão. Vamos lá.

Seguiram a indicação de Amélie e, depois de alguns quarteirões, em que viram casas simpáticas e muito bem cuidadas, ela estacou.

– A sua casa era aqui, mas está um pouco diferente. Está mais nova.

Adrienne aproximou-se de Amélie e lhe perguntou, enfática, fixando-se em seus olhos:

– Tem certeza do que está dizendo, Amélie? Não vai nos fazer passar vergonha?

– Não. Estou falando a verdade.

Adrienne olhou significativamente para Giselle e apertou a campainha, que ficava no portão da residência, um sobradinho recém-pintado. Um Peugeot estava estacionado na garagem. Não demorou muito e uma senhora surgiu à porta.

Nesse momento, Adrienne lembrou que não estava preparada para apresentar-se e iniciar a conversa. Foi difícil encontrar palavras, mas principiou o diálogo dizendo:

– Desculpe-nos incomodá-la. Viemos procurá-la, porque fiquei sabendo que provavelmente algum parente nosso morou aqui há muito tempo. Meu nome é Adrienne. Moro e trabalho em Paris. Esta é Giselle, minha prima, que atualmente reside no Brasil com a sua filhinha.

– Brasil? Eu tenho uma sobrinha que trabalha por lá – disse a senhora, agora menos intrigada com a visita. – Esperem, por favor, eu vou abrir o portão. – Depois de entrar na casa, voltou com uma chave, acompanhada de uma jovem. Enquanto abria o portão e pedia que entrassem, apresentou:

– Esta é Charlotte, minha filha.

Acomodadas na sala, Giselle procurou explicar que no Brasil havia um doutrina filosófico-religiosa, de origem francesa e codificada por Allan Kardec. Segundo essa doutrina, também científica, existia a lei natural da reencarnação. Pois a sua filha, segundo lhe haviam assegurado, era médium vidente e se lembrava de reencarnações passadas, tendo afirmado que já estivera naquela casa e que a sua prima, que ela insistia em chamar de tia, vivera ali.

– Quanta coisa ao mesmo tempo! – respondeu a senhora, que se apresentou como Pauline.

– Desculpe-nos – falou Adrienne –, mas viemos tirar essa história a limpo. Queremos saber se Amélie está ou não dizendo a verdade.

Nesse momento, Amélie, alheia ao que falavam, disse intrigada a Pauline:

– Naquele canto havia um relógio bem grande. Agora não está mais lá. No centro desta sala estava uma mesa pesada e escura, com cadeiras também pesadas. Era mais escuro aqui. E o pianinho que ficava ali, onde está?

Pauline ficou pálida. Charlotte segurou-a pelo braço. Depois de algum tempo emudecida, olhou ainda estupefata para Adrienne e Giselle, dizendo com certo tremor nos lábios:

– É tudo verdade. O relógio e o piano foram vendidos a um antiquário há vários anos. Quanto à mesa e às cadeiras escuras, também nos desfizemos delas para tornar a casa mais alegre. Há muito tempo esses objetos já não estão mais aqui. Mas como você sabe disso tudo, Amélie? Você é tão novinha...

– Eu já estive aqui, dona Pauline.

– Quando? Eu não me lembro.

– Faz muito... muito tempo. Quem morava aqui era Adrienne. Só que ela não se chamava Adrienne, mas Thérèse. O seu marido, meu tio, era Achille.

Pauline nada comentou. Apenas pediu que Charlotte fosse chamar sua avó. Depois, virando-se para Giselle e Adrienne, falou:

– Minha mãe está com noventa e oito anos e mantém uma memória melhor que a minha. A minha filha já virá com ela.

Passados alguns minutos, entrou na sala uma senhora idosa, que mantinha uma postura aprumada, sendo, porém, amparada pela neta.

Pauline apresentou-a como Valérie, dizendo da sua vitalidade, mesmo sendo tão idosa. A senhora brincou, respondendo:

– Sou idosa, mas não estou morta, não é mesmo? Mas Charlotte me disse que me chamaram para tirar uma dúvida. Podem dizer qual é? Se possível, terei prazer em ajudar.

– Mãe – disse Pauline –, esta senhora tem uma filha, esta linda menina. Disseram-lhe que ela é médium e que consegue recordar-se de existências passadas.

– Bem, de mediunidade eu não entendo muito, e de existências passadas, menos ainda.

– Não, não é sobre isso. Ela contou à sua mãe que já visitou esta casa, embora residam no Brasil. Como vieram passar uns dias na França, a mãe dela e a prima trouxeram a menina nesta rua, pois ela afirmou que sua prima havia morado aqui. Sem nenhum titubeio, ela apontou a nossa casa como sendo a antiga residência de Adrienne, sua prima.

– Adrienne? Não me lembro de ninguém com esse nome em nossa família.

– Não, não. Amélie afirma que foi noutra existência, e que a prima, naquela ocasião, foi sua tia, com o nome de Thérèse, tendo por marido um senhor chamado Achille. Por acaso você se lembra de algum casal dos nossos antepassados que tivesse esses nomes?

Valérie, acomodada numa poltrona, pensou um pouco e respondeu à filha:

– Sei que isso deve ter sido há muito tempo. Podem precisar a época?

– Só pode ter sido no século XIX.

Valérie sorriu levemente e começou a falar:

– No início do século XX, eu era criança. Hoje sou idosa e não estou mais com a memória muito boa. Não me lembro de nenhum Achille em nossa família.

Adrienne fez um olhar de frustração. Entretanto, após algumas frases mais, Valérie teve um lampejo. Empertigou-se na poltrona e falou com vivacidade:

– Esperem um pouco! Lembro agora que minha avó falava de um primo distante que se chamava Achille. Era um jovem muito inteligente, que trabalhava numa farmácia em Paris, na rua Vaneau. Mudou-se depois para Reims e ficou morando aqui, com meus pais, algum tempo, antes de conseguir novo emprego e nova moradia. Isso foi mesmo ainda no século XIX. Esperem! Ele era recém-casado, e a sua esposa, muito jovem. Morreram num acidente, em que foram atropelados por um trem na estação ferroviária. Como era mesmo o nome dela?

Valérie colocou a mão direita na têmpora, fechou os olhos e logo depois pediu à neta:

– Charlotte, faça-me um favor. Vá até o quarto da sua mãe e pegue aquele antigo álbum de família na gaveta do armário. Penso que teremos uma resposta certeira para este caso.

Enquanto a jovem subia a escada, Valérie confessou a Giselle e Adrienne:

– Aqui entre nós, eu sempre fui favorável à reencarnação. Quando se começou a falar sobre existências passadas, embora muita gente achasse loucura, sempre fui simpática a essa ideia. Não sei muito bem o que pensa Pauline, mas eu sou favorável.

– Para dizer a verdade, mãe, eu não penso nada. Acho um pouco estranho, mas respeito quem acredita nisso.

– Bem, o fato de eu ser favorável à reencarnação não quer dizer que seja verídico o que esta linda menina disse. Não estou falando que ela seja mentirosa, mas na sua idade é fácil alguém ser iludido pela fantasia. Creio que logo saberemos a verdade.

Em pouco tempo, Charlotte voltou com um antigo álbum de fotografias. Valérie tomou-o nas mãos e começou a folheá-lo.

– Aqui está a fachada da farmácia em que trabalhou Achille. Ficava mesmo na rue Vaneau, em Paris. Mas não é isto que estou procurando.

A senhora, com muita paciência, continuou a virar as páginas, até dizer:

– Era esta a foto que eu queria encontrar.

A fotografia, já desgastada, mostrava um casal e, embaixo, escrito com tinta preta quase apagada, estava o nome de cada uma daquelas pessoas. Com óculos para leitura, Valérie curvou-se, fixou bem o escrito e disse para Giselle, demonstrando emoção nas palavras:

– Por favor, leia você mesma.

Giselle, trêmula, olhou para a foto do casal e leu, com certa dificuldade, as letras diluídas pelo tempo que estavam sob a imagem de cada uma das pessoas fotografadas:

– Achille e Thérèse.

Adrienne ficou lívida e, em seguida, começou a chorar, abraçada a Amélie. O impacto foi muito grande em cada uma daquelas pessoas, que acabavam de confirmar as lembranças pretéritas daquela criança em sua pureza infantil.

Pauline cortou o silêncio:

– Ouvi falar de dois ou três casos de crianças que diziam ter vivido outras existências. Dizia-se, em cada um deles, que aquilo que elas haviam afirmado se confirmava com as provas encontradas. Mas nunca pensei que isso aconteceria em minha casa. Realmente, não sei o que dizer.

Giselle, procurando recobrar-se, explicou:

– A doutrina espiritualista de que lhes falei, e muito seguida no Brasil, é o Espiritismo, que foi codificado por um francês: Hippolyte Léon Denizar Rivail, conhecido pelo pseudônimo de Allan Kardec. Em meu país, os espíritas fazem muitos estudos sobre essa doutrina e afirmam que, de fato, vivemos muitas existências para poder dar continuidade ao nosso progresso espiritual, até atingirmos o nível de espíritos puros. Eles se dizem reencarnacionistas e também afirmam que há crianças que se recordam de reencarnações passadas. Isto, sem dúvida, acontece com a minha filha.

– Eu havia dito que era simpática à ideia da reencarnação, mas o que aqui aconteceu surpreendeu também a mim – confessou Valérie. – Esta menininha nos deu uma lição. Não podemos mais dizer que ela inventou tudo que estava dizendo. As provas não mentem.

Mas ainda estava para acontecer outro fato que selaria de vez a veracidade do que dizia aquela criança. As conversações já chegavam ao final, quando, de modo inesperado, Amélie perguntou a Valérie:

– Ainda existe o chafariz no quintal?

Mais uma vez, todos ficaram surpresos. Aquela senhora idosa, que já simpatizara com Amélie, logo respondeu:

– É verdade. Havia mesmo um chafariz em nosso diminuto quintal, mas, por tomar muito espaço, foi retirado. Você tem razão, minha linda menina, havia sim um chafariz.

– A água saía de uma cesta carregada por uma menina. Na cesta havia muitas flores.

– É espantoso o que você diz – falou Pauline. – A descrição do chafariz é perfeita. Como sabe de tudo isso, minha querida?

– Eu já estive aqui, e agora me lembrei.

As descobertas emocionaram Adrienne, que recebeu de Valérie, como presente, a velha fotografia, quase apagada, de quem teria sido ela mesma em outra encarnação. Olhando para a foto, com olhos lacrimejantes, confessou:

– Gente, estou muito confusa. Não sei o que dizer. Só posso afirmar que uma energia diferente brotou do meu interior.

– Boa ou má? – perguntou Giselle.

– Boa, muito boa.

A conversa prosseguiu por mais alguns minutos, até Giselle fazer menção de se retirar. Antes, porém, fez mais uma pergunta:

– Pauline, você disse que tem uma sobrinha que mora no Brasil?

– Sim. Logo depois que a minha irmã faleceu, ela recebeu uma oferta para trabalhar na filial de uma indústria francesa, no Brasil, e partiu para lá. Talvez para suavizar a lembrança da sua mãe, pois elas moravam no mesmo apartamento.

– Entendo.

– Já faz cinco anos que ela mora na cidade de São Paulo. Seu nome é Cécile. Casou-se no ano passado com um brasileiro, e recebi há um mês a notícia de que já é mãe de um menino, que nasceu muito robusto.

– Ótimo! Se você tiver seu endereço, poderei procurá-la e contar da visita feita a você, a Valérie e a Charlotte.

– Muito bom! Eu vou passar-lhe o endereço. – E foi até o quarto, voltando com um pedaço de papel. – Aqui está. Agradeço a sua boa vontade. É pena que não tenham conhecido o meu marido. Ele gostaria de conversar com vocês.

– Quem sabe algum dia nos encontraremos novamente? – falou Adrienne, levantando-se.

As despedidas foram demoradas, pois a visita fora muito agradável para as moradoras daquela casa simpática. Quando já saíam para a rua, Valérie ainda disse:

– Escrevam para nós. Ficaremos felizes em ter notícias de vocês.

A volta até Paris foi silenciosa. Havia muito a ser meditado, analisado, enfim, revisto. Adrienne continuava com a sensação de que algo de bom havia acontecido a partir da visita àquelas pessoas, desconhecidas pela manhã, mas tidas agora por amigas de longa data.

Já no apartamento, Adrienne começou a falar de tudo o que ocorrera naquele dia.

– É incrível o que aconteceu hoje, Giselle. Aproveitemos para conversar, agora que Amélie já está na cama.

– Vamos conversar, sim.

– Tivemos hoje várias provas da veracidade do que Amélie havia dito, sem nunca ter estado naquela casa. Primeiro o relógio, depois o piano, a mesa e as cadeiras. A foto confirmou o que ela dissera a respeito de Achille e Thérèse. E, por fim, o chafariz. Não pode ser coincidência, prima. Não pode! Preciso conhecer esse tal de Espiritismo, que você me falou poder explicar tudo isso. Quanto a mim, ainda estou muito confusa. Aquela moça na foto quase apagada sou eu? E como é possível estar aqui e olhar para mim no final do século XIX? Ou era século XX?

– Segundo Valérie, essa foto é do final do século XIX.

– Tudo bem, mas como isso é possível? Que loucura! E eu teria morrido atropelada por um trem? Como explicar tudo isso?

– Adrienne, eu não tenho conhecimento profundo do Espiritismo, mas li no *Livro dos Espíritos* que há explicação para o que estamos conversando.

– Entendo, mas me adiante alguma coisa.

– Segundo a Doutrina Espírita, reencarnamos muitas vezes, a fim de poder progredir, atingindo a cada vez um patamar mais elevado na espiritualidade. Assim que falecemos, como somos espíritos, passamos algum tempo no mundo espiritual, preparando-nos para a futura reencarnação.

– Tudo bem. Mas quanto tempo ficamos nessa preparação?

– Varia de pessoa para pessoa. A reencarnação pode ocorrer após algumas horas, assim como pode ser realizada após milhares e milhares de anos.

– Bem, segundo esse critério, não seria impossível eu ter falecido na segunda metade do século XIX e ter reencarnado em pleno século XX. No entanto, tudo me soa ainda como uma verdadeira loucura.

– Concordo. Pense, porém, em Sérgio e Mara. Eles demonstram alguma coisa de loucos?

– Não. Claro que não. Pois é justamente a partir daí que fico intrigada.

– Leia *O Livro dos Espíritos*, que você comprou no Brasil. Muitas respostas estão ali, em suas páginas.

– Farei isso, Giselle. Recomeçarei hoje mesmo a leitura, antes de pegar no sono.

No tempo que ainda restava em Paris, Giselle quis visitar o túmulo de Allan Kardec, no cemitério de Père-Lachaise. Para lá se dirigiu com Adrienne e Amélie na manhã seguinte. Era uma manhã límpida, e havia muitos visitantes naquele que era um dos cemitérios mais conhecidos do mundo.

Depois de percorrerem várias alas, chegaram à sepultura do Codificador do Espiritismo. Enfim estavam diante do dólmen erguido em homenagem à origem druídica de Kardec. Havia uma profusão de flores deixadas pelos visitantes. Na grande pedra horizontal, Giselle pôde ler atentamente a mensagem bastante conhecida e muito repetida pelos adeptos do Espiritismo, por sua veracidade lapidar: *Naître, mourir, renaître encore et progresser sans cesse, telle est la loi*, isto é: "Nascer, morrer, renascer ainda e progredir sem cessar, tal é a lei". Após a leitura, Giselle olhou para Adrienne e disse, comovida:

– Nós tivemos uma prova disto, Adrienne. Não dá mais para negarmos a lei da reencarnação.

– Confesso que ainda fico bastante confusa, Giselle, mas você tem razão. Não temos como negá-la.

Sob a pedra horizontal, Giselle observou o busto de Kardec, assentado num pedestal de granito. No pedestal, pôde ler: "Allan Kardec. Fundador da filosofia espírita". E logo abaixo: "Para todo efeito há uma causa. Para todo efeito inteligente, há uma causa inteligente. O poder da causa é a razão da grandeza do efeito". Logo abaixo: "3 de outubro de 1804 -31 de março de 1869". Giselle tomou da caneta e anotou tudo o que havia lido para meditar a respeito, posteriormente. Em seguida, observou que no mesmo dólmen se encontravam os restos mortais da esposa de Kardec: Amélie Boudet. No pedestal que sustentava o busto de Kardec, do lado esquerdo, ainda leu: "Amélie Gabrielle Boudet. Viúva de Allan Kardec. 21 de novembro de 1795 - 21 de janeiro de 1883".

Depois de alguma reflexão, Giselle virou-se para Adrienne e falou:

– Como ainda temos algum tempo, gostaria de visitar o túmulo de Hahnemann.

– Hahnemann?

– O criador da homeopatia.

– Você tem algum interesse por homeopatia?

– Faço uso de remédios homeopáticos, Adrienne. E posso dizer que eles me fazem bem.

– Nesse caso, vamos obter alguma informação que nos leve ao túmulo que quer visitar.

Depois de algumas perguntas, seguiram pelo caminho indicado, chegando diante do túmulo de Hahnemann, onde havia o busto do criador da homeopatia. Depois de algum tempo em silêncio, Giselle comentou com a prima:

– Você sabe que só tenho tratado Amélie com a medicina homeopática?

– Não. Para dizer a verdade, nunca usei nenhum remédio da homeopatia.

– Procure conhecê-la. Se faz bem para mim e Amélie, também fará para você. O médico que me receita os remédios é espírita. Isso, porém, não quer dizer que somente espíritas façam uso da homeopatia. No Brasil, ela é bastante respeitada, embora haja também os detratores.

– Você vem me ensinando muitas coisas, prima, e eu nada tenho ensinado a você...

– O que é isso? Você vem me ensinando uma das coisas mais importantes da vida: a amizade.

– Agora você me elogiou – respondeu Adrienne, rindo –. Se pensa assim, só tenho a agradecer, pois já posso dizer que você é uma amiga sem igual.

– Sabe o que dizem no Brasil quando duas pessoas começam a se fazer elogios?

– Não.

– Dizem que estão *jogando confete* uma na outra.

– Tinha de haver alguma coisa de Carnaval no meio. Mas me fale sobre a homeopatia.

– Não conheço muito bem, mas, se Hahnemann me ajudar, direi do pouco que sei.

– Vamos lá.

– A homeopatia, como me ensinou o médico homeopata, trata do ser humano como um todo, e não de sintomas isolados. Ela busca o equilíbrio entre as funções fisiológicas e psíquicas do indivíduo. Na verdade, a homeopatia explica, desde Hahnemann, a correlação entre as emoções e a estrutura física do ser humano.

– Isso é medicina psicossomática.

– É verdade, mas com muitos anos de antecedência. A homeopatia, Adrienne, tem ainda um princípio que a difere da alopatia. Tal princípio, em latim, diz: *Similia similibus curantur*, isto é, os semelhantes são curados pelos semelhantes. Desse modo, a cura para um veneno deve ser buscada no mesmo veneno. Isto se chama "princípio da lei dos semelhantes". Ele estabelece que uma doença específica pode ser curada pela substância capaz de reproduzir os mesmos sintomas da doença. Enfim, as mesmas substâncias que causam as doenças podem curá-las, quando administradas em doses muito pequenas.

– Interessante. Já tinha ouvido falar muitas vezes na homeopatia, mas, francamente, nunca me interessei. Agora, você acaba de me abrir os olhos. Procurarei conhecê-la um pouco mais.

– Dizem que Hahnemann foi, noutra encarnação, Paracelso, alquimista, médico e filósofo do século XVI, considerado um precursor da bioquímica e da toxicologia.

– E cá estamos nós de novo, Giselle, às voltas com a doutrina reencarnacionista.

– É verdade. Terei muito a conversar com meus amigos Sérgio e Mara.

Giselle ainda visitou o túmulo onde se encontravam os restos mortais de Frédéric Chopin, o grande compositor polonês, que nos deixou muitas das mais belas composições eruditas. Depois, em silêncio e segurando as mãos de Amélie, as primas deixaram o cemitério.

Tendo visitado alguns parentes, Giselle quis, como última visita, ir até a rue des Martyrs. Fora ali que Kardec compilara todos os dados de *O Livro dos Espíritos*. Amélie já dissera ter estado nesse local, mas Giselle, para pôr mais uma vez à prova a sua filha, disse que ia tomar um café em algum lugar, dirigindo-se para essa rua. Seguindo pela rue Lamartine, entraram à direita, na rua onde residira Kardec. Amélie, que falava sobre a sua gatinha, que ficara em São Paulo, logo olhou para a rua, que estava movimentada, e ficou em silêncio. Ao passar diante da *brasserie* Le Commerce, Giselle falou para Adrienne, em tom despreocupado:

– Vamos sentar-nos numa destas mesinhas de rua e saborear um café?

Quando a prima respondia afirmativamente, Amélie arregalou os olhos e falou, apontando para a porta simples, de cor marrom:

– Aqui morava o professor. Aqui mesmo.

Giselle, tentando disfarçar a emoção que sentia, perguntou:

– Que professor, Amélie?

– O professor Rivail, quem mais poderia ser?

– Não entendi. Explique melhor.

– O professor que escreveu o livro que você tem em casa.

Giselle olhou bem para a porta do prédio. Estava fechada, e sobre ela havia uma pequena placa com o número oito. Em seguida, pegou no bolso o papel que levara com o endereço da antiga residência de Kardec. Nele estava anotado:

> **Residência de Allan Kardec:**
> **Rue des Martyrs, n$\underline{o}$ 8**
> **2$\underline{o}$ andar – fundos**

Virando-se para Adrienne, Giselle comentou:

– Ela acertou, prima. Neste prédio morou Kardec.

– Mas ela pode ter ouvido isso no centro espírita, onde frequenta aulas aos sábados.

– É verdade. Entretanto, ela já havia afirmado isso, antes mesmo de ter entrado pela primeira vez naquele centro. Adrienne, ela já esteve aqui. E foi no século XIX.

Nada mais havia a comentar. Esse fato selou a viagem de Giselle e Amélie à França. Restava apenas arrumar a mala e voltar para o Brasil. Porém, horas antes de ir ao aeroporto, Giselle ainda escutaria uma confissão de Adrienne que a deixaria feliz, a ponto de emocionar-se. A prima aproximou-se dela e falou com sinceridade:

– Eu fui ao Brasil para visitar uma prima e encontrei uma amiga. Não esperava por isso, Giselle, e devo dizer que me sinto muito feliz. E mais: não sabia que tinha uma priminha tão maravilhosa quanto Amélie.

A garotinha, que estava recostada no colo da mãe, corrigiu:

– Sobrinha.

– Ah! Desculpe-me, querida. Você é minha linda sobrinha.

Amélie sorriu, acrescentando:

– Linda e inteligente.

– E também vaidosa e metida – completou Giselle, num misto de brincadeira e seriedade.

– Mas, antes de partirem, ainda devo fazer-lhes uma confissão. Quando estive no laboratório químico, recebi um convite.

– Um convite?

– Sim. Estão precisando de alguém para gerenciar o departamento de compras e, pelas minhas características, pensam que sou a profissional ideal para ocupar o posto vago pela aposentadoria de Louis Legrand, que foi um excelente colaborador da empresa.

– E você aceitou, é claro! – comentou Giselle, entusiasmada.

– Eu estava em dúvida, pois não tinha conhecidos e muito menos amigos no Brasil, um país distante e misterioso para mim. Mas, depois que passei a conhecê-la realmente, prima, e após ter conhecido Sérgio e Mara, não tive dúvida: aceitei, embora ainda tenha de conversar com o pessoal daqui. O diretor da minha área pode pôr tudo a perder. O meu retorno à empresa será amanhã. E a decisão será mais dele que minha. Torça para que dê tudo certo.

– Vai dar certo, sim. Vou ligar agora mesmo para Sérgio. Ele vai fazer o que puder, a fim de que você receba autorização para rumar à filial do laboratório.

Sem perda de tempo, Giselle fez a ligação internacional e conversou durante alguns minutos com o seu amigo, que se prontificou a pedir ajuda ao diretor-geral da filial brasileira. Após a ligação, ela ainda falou para Adrienne ir morar em seu apartamento. Adrienne aceitou ficar ali algum tempo até encontrar uma moradia para ela. Depois, foram ao aeroporto e despediram-se longamente.

– Vá logo para o Brasil, Adrienne!

– Tudo dará certo; logo estarei com vocês novamente.

A volta para São Paulo foi repleta de boas expectativas. Giselle ganhara uma amiga, e Amélie confirmara uma "tia"...

CAPÍTULO 21

Confabulações

Assim que chegou em seu apartamento, Giselle ligou para Mara. Estava com saudade da amiga e tinha muita coisa para contar. Como naquela noite Sérgio tivesse de voltar bem mais tarde do trabalho, ela se dispôs a ir sozinha ao apartamento da amiga.

— E então? Como foi o passeio?

— Maravilhoso, Mara. Aconteceram coisas incríveis. Se eu ainda tivesse alguma dúvida, por menor que fosse, quanto à reencarnação, agora já não teria mais.

— Conte-me o que aconteceu.

Giselle contou em detalhes tudo o que ocorrera diante da catedral de Reims, na rue Saint-Thierry, em casa de Valérie e Pauline, assim como na rue des Martyrs. Ao concluir o seu longo relato, olhou nos olhos de Mara para saber o que ela pensava.

— É realmente um caso de lembrança de vida passada, Giselle. Há inúmeros relatos como esse. Já conversamos a respeito.

— É verdade. E essa foi mais uma confirmação da Doutrina Espírita da reencarnação.

— A doutrina da imortalidade da alma e da reencarnação, Giselle, como você já sabe, é muito anterior à codificação do Espiritismo. Só para dar um exemplo, lembro que no *Mahabhárata*, principal épico religioso da Índia, o deus Krishna diz ao príncipe Arjuna algo como: "O corpo, envoltório frágil, modifica-se, decompõe-se e perece. A alma, entretanto, a alma eterna que não se pode conceber, esta não perece. Ela não conhece o presente, o passado e o futuro. É antiga, eterna, sempre virgem, sempre jovem, imutável, inalterável".

– É a doutrina da imortalidade da alma – concluiu Giselle, atenta.

– Isso mesmo. Agora falemos de um povo ancestral de Kardec: os celtas. Dentre eles, os druidas tinham um aspecto relevante, pois, além de sacerdotes, desempenhavam um papel primordial na sociedade: aconselhavam o rei, eram juízes, ensinavam ciências e tinham conhecimentos de Astronomia e Medicina. Pois bem, recordando Júlio César, Léon Denis nos conta que, ao verem-se diante das espadas dos romanos, que iriam golpeá-los, eles olhavam nos olhos do agressor sem dizer nenhuma palavra e caíam no chão sem reagir nem expressar qualquer medo perante a morte. Isto porque possuíam a concepção de que voltariam a encontrar-se numa outra vida. Com isto, demonstravam também a certeza que tinham da reencarnação. No livro *A guerra das Gálias*, afirma Júlio César, textualmente, que os druidas acreditavam que as almas não perecem e que, após a morte, passam de um corpo para outro. Portanto, Giselle, a doutrina da reencarnação vem de longa data. Creio mesmo que sempre esteve na alma do homem, desde a Pré-História. Mas, se me permite, gostaria de levá-la novamente até dona Estela, a fim de que você lhe conte tudo o que se passou em Reims e Paris. Aguardemos o que ela nos tem a dizer.

Giselle conversou também sobre a visita ao Museu do Louvre, ao túmulo de Kardec, de Hannemann e de Chopin, no cemitério Père La-Chaise. Depois, falou ainda sobre a possível vinda de Adrienne para São Paulo.

– Sérgio já conversou com o diretor, que também está interessado no caso. Como depende de contatos com a matriz, creio que até a semana que vem teremos uma resposta. E que seja positiva. Gostei muito de Adrienne. Será mais uma amiga para as nossas confabulações.

Amélie, que já se deitara, apareceu de repente na sala com a sua gatinha nos braços.

– Mara, Lili quer lhe dar boa-noite. Ela já vai para a cama comigo.

– Com você?

– Por que não? Ela é limpinha e muito boazinha.

– Não tenho dúvida, Amélie. Durmam, então, com Deus.

Mara acariciou a pelugem da gatinha, beijou a face de Amélie e aproveitou para despedir-se. Conversaria com dona Estela, no centro espírita, marcando uma data para o encontro.

❦

Na quinta-feira seguinte, à noite, rumaram para o centro espírita Sérgio, Mara, Giselle e Amélie. Dona Estela os recebeu com seu largo sorriso. Perguntou sobre a viagem de Giselle à França e, em seguida, entrou no assunto principal.

– Mara falou-me que você presenciou fatos dignos de atenção. Quais foram, precisamente?

– Dona Estela, penso que se confirmou a minha crença na reencarnação. Vou contar-lhe em detalhes.

Depois de vários minutos em que Giselle procurou ser bastante minuciosa, dona Estela sorriu, dizendo:

– Isso é, sem dúvida, a confirmação da lei da reencarnação. – Em seguida, olhando para Amélie, perguntou: – E você, meu amor, o que tem a dizer?

– Tudo que minha mãe falou é verdade. Mas também foi muito fácil. Foi só eu olhar para a casa de dona Valérie e dona Pauline, que me lembrei de tudo. Dona Pauline deu um beijo no meu rosto e disse: "Você é espertinha, garota". Achei engraçado. Na rue des Martyrs, também. Olhei para a porta e para o número oito, e logo me lembrei de que era a casa do professor, muito tempo atrás.

Dona Estela pousou o olhar em Giselle e falou com naturalidade:

– Realmente, Giselle. A sua filhinha já viveu na França, no século XIX.

Nesse momento, Amélie falou, entusiasmada:

– Dona Estela, minha avozinha está contente comigo, porque só falei a verdade.

Dona Estela sorriu e comentou com os demais:

– De fato. A avó de Amélie se encontra conosco e a elogiou por ter dito apenas a verdade.

Giselle, com muita alegria, deixou que fossem feitos comentários por Mara e Sérgio e, em seguida, fez um pedido inesperado:

– Dona Estela, eu só tenho a agradecer por tudo o que a senhora nos tem feito, desde os tempos em que meu marido esteve também aqui. Estou plenamente convencida da veracidade da lei da reencarnação, mas eu queria algo mais. Sérgio e Mara são duas almas especiais que tanto me têm ajudado. O conhecimento deles é muito grande. E eu gostaria de conhecer um pouquinho mais a Doutrina Espírita. Assim, o meu pedido é poder estudar, aqui no centro, pois, com certeza, há muito mais a aprender sobre o Espiritismo.

Mara e Sérgio, que não sabiam da decisão da amiga, ficaram muito felizes. Giselle foi orientada a conversar com a dirigente da área de ensino, ficando acertado que, assim que abrissem as matrículas, ela faria o primeiro ano básico do curso. Ao final desse primeiro ano, seria decidido se continuaria os seus estudos no Curso de Médiuns ou no Curso de Aprendizes do Evangelho.

Era uma nova etapa na vida de Giselle, que sentia muita falta da presença física de Armand, mas que tinha certeza de que o amor entre ambos ainda os unia, como quando ele cumpria seu estágio no plano terrestre.

<hr />

Era sexta-feira da semana seguinte quando Giselle recebeu um telefonema. Do outro lado da linha, uma voz alegre anunciou:

– Minha prima, vou morar no Brasil! Consegui a transferência.

Giselle ficou eufórica:

– Esta é a notícia que eu mais queria ouvir! Adrienne, vou deixar o quarto prontinho para recebê-la. Quando você chega?

– Na quarta-feira. Terei o restante da semana para me ajeitar, começando o trabalho na outra segunda. Mas não vou ficar muito tempo aí. Alugarei um apartamento para mim. Aliás, quero pedir a sua ajuda.

– Com certeza. Mas pode ficar aqui quanto tempo for necessário.

Amélie pulou de alegria, pois tinha criado um vínculo muito forte com a sua tia de outra existência.

O quarto de visitas foi preparado com todo o carinho para receber Adrienne. Sérgio e Mara também ficaram felizes, tendo ele contribuído para que a vinda de Adrienne se tornasse realidade. Ficou combinado que fariam um jantar especial no sábado, no apartamento de Giselle. Adrienne seria recebida com comida brasileira.

⚜

Eram cinco da tarde quando Adrienne desceu do avião, sendo logo depois recebida efusivamente por Giselle e Amélie, seguindo para o bairro de Pinheiros. Tudo estava preparado no apartamento da prima. O dormitório destinado a Adrienne recebera decoração especial. Quando entrou nele, brincou:

– Giselle, eu sempre ouvi dizer que no Brasil todos são hospitaleiros, mas não esperava que uma estrangeira pudesse adquirir o mesmo hábito, e com tanta sofisticação.

– Adrienne, vou fazer-lhe uma confissão: amo o meus país, mas já me sinto uma brasileira, apesar do sotaque. Armand chegou a dizer a mesma coisa, dias antes de partir para o mundo espiritual.

O sábado chegou com muita rapidez. Às três da tarde, Sérgio e Mara entravam no apartamento de Giselle, como haviam combinado por telefone. Para fazer uma surpresa a Adrienne, esta fora levada à cabeleireira. Após a chegada do casal, também Adrienne foi à cabeleireira. Dali, iria ao cinema com a prima, só voltando às vinte horas. Nesse meio-tempo, Sérgio e Mara ficaram preparando o jantar "à moda brasileira", como fizeram questão de dizer. Amélie passou a tarde no apartamento de uma amiguinha.

Pouco antes do horário combinado, entravam Giselle, Amélie e Adrienne. A mesa estava toda decorada. Muitos abraços foram dados, muita conversa foi estabelecida, com Giselle fazendo as vezes de intérprete, e muitos risos se fizeram ouvir. Quando chegou o momento, Sérgio levou da cozinha para a sala uma grande bandeja de salada. Ali havia sobre folhas de alface: batata cozida, presunto picado, maionese, ervilha, maçã picada, azeitonas, cenouras e vagens cozidas, pimentões, ovos cozidos e até beterraba. Essa combinação recebeu o título de "salada à brasileira". Mara levou também à mesa uma jarra com suco de melancia e hortelã.

Após a salada, serviu-se camarão na moranga, acompanhado de arroz com nozes. Como sobremesa, ainda foi servida uma torta *light* de laranja.

Adrienne, extasiada, perguntou:

– No Brasil se come sempre assim?

– Não, Adrienne – respondeu Sérgio. – Ainda não chegamos a esse ponto. Há mesmo muita carência alimentar por aqui. Este foi um jantar especial, em comemoração à sua vinda à nossa terra.

Mara riu, acrescentando:

– E que seja para sempre.

Adrienne ficou emocionada com a recepção calorosa dos amigos, e agradeceu:

– Não creio merecer tanta atenção, mas me sinto extremamente grata pela amizade que vocês me dedicam. Procurarei retribuir também com amizade verdadeira, nascida do coração.

Amélie, que tudo ouvia em silêncio, falou rindo para Sérgio e Mara:

– Minha "tia" é muito bacana. Sempre foi assim...

A conversa prosseguiu muito animada, até as 23h30, quando Sérgio, olhando para o relógio, sugeriu a Mara que se despedissem. Ficou acertado que Adrienne, na segunda-feira, seria recebida no laboratório por Sérgio, que a levaria até o diretor da área em que ela iria passar a trabalhar.

– Lembre-se, Adrienne – disse-lhe –, estarei sempre à sua disposição, principalmente no início, em que você ainda desconhece a língua portuguesa.

Adrienne agradeceu e aproveitou para informar que, na semana seguinte, começaria um curso de português para estrangeiros na mesma escola de idiomas em que Giselle lecionava.

O jantar havia sido um grande sucesso...

❦

Depois de lavarem todas as louças, copos e talheres, Giselle e Adrienne dirigiram-se à sala e começaram a conversar. O diálogo surgiu de maneira espontânea, deixando-as completamente entretidas com os assuntos que iam se desdobrando com animação. Passava de uma da madrugada quando Amélie, que acordara e ouvira vozes na sala, para lá se dirigiu. Vendo a mãe e a "tia" em conversa animada, abriu um sorriso e disse naturalmente:

– Mãe, papai mandou-lhe um beijo e um grande abraço.

Giselle parou de falar, virou-se para a filha e perguntou, espantada:

– O quê, filhinha?

– Papai mandou-lhe um beijo e um grande abraço.

– Explique-se melhor, Amélie.

– Eu estava dormindo, quando senti um toque suave no rosto. Abri os olhos e lá estava papai, sorrindo para mim.

– E aí?

– Ele sentou-se a meu lado e falou que estava muito feliz por saber que estamos vivendo bem, mesmo sentindo a falta dele. E disse que ele também sente muita saudade de você e de mim, mas que precisa fazer tudo certinho onde ele está, para que possamos nos encontrar mais tarde e ter uma nova vida, ainda melhor que esta. Depois me deu um beijo e falou que vinha até a sala.

– Não brinque, filhinha. Ele veio aqui?

– Não. Ele está aqui. Ele abraçou você, deu um beijo em sua testa. Depois passou a mão na cabeça da "tia".

Adrienne olhou para o lado, querendo ver quem ali estava.

– Você não vai conseguir ver, "tia". Mas ele acabou de abençoá-la e disse que vai orar para que você seja feliz no trabalho aqui no Brasil.

Adrienne comoveu-se com o que acabara de escutar. Amélie olhou para a mãe e comentou, ainda:

– Mãe, papai pede que eu lhe dê um aviso.

– Diga, Amélie.

– Ele está falando que Sérgio e Mara sempre estiveram certos. E também dona Estela. A vida continua mesmo, e o espírito é imortal. Ele diz também que vocês tinham combinado uma coisa: quem partisse primeiro viria confirmar essa verdade: se a vida continua realmente. Pois, como continua, ele aqui está para que você creia, tanto na vida eterna quanto na lei da reencarnação. Agora ele tem de partir. Manda um grande beijo a todos e diz que a ama para sempre.

Giselle começou a chorar. A emoção era muito forte. Ela chegou a sentir a presença de Armand, o que ainda não havia acontecido até aquele momento. Depois de alguns minutos de silêncio, enxugou as lágrimas e, abraçada em Amélie, confessou:

– Adrienne, eu nunca havia dito a ninguém, nem mesmo a Amélie, mas fiz realmente um acordo com Armand, pouco antes de ele partir. Se houvesse mesmo vida após a morte ou vida após a vida, quem primeiro desencarnasse viria confirmar essa verdade para quem tivesse ficado no mundo terreno. Portanto, ele esteve mesmo aqui, cumprindo o nosso trato. E confirmou a veracidade da crença na imortalidade da alma e a verdade da lei da reencarnação. Estou até arrepiada. É verdade que fico entristecida com a falta da presença física dele, mas, ao mesmo tempo, alegro-me por saber que não terminamos com a morte. Como disseram Sérgio e Mara, a morte é apenas a destruição do corpo físico, visto que a alma permanece para todo o sempre.

Abraçando ainda mais a filha, Giselle ainda falou:

– Obrigada, filhinha. Você é um anjo abençoado por Deus.

O início do trabalho de Adrienne na sucursal brasileira do laboratório francês não foi nada fácil. Mesmo já estando a estudar a língua portuguesa, certas palavras e muitas expressões lhe eram desconhecidas. Várias vezes, Sérgio teve de ir até ela para fazer-se de intérprete. Chegou-se a pensar em contratar um intérprete profissional durante alguns meses, mas a própria Adrienne achou que assim ela demoraria mais a aprender a nova língua. Por isso, continuou se esforçando por entender o que lhe diziam e por falar corretamente. Às vezes, diálogos que deveriam ser breves tornavam-se longos e até cômicos:

– Adrienne, você pode ir até a sala de reunião da fábrica?

– *Comment?* Como?

– Você pode ir até a sala de reunião, agora? Ubaldo está pedindo.

– Ubalde? *Je ne comprend pas! Je* não comprrrenda!

– O quê?

– Eu não comprrrenda... Ah! Você prrrecisa da balde? Que balde? Balde de quê?

– Não é isso. Ubaldo precisa falar com você. Ubaldo *parler à toi.*

– *Je ne comprend pas!* Balde *parler à moi?* Um balde falarrr comigo? *Parbleu! Tu me casses le pieds!* Isso é loucurrra!

– O quê?

– Deixa praaa lá! Fale de nova.

Para que os diálogos tivessem um final feliz, foi necessária, várias vezes, a intervenção de algum funcionário brasileiro que falasse francês. Mas, apesar desses entraves, Adrienne foi logo se habituando ao modo de vida brasileiro, fazendo várias amizades e saindo em turma do local de trabalho a um restaurante, a fim de aprender logo a nossa língua. Sérgio, Mara, Giselle e a pequena Amélie também ajudaram muito.

Seis meses depois de sua chegada a São Paulo, Adrienne já falava fluentemente o português, embora carregado de sotaque.

– Lucas, porrr favorrr, trrraga-me o relatórrrio.

– Eveliná, parrrabéns! Muitos anos de vida! E muito dinheirrro também.

Depois de um ano em São Paulo, já morando num apartamento próprio, bastante próximo do apartamento de Giselle, Adrienne era conhecida na sucursal da organização francesa como uma excelente profissional, admirada por sua competência e pela facilidade com que se relacionava com os profissionais de todos os níveis da empresa.

Pois foi devido a esses contatos profissionais que conheceu Vítor, engenheiro do departamento agora dirigido por Sérgio. Assim como seu chefe, ele também era espírita e frequentava o centro de dona Estela.

Depois de algumas visitas conjuntas ao apartamento da prima e de alguns jantares, teve início o namoro entre eles. Giselle ficou muito contente, pois já conhecia Vítor, que era expositor no curso de médiuns do centro espírita.

– Fique tranquila, Adrienne. Vítor é uma excelente pessoa. Sérgio já deve ter dito isso a você.

– Certamente. E incentivou também o nosso namoro.

– Tenho certeza de que tudo vai correr bem. Faça as suas orações, pedindo a Deus para que essa união produza bons frutos.

Depois de mais alguns minutos de conversa sobre o namoro, Adrienne, inesperadamente, perguntou:

– E você, Giselle?

– Eu o quê?

– Já faz mais de um ano que Armand partiu. Você tem de dar um novo rumo à sua vida. Não é falta de respeito, e menos ainda de amor, se você casar-se novamente. Afinal, é preciso cuidar da vida de Amélie. E vai ser muito difícil fazer isso sozinha.

– Sinceramente, Adrienne, agradeço muito por estar preocupada comigo. Entretanto, já estou dando um novo rumo à minha vida...

– Alguém em mira?

– Não, Adrienne. Você não entendeu. O novo rumo que estou dando à minha vida é o cuidado maior com as coisas do espírito. Penso que, continuando viúva, poderei trabalhar melhor pelo próximo do que estando casada. Não quero dizer que não se deva casar. Não é isso que estou falando. Apenas sinto que serei mais útil se continuar viúva até o meu desencarne.

– Não fale assim, prima. Até dona Estela já foi casada. Hoje ela é viúva, mas o seu marido faleceu há dois anos, e ela já é idosa. Não é o seu caso.

– Eu sei. Há tantas pessoas casadas que fazem um trabalho maravilhoso em favor do semelhante, não importa que religião professem. Esse é um fato irretocável. Nada tenho contra o casamento. Afinal, eu mesma fui casada. Penso, porém, que agora novos trabalhos solicitam o meu tempo: o primeiro deles, sem dúvida, é a educação da minha querida Amélie, e o segundo... bem, o segundo Deus me dirá com o tempo. Sou muito nova no Espiritismo. Ainda tenho muito a aprender, mas logo estarei usando os meus conhecimentos em favor dos outros.

– Estou abismada, Giselle. Você amadureceu mesmo. Não posso mais contra-argumentar, pois a sua decisão me soou muito firme.

Um silêncio tomou conta das duas amigas durante alguns segundos. Depois, Adrienne perguntou:

– Quer dizer que você se tornou espírita mesmo?

– Depois de tudo o que aconteceu nesta família, depois de tudo o que vi e ouvi, a minha decisão não poderia ter sido outra. Tenho certeza de que, se Armand estivesse entre nós, já teria tomado também a mesma decisão. Pouco antes de desencarnar, ele, que fora sempre indiferente à religiosidade, já admitia a lei da reencarnação.

– E depois veio confirmá-la.

– Exatamente.

– Eu estou lendo devagar os dois livros de Kardec. Devo confessar, porém, que, para mim, tudo isso ainda soa meio estranho, mesmo Vítor sendo expositor espírita.

– Dona Estela me disse certa vez: "Há um tempo para cada coisa, há um tempo para cada pessoa". E é verdade, Adrienne. Continue lendo e meditando. Há o tempo de semear e também o tempo de colher.

Adrienne estava surpresa com a maturidade da prima, tanto no tocante a um novo casamento como na direção que a sua vida tomava. Quanto a ela, sentia-se feliz por ter encontrado uma pessoa madura, sensata e amorosa, como Vítor vinha se mostrando. A única dúvida era se, mesmo ela não sendo espírita, o namoro poderia frutificar. Bem, também nesse caso, era preciso dar tempo ao tempo. Como dissera Giselle, *há um tempo de semear e um tempo de colher...*

CAPÍTULO 22

Novos caminhos

As folhas do calendário foram sendo arrancadas com muita rapidez. Giselle já estava no final do quarto ano do Curso de Médiuns, e Adrienne, pressurosa, estava prestes a casar-se com Vítor. Era a primeira semana de novembro. O casamento seria no dia 23. Amélie, com nove anos, preparava-se para comemorar o décimo aniversário em janeiro próximo. No trabalho, tudo corria bem. Adrienne já dominava perfeitamente a língua portuguesa e estava com o prestígio consolidado na sucursal do laboratório francês. A ansiedade que sentia era normal, pois queria casar-se logo para poder constituir família.

Giselle habituara-se a viver com a filha, sem a presença de Armand, ou melhor, ela sentia sim a sua presença em certos dias, em particular quando estudava a Doutrina Espírita. Mas não era a mesma coisa de tempos atrás, quando, juntamente com Sérgio e Mara, divertiam-se ou aprendiam os rudimentos do Espiritismo. A sua preocupação era como se portaria quando Amélie deixasse o lar para tomar o próprio rumo. Entretanto, casar-se novamente estava fora de pauta. Era preciso, pois, preencher bem o tempo. Ela era agora uma das dirigentes do grande instituto de línguas, onde também lecionava, embora com uma carga horária muito reduzida para poder dar conta da administração. O restante do tempo era dedicado ao convívio com Amélie e ao estudo no centro espírita. Esperava mesmo poder trabalhar como voluntária nessa instituição, a fim de "doar-se um pouco para o próximo", como costumava dizer.

As reuniões, ora em seu apartamento, ora no apartamento de Sérgio e Mara, prosseguiam com certa regularidade e acrescidas de Adrienne e Vítor. Essa era a maior distração de Giselle, que, em outros momentos, preferia ler ou sair a passeio com Amélie. Quanto a esta, já não se lembrava com tantos detalhes de existências passadas, mas continuava a "ver" e "ouvir" sua avó e também seu pai, que passava mensagens à esposa. Todavia, aconteceu ainda um fato inédito.

Certa noite, Giselle estudava para fazer uma apresentação no Curso de Médiuns, quando, ao ver uma imagem de Kardec, Amélie, que brincava com Lili, sua gatinha, disse de modo repentino:

– Mãe, você sabia que o professor Rivail quase ficou cego?

– O quê?

– Ele quase ficou cego.

– Explique melhor isso.

– O professor foi perdendo a visão e quase ficou cego.

– Amélie, quem lhe disse isso? Nunca ouvi alguém dizer que Kardec quase ficou cego. Foi vovó Collette que lhe contou?

– Não, mãe. Um amigo de meu pai foi quem contou. Não papai Armand, mas um outro pai que já tive. Você sabe disso.

– Tudo bem. E como foi que ele se recuperou?

– Ele foi ao médico. Mas não foi o médico que o curou. O médico apenas falou que ele iria ficar cego.

– E quem o curou, então?

– Foi uma mulher.

– Médica?

– Não. Mas ela curava gente.

– Tudo bem. Vou checar essa história.

Assim que pôde, Giselle ligou para Mara e contou o que ouvira de Amélie. Esta confirmou o que dissera a criança, esclarecendo:

– Por volta de 1852, Kardec começou a perder a visão. Preocupado, procurou por um especialista, um oftalmologista. Este, depois de feitos alguns exames, anunciou que se tratava de amaurose, que também é conhecida por catarata negra e leva habitualmente à cegueira completa. Como conhecia o magnetismo, que já estudava havia vários anos, buscou ajuda de uma adepta do magnetismo bastante conhecida em Paris. Segundo ela, não se tratava de amaurose, mas de uma espécie de inflamação nos olhos que poderia degenerar em apoplexia, se não fosse bem tratada. Sendo cuidado pelo magnetismo e fazendo uso de um composto de ervas e água, Kardec viu-se curado em dois ou três meses. É o que sei a respeito, e vem a confirmar as palavras da nossa Amélie.

Não satisfeita, Giselle fez a mesma pergunta ao expositor do Curso de Médiuns, que também confirmou o que contara Amélie. Nesse ponto, ela deu o caso por encerrado, reforçando a sua crença na reencarnação. Todavia, um fato que selou de vez a certeza de Giselle sobre a veracidade das memórias de Amélie sobre existências passadas aconteceu em conversa com dona Estela, no centro espírita. Esta comentou com muita seriedade:

– Giselle, nunca duvidei das lembranças de Amélie sobre o seu passado remoto. E isto por dois motivos: primeiro pela assertiva do meu mentor espiritual, que confirmou tudo o que ela disse; segundo, porque há alguns sinais que nos permitem saber se é fruto da imaginação da criança ou se é verdadeiro o que ela diz.

– Que sinais são esses, dona Estela?

– Um deles é a consistência do que é relatado, isto é, a ausência de contradições ao longo do tempo. Todos os relatos de Amélie confirmam os anteriores. Nunca percebi a mínima contradição. Outro sinal é a naturalidade com que ela narra os acontecimentos passados. Nada é forçado ou provocado artificialmente. Tudo é espontâneo. Também a vivacidade com que ela descreve cenas de existências anteriores. Não se trata de descrições frias e estáticas. Pelo contrário, junto das circunstâncias relatadas vêm as emoções correspondentes. E mais: ela demonstra nesses momentos um conhecimento que supera a sua pequena experiência de vida. Isso acontece, em particular, quando se trata da vivência longínqua que teve com Agostinho de Hipona, mas também com o nosso Kardec, o professor Rivail. Não há por que duvidar, Giselle. É tudo verdadeiro.

– Eu penso exatamente assim, mas o que a senhora acaba de dizer me deixa ainda mais tranquila, dona Estela.

– Entretanto, e é por isto que a chamei para esta conversa... entretanto, essas lembranças tendem a reduzir-se e até mesmo a desaparecer com a idade.

– Ela tem mesmo falado menos a esse respeito.

– O que não vai passar é a sua vidência e audiência. Pelo menos, não agora. Nos encontros de sábado, Amélie está, pouco a pouco, sendo instruída sobre a mediunidade e seus objetivos, de modo que, no momento oportuno, depois de ter feito os cursos da nossa casa, ela possa ser aproveitada, caso as duas modalidades de mediunidade ainda se façam presentes.

– Obrigada, dona Estela. A senhora sempre me passa segurança.

Giselle fez menção de levantar-se, mas a presidente do centro a interrompeu:

– Por favor, fique mais um pouco. Tenho ainda algo a lhe dizer.

Um tanto apreensiva pelo olhar penetrante de dona Estela, a mãe de Amélie voltou a sentar-se e aguardou pelo que iria escutar.

– É verdade que Amélie já viveu, com o nome de irmã Isabel, na mesma época em que Agostinho de Hipona cumpria mais uma reencarnação. É também verdade que ela, com o nome de Nicole, viveu no século XIX, quando Kardec executava a obra da Codificação. Mas há, ainda, mais uma reencarnação da qual tenho conhecimento há um bom tempo, porém a respeito da qual nunca lhe falei. Agora que você amadureceu dentro da Doutrina Espírita, posso confabular a esse respeito.

Giselle agitou-se na cadeira, tossiu nervosamente e perguntou:

– É algo grave, dona Estela?

– Pode ser grave no sentido de *elevado*, e não no significado de *trágico* ou *doloroso*.

– Por favor, de que se trata?

– Ela teve uma reencarnação no tempo em que Jesus passou por este planeta, cumprindo a sua elevada missão. Nessa época, o seu nome era Esther. Juntamente com seu marido, Aisar, teve oportunidade de ver e escutar as palavras de Jesus e de acompanhar de longe os seus últimos passos. Particularmente em duas oportunidades, esteve diante do olhar penetrante e sereno do Divino Mestre. E isso a marcou para sempre.

– É verdade. Certa vez, quando eu assistia a um filme sobre a vida de Jesus e o ator foi filmado em *close-up*, muito próximo da câmera, Amélie falou, emocionada: "O olhar de Jesus é muito, muito mais bonito". Pensei que fosse coisa de criança e perguntei: "Como é que você sabe?". Ela respondeu: "Ora, porque ele já olhou para mim". Pensei que isso fosse fruto da sua imaginação, mas ela voltou a falar sobre o olhar de Jesus numa outra oportunidade.

– Não é necessário comentar nada com ela nem forçar uma situação para que ela se pronuncie. Caso isso ocorra de modo espontâneo, tudo bem. E, nesse caso, trate com muita naturalidade o que ela disser. Outra coisa: não mude sua maneira de tratar Amélie por causa da informação que lhe passei. Continue tratando-a com respeito, amor e carinho, como sempre fez.

– Farei assim.

– E também evite de comentar isto com outras pessoas. Guarde como um segredo para você.

– Tudo bem. Mas, quando Amélie viveu na época do Cristo, era favorável à Boa Nova?

– Não posso dizer-lhe mais nada, mas, se até hoje ela se emociona com o olhar do Mestre, você já tem a resposta.

Nada mais foi dito. Giselle saiu emocionada desse encontro, cumprindo o que lhe fora orientado.

⁕

O casamento de Adrienne e Vítor foi um evento de muitas alegrias. Convidada para ser a madrinha, Giselle recusou, pois faltaria o seu par natural: Armand. Mas sugeriu que fossem convidados Sérgio e Mara, o que foi acatado por Adrienne e aceito pelo casal. Concretizada apenas no civil, a cerimônia foi breve. A festa foi realizada em um bufê, com a presença de muitos colegas de Adrienne, funcionários do laboratório. Instado a fazer um pronunciamento, Sérgio fez uma breve oração e, em seguida, iniciou suas palavras com uma citação de André Luiz:

"Sem entendimento e respeito, conciliação e afinidade espiritual, torna-se difícil o êxito no casamento."

Minhas senhoras, meus senhores, conheço muito bem estes jovens que se unem hoje pelos sagrados laços do matrimônio. Sei que entre eles há entendimento e respeito, conciliação e afinidade espiritual. Sei, portanto, que eles partem de bases sólidas para a jornada sublime da união conjugal.

Lembremo-nos sempre de que o casamento é um compromisso de crescimento a dois, nas dimensões intelectual, moral e espiritual. Ao se unirem, pressupomos que os dois seres subirão irmanados os degraus que levam à perfeição possível aos filhos de Deus. Pressupomos também que se auxiliarão mutuamente diante das tempestades que encontrarão pela frente, com a certeza inabalável de que, após o vendaval, surge a manhã radiante de luz.

Já se disse, meus amigos, que o casamento é um progresso na marcha do ser humano. Sua abolição seria regredir à infância da humanidade. No entanto, ele exige maturidade e responsabilidade dos noivos. Maturidade para saber enfrentar os momentos difíceis que o casal deverá enfrentar unido, a fim de sair-se vencedor. Maturidade para gerar novos seres que também buscam oportunidade de progresso em mais uma reencarnação. Responsabilidade perante a própria vida, no cumprimento de todos os deveres sociais. Responsabilidade igualmente para com os filhos que poderão advir dessa união. Responsabilidade consubstanciada numa educação cívica e cristã, que contribua para o seu desenvolvimento intelectual, moral e espiritual.

Meus amigos, casamento é amor. E, como filhos de Deus, nós o temos incrustado em nosso coração, na centelha divina que rebrilha em nosso ser. Que vocês possam mantê-lo aceso na trajetória de suas vidas, porém, se notarem que a luz já não tem o mesmo fulgor, não é porque Deus se afastou de vocês, mas porque vocês se afastaram dele. Nesses momentos, não se desesperem. Apenas reflitam no silêncio da alma o que os levou ao descaminho e retornem ao ponto em que o amor luzia em toda intensidade. Assim agindo, a luz do amor voltará a ser fulgurante. Deus está sempre conosco em nosso caminhar. Caminhemos unidos a Ele...

Sejam felizes na nova senda que se abre para as suas vidas. Vocês continuarão a receber as bênçãos do Divino Mestre, no esforço constante de trilhar o caminho de Luz, Verdade e Vida que Ele nos deixou.

Aceitem os nossos desejos de amor, paz e harmonia!

Diante dos aplausos dos convidados, Vítor olhou nos olhos de Adrienne, úmidos de lágrimas. Nunca seus olhos tinham brilhado com tanta intensidade, com tanta certeza de amor sem fim. A suave emoção desse momento tomou conta da alma de cada um dos noivos, que se apertaram as mãos, num compromisso silencioso de amor e esperança na vida...

A formatura de Giselle no curso de educação mediúnica foi bastante simples, mas não deixou de sensibilizá-la. Quando recebia o certificado de conclusão, pensou imediatamente em Armand: "Como seria bom se ele pudesse estar aqui. Talvez também estivesse recebendo o seu certificado. A felicidade seria dupla". Enxugando uma lágrima, olhou para Amélie, que sorria, sentada na primeira fila dos convidados. No salão também estavam Sérgio, Mara, Vítor e Adrienne.

Após a prece e as vibrações, o coral do centro entoou uma suave canção, dando-se por encerrado o encontro. Nesse momento, Giselle foi procurada pela coordenadora do curso, que lhe fez um convite:

– Giselle, estamos precisando de alguém para trabalhar no setor de passes. Pensei que você pudesse interessar-se.

– Acha que tenho qualidades mínimas para exercer essa atividade tão nobre?

– Todas as nossas atividades são nobres, Giselle.

– Desculpe-me, você tem razão. Mas...

– Quanto às qualidades morais do passista, vamos recordá-las?

Giselle assentiu com a cabeça e esperou as palavras da coordenadora.

– Estão entre as qualidades imprescindíveis: amor ao próximo, bondade, benevolência, simplicidade e desapego das coisas materiais, não é mesmo?

– Sim. Mas eu não tenho tudo isso.

– Não queremos médiuns passistas que sejam perfeitos, mas que estejam lutando pelo seu aprimoramento intelectual e moral. Queremos, portanto, pessoas que procurem eliminar da sua conduta defeitos que afastam os bons espíritos, como egoísmo, orgulho, ciúme, inveja, ódio, cobiça e sensualidade exacerbada. Você tem vontade de passar a sua existência buscando incorporar as qualidades que eliminam esses defeitos?

– Quanto a isso, é claro que sim. Só não sei se vou conseguir no tempo que me resta nesta existência.

– O que não for possível realizar aqui, Giselle, procure executar nas próximas encarnações.

Giselle sorriu com timidez.

– E então, aceita?

– Se é assim, pode contar comigo.

– É claro que há muitos outros aspectos a serem examinados antes do início do trabalho. Portanto, primeiramente, você fará o curso de médiuns passistas; em seguida, eu a colocarei numa equipe, de acordo com as suas disponibilidades. Você começará como médium de sustentação, passando, com o tempo, a aplicar o passe. Lembra o que significa "médium de sustentação"?

– É aquele que promove a sustentação energética do trabalho, mantendo o padrão vibratório saudável por meio de pensamentos elevados e sentimentos nobres. Estou certa?

– Certíssima! O médium de sustentação não atua diretamente no passe, mas tem um papel muito importante, pois se torna, como já se disse, um "dínamo de vibrações amorosas". Ele é coparticipante de todo o processo da mediunidade de cura. A sua importância está no fato de ser o responsável pela manutenção do padrão vibratório durante os trabalhos de passe. Daí a necessidade de ter grande firmeza de pensamento e sentimento, de modo a impedir desequilíbrios emocionais e espirituais que poderiam afetar a qualidade do trabalho e a conduta dos médiuns passistas, exigindo esforço redobrado dos mentores espirituais. Tenho certeza de que você será uma excelente trabalhadora nesta casa.

Giselle saiu do recinto muito contente, pois agora poderia retribuir o bem que lhe haviam feito ao lhe possibilitarem conhecer as bases e os princípios dessa doutrina consoladora, codificada por Kardec.

Assim que assomou à rua, juntamente com Sérgio, Mara, Adrienne e Vítor, Amélie postou-se na frente do grupo e disse com segurança:

– Gente, papai estava muito feliz logo atrás de mamãe.

– É mesmo? – perguntou Giselle.

– A pura verdade. Ele sorriu quase o tempo todo. E enxugou os olhos quando você recebeu o certificado.

Giselle emocionou-se novamente. Deixando escapar uma lágrima, falou radiante para todos:

– Eu senti a presença dele. Não me perguntem como, mas senti que ele estava ali, assistindo a tudo. Como posso deixar de ficar feliz num momento desses? Deus continua a abençoar a nossa vida, Amélie. Deus está sempre conosco. Ou melhor, está sempre em nós. Basta que confiemos no seu amor, na sua misericórdia, no seu poder.

Quando nasceu a filha de Adrienne, Amélie foi a primeira a saber. Circulava pelos corredores do hospital, quando o médico que atendia ao parto passou por ela e falou para a enfermeira:

– Tudo correu muito bem.

Não foi preciso mais nada. Amélie saiu às pressas do local e correu para contar a todos os que aguardavam na sala de espera:

– Gente, Aline já nasceu!

Uma atração muito forte passou a unir aquelas duas meninas. Assim que Amélie pôde tocar o corpinho rechonchudo da recém-nascida, Aline respondeu com um grande sorriso. Começava uma união que perduraria por toda a vida. O que ninguém sabia é que Aline fora em sua última encarnação Sophie, a enfermeira que se tornara amiga de Nicole (Amélie em sua última encarnação) e acabara se casando com Apollinaire, que fora noivo de Nicole.

Aline revelou-se uma criança amorosa e inteligente, sempre a procurar pela prima, que gostava da sua companhia. A diferença de dez anos entre ambas fazia com que Amélie se tornasse uma espécie de modeladora dos gostos e hábitos da priminha. Entrando na adolescência, Amélie, apesar de ter a sua "turma", não dispensava a companhia de Sophie, com quem muito se divertia.

Adrienne e Giselle gostavam de saber que a amizade entre Amélie e Aline se fortalecia à medida que ambas cresciam, cada qual na sua faixa etária, mas com muitos pontos em comum. Vítor, sempre que podia, saía a passear com as duas, pelo menos até raiar a adolescência de Amélie, quando esses encontros começaram a rarear. Muito estudiosa, Amélie passava grande parte do tempo folheando livros do colégio e fazendo os trabalhos de casa. O tempo que restava era dedicado às amigas da sua idade. No entanto, nem isso tirou a aproximação com Aline.

Em verdade, novos caminhos descortinavam-se para aquelas almas, que seguiam as trajetórias decididas no mundo espiritual, quando se preparavam para uma próxima reencarnação – caminhos que, afinal, levavam a uma senda maior de transformações, como exige a lei do progresso.

CAPÍTULO 23

O fim é um recomeço

Como sempre, o tempo continuou sua trajetória ininterrupta, sem indagar se as pessoas estavam ou não de acordo com a sua velocidade. Agora, Giselle estava com cinquenta e um anos, às vésperas da aposentadoria. Amélie já completara trinta anos, e Aline era uma jovem de vinte. Mara era viúva havia cinco anos. Amélie encontrava-se casada com Plínio, um jovem químico que trabalhava numa fábrica de tintas e era expositor no centro espírita, local onde o conhecera.

Um ano antes de desencarnar, dona Estela indicara Amélie para trabalhar junto às crianças assistidas pelo centro, o que fora aceito com muita alegria pela jovem. Ela cursara Arquitetura, tendo-se especializado em arquitetura de interiores, conhecimento com o qual trabalhava numa conhecida construtora. Não tinha filhos. Aline, talvez influenciada pela prima, a quem continuava a adorar, cursava também Arquitetura. Seus pais, Vítor e Adrienne, continuavam exercendo cada qual sua profissão, estando também próximos da aposentadoria. Não tiveram outros filhos.

No momento em que apresentamos essa nova etapa de vida para cada um dos nossos personagens, Mara conversa com Giselle no apartamento da amiga.

– Sinto, sim, Giselle, muita falta de Sérgio, mas, como espírita, tenho certeza de que estamos ligados pelo amor. Mais dia, menos dia, estaremos juntos novamente para dar continuidade a nosso aprendizado e a nosso trabalho.

– Também tenho esse mesmo sentimento, ou melhor, essa mesma convicção em relação a Armand. Muitos anos se passaram, e o meu amor por ele continua o mesmo.

– Você foi muito corajosa e ativa. Mesmo sem a presença física de Armand, conseguiu educar maravilhosamente Amélie, hoje bem casada e com um bom emprego. Nesse aspecto, para mim, que não tenho filhos, as coisas soam mais fáceis.

– Devo dizer, porém, que você deu um belo exemplo de espírita convicta, sempre a colocar em prática o que dizia para os outros. Mesmo sofrendo com a separação momentânea, teve em todos os momentos um sorriso para quem a procurou.

– É um dever nosso dar o bom exemplo, Giselle. Como diz o povo: mais vale um exemplo do que mil palavras. Aliás, noutro aspecto, Amélie também tem dado um bom exemplo, assim como você sempre o fez.

– Não entendi.

– Falo a respeito de não poder gerar filhos. Ela vem enfrentando esse fato com destemor. Houve sempre um tabu em torno disso, como você bem sabe.

– É porque a mulher foi sempre entendida como mãe, e não como mulher, apenas. Esse tabu é generalizado. Lembra-se da Bíblia? Raquel e Ana viviam ansiosas na esperança de ter um filho. Raquel, vendo que não dava filhos a Jacó, passou a ter inveja da sua irmã, Lia, que era mãe. Tal era o seu desespero, que disse certa vez ao marido: "Faça-me ter filhos também, ou eu morro".

– O caso de Ana eu não lembro – disse Mara.

– Ana era casada com Elcana, que tinha outra mulher, chamada Fenena ou Penina. Esta tinha filhos, porém Ana era estéril. Por esse fato, era humilhada e ofendida por Fenena, como se não ter filhos fosse uma ofensa a Deus. Aliás, nesse época, não ter filhos era considerado um castigo divino. Entretanto, depois de muitas orações a Deus, Ana teve filhos e filhas. Um deles foi o profeta Samuel.

– O caso de Abraão e Sara também cabe aqui, não é mesmo? Abraão tinha um filho com a serva egípcia de Sarai, sua esposa. O nome dele era Ismael. Entretanto, em plena velhice, Abraão nunca tivera filho com a própria esposa. No relato bíblico, Abraão, que então se chamava Abrão, estava com cem anos, daí ter-se posto a rir quando Deus anunciou que o casal teria um filho que se chamaria Isaac. O marco é tão importante que o nome de Sarai é trocado por Deus, passando a mulher a chamar-se Sara. Isaac se torna depois um dos patriarcas do Antigo Testamento, juntamente com Abraão e Jacó.

– Imagine o estado emocional em que viveu Sara até chegar aos noventa anos e dar à luz Isaac – argumentou Giselle.

– Bem, Giselle, não estamos vivendo mais no período do Antigo Testamento, mas ainda há muita mulher que se injuria por não poder conceber.

– Que esse tempo esteja no fim. Afinal, se não podemos ser mães, há tantas outras coisas boas que podemos realizar. Quando era mais jovem, o tempo que dedicava aos assistidos da casa espírita de dona Estela correspondia à parte do tempo que demandaria à educação de filhos, se eu os tivesse. O restante aproveitava para os agradáveis e úteis diálogos com Sérgio e para os estudos da Doutrina Espírita. Confesso que nunca me entristeci por não ter podido gerar filhos. Nesse aspecto, a minha visão foi sempre mais ampla do que a de muitas mulheres e de muitos homens. Sérgio sempre concordou comigo.

– Com Amélie, ocorre o mesmo. Outro dia, quando conversávamos sobre isto, ela me disse: "Mãe, fique tranquila. Tenho no centro espírita muito mais filhos do que poderia gerar numa única existência".

– Isso que é ter "boa cabeça". Que ela continue pensando assim. Pela minha idade, o que posso dizer é que os meus netos também são essas mesmas crianças, que eu tanto amo e que tanto necessitam de nós.

Com o passar do tempo, a conversa tomou outro rumo. Mara perguntou se Amélie ainda tinha flashes de outras encarnações.

– Não, Mara. Ela não falou mais sobre isso, mas, como você sabe, ela é vidente e audiente. Às vezes, ainda vê e conversa com sua avó. Isso, entretanto, é bem mais espaçado do que antigamente. O que ela me conta, de vez em quando, é que vê Armand próximo a mim no centro espírita. Em geral, ele sorri, aproxima-se também dela, diz umas poucas palavras de bom ânimo e se despede em seguida.

– Outro dia, ela me falou o mesmo em relação ao Sérgio, o que me deixou muito feliz. Afinal, nós sabemos que, quando os laços amorosos continuam, os entes queridos que partiram não se esquecem de nós. Sei que isso é verdade em relação a você e Armand, assim como em relação a Sérgio e eu.

– Com certeza, Mara. Já em relação às lembranças de existências passadas, se Amélie não falou mais a esse respeito, ela se recorda ainda de momentos na sua infância em que fez relatos que me deixaram pasma, como aconteceu na viagem que fizemos à França. Lembra-se?

– Sim, ela se recordou da casa em que sua tia Adrienne havia morado.

– As pessoas que lá residiam também ficaram surpresas com as lembranças de Amélie. De poucos fatos isolados como esse, ela ainda se lembra um pouco, mas outros acontecimentos já desapareceram da sua memória ou, talvez, ela prefira não tocar no assunto.

– A respeito do esquecimento de existências passadas, outro dia uma senhora me questionou. Isso já foi feito algumas vezes por outras pessoas. Disse-lhe, como sempre faço, que essa lembrança poderia ser um acréscimo de sofrimento, daí Deus ter nos poupado dessas recordações. Falei também que, em vista da nossa melhoria interior, essa lembrança também seria inútil. Ela insistiu, e eu acrescentei que cada reencarnação é um novo princípio em que temos oportunidade de prosseguir com a nossa caminhada para a perfeição, podendo incorporar algumas virtudes e eliminar defeitos. À medida em que avançamos na expressão do amor fraterno, as nossas faltas passadas vão se desfazendo, e nós nos vamos transformando, aprimorando a nossa alma.

– Creio que essa seja a melhor resposta.

– Eu ainda falei que, à noite, quando nos desprendemos do corpo físico, podemos recordar o passado. E, ao retornarmos ao envoltório físico, guardamos uma espécie de intuição, expressa como a voz da consciência, que nos adverte sobre o que devemos ou não fazer, a fim de não incorrer nos mesmos erros de encarnações passadas.

– Você está certa.

– Encerrei a conversa dizendo ainda duas coisas. Primeiro: nossas qualidades, assim como nossos defeitos, nossas predileções tais como nossas repulsas, têm muitas vezes origem em existências passadas. Segundo: não precisamos saber quem fomos em existências anteriores, a menos que isso nos esteja causando graves transtornos mentais, emocionais ou comportamentais. Mas, se quisermos mesmo saber quem fomos, basta que tomemos conhecimento do que disse Kardec, ou seja: se estudarmos as nossas atuais tendências, tomaremos conhecimento do nosso caráter dominante em existências anteriores.

– E o que a senhora respondeu?

– Ela concordou com o que eu disse e, numa espécie de intuição, acrescentou que, nesse caso, o esquecimento das faltas passadas não vai impedir a nossa evolução na presente reencarnação. Respondi-lhe que Kardec também disse isso, afirmando que, mesmo alguém não se recordando das faltas cometidas em existências passadas, o fato de as ter conhecido na erraticidade e o desejo de indenizá-las o guiam, por intuição, e lhe dão o pensamento de resistir ao mal. Esse pensamento, concluí, é a voz da consciência. E, além dela, há ainda os bons espíritos que o assistem, se estiver interessado nas boas inspirações que eles lhe sugerem.

– Essa foi uma conversa edificante, Mara.

– E é assim que devemos agir, não é mesmo?

O diálogo ainda prosseguiu por mais alguns momentos, até a chegada de Amélie, que passou no apartamento para saber como estava a mãe.

– Que bom ver você, Mara. O que as duas estavam fofocando?

– Falamos de diversos assuntos, filha. Ainda agora falávamos sobre o esquecimento das reencarnações passadas.

– Esse é um assunto que me agrada muito. Afinal, fui uma privilegiada que, durante um bom tempo, teve insights de existências anteriores, não é mesmo?

– E hoje, Amélie? – perguntou Mara.

– Tenho vagas lembranças. Mas isso não me tira a convicção na lei da reencarnação.

– Hoje somos todos espíritas, não somos? Estamos convictos das existências sucessivas. Adrienne, há vários anos, aderiu à doutrina dos espíritos, e Aline seguiu você, Amélie.

– Ela tem o dom da palavra. Com certeza será, no futuro, uma palestrante de grandes recursos. Gosto muito de Aline.

Conversas como essa eram comuns no apartamento de qualquer uma das amigas. Vítor, marido de Adrienne, tinha também uma grande amizade com Plínio, esposo de Amélie, o que tornava essa família extremamente unida pelos laços da fé raciocinada. Um clima de doce alegria fazia-se transparecer na vida de cada um.

Mais dez anos se passaram. Giselle, com seus sessenta e um anos, parecia uma jovem, tamanha a energia com que se dedicava aos trabalhos no centro espírita. Amélie estava com seus quarenta anos. Aline, já casada, tinha dois filhos e, assim como Amélie, trabalhava como arquiteta de interiores. As engrenagens, bem engraxadas, daquela família tranquila continuavam girando com a mesma regularidade. Um fato, porém, veio tirar a tranquilidade de todos: Amélie começou a dar sinais de muito cansaço, apesar de ser relativamente jovem. Quando passou a sentir também falta de ar e uma leve dor no peito, resolveu conversar com Plínio, que, sem demora, a levou a um médico, seu amigo. Este a encaminhou a um cardiologista. Depois de fazer vários exames, veio o diagnóstico: rompimento interno de artérias coronárias.

– Trata-se de isquemia cardíaca crônica – sentenciou o cardiologista.

– Isto significa...

– Significa que você tem uma síndrome de insuficiência cardíaca ventricular. Suas artérias coronárias estão frágeis. A isquemia cardíaca é caracterizada pelo acúmulo de placas de gordura no interior das artérias, cujo principal sintoma é a dor no peito, que você vem sentindo.

– É grave, doutor?

– É preciso ser tratada com muito cuidado, afinal com o coração não se brinca, não é verdade?

Procurando mostrar a gravidade da situação, mas evitando amedrontá-la desnecessariamente, o médico sugeriu uma consulta a um colega, a fim de que ela pudesse ter dois diagnósticos. Mais tarde, ligando para Plínio no local de trabalho, acentuou a seriedade do caso e as consequências a que poderia levar.

No dia seguinte, o segundo cardiologista examinou todos os exames e confirmou o diagnóstico anterior. Ficou decidido que dr. Roberto, o primeiro cardiologista consultado, cuidaria do caso. A princípio, o tratamento seria medicamentoso. Se não houvesse melhora ou se começasse a piorar, teria de ser feita uma cirurgia. O marido, a mãe e as amigas ficaram preocupados, mas Amélie demonstrava muita serenidade. Embora desejasse continuar com o seu trabalho de arquiteta e com as crianças do centro espírita, foi convencida pelos familiares a suspender qualquer atividade até que se recuperasse. Aline ia visitar a prima quase todos os dias, às vezes acompanhada de Adrienne. Mara, quando não podia visitar a amiga, ligava para saber como ela se encontrava. Também Vítor, marido de Adrienne, e Reinaldo, marido de Aline, sempre que podiam passavam para saber do estado de Amélie.

– Estou sendo muito mimada – disse Amélie, certa noite, a Aline. – Estou recebendo cuidados excessivos. Isso não é bom. Você sabe que há pessoas que ficam doentes só para receber os carinhos de que não eram alvo quando estavam sadias?

– Já ouvi dizerem isso, mas não é o seu caso.

– É verdade; entretanto, como pensei nesse assunto, lembrei-me de que um psicólogo, amigo de Plínio, nos contou que conheceu uma viúva já idosa, que estava muito bem de saúde, mas se sentia muito só. Suas três filhas, ocupadas cada uma com os seus afazeres, quase não a visitavam. Pois, com o passar do tempo, ela começou a sentir uma irritação na garganta, depois vieram a tosse, a inflamação, a dor e, por último, a dificuldade para respirar. Afinal, como disse o psicólogo, a vida estava irrespirável para ela. Nesse momento, ela começou a receber das filhas, de genros e netos a atenção que havia sido esquecida. Não só a atenção, mas também o carinho. Veja bem, Aline, ela não estava fingindo. De fato, ficou doente. O que o psicólogo queria dizer é que essa senhora teve um transtorno psicossomático, isto é, uma doença que tem origem nas emoções. A causa da doença era psicológica. Pois bem, assim que ela passou a receber todos os cuidados da família, a doença desapareceu. Como consequência, os familiares se afastaram novamente, e ela, outra vez, passou a sentir-se abandonada. O que você acha que aconteceu?

– A doença voltou?

– É isso aí, espertinha. A doença voltou ainda mais forte, a ponto de a idosa ter de ser internada por falta de ar constante.

– E aí?

– Quando deixou o hospital, ficou sendo tratada na casa de uma das filhas, logo se recuperando. A fim de que não acontecesse a mesma coisa outra vez, a casa em que ela morava foi vendida, e os familiares compraram uma outra muito próxima das filhas, que moravam no mesmo bairro. Com isto, as visitas eram constantes, de modo que a senhora nunca mais teve o problema, vindo a desencarnar de outra causa, poucos anos depois.

— Caso interessante.

— Interessante e até comum. A pessoa, inconscientemente, adoece para ser alvo das atenções de que esteja carente. O psicólogo explicou a mim e ao Plínio que, em situações de grave estresse emocional, o corpo reage como se comunicasse que algo não está certo ou que a vida para essa pessoa não está nada bem. Mas, comigo, certamente isso não está acontecendo, pois eu vinha recebendo todo tipo de atenção e carinho de Plínio e de todos vocês, parentes e amigos. Agora estão até exagerando. Ontem, por exemplo, Mara me trouxe todo um jantar vegetariano, que estava uma delícia. Não é exagero?

— Nada disso, prima. Você sabe que merece tudo que estamos fazendo por você.

***

Apesar de todos os cuidados, não houve melhora no estado de saúde apresentado por Amélie. Certa manhã, ela acordou com dor no peito. De início, não deu muita importância, porém, com o passar do tempo, aumentou muito, sendo acrescida de falta de ar e enjoo, de modo que teve de contar à mãe o que ocorria. Após rápida ligação para dr. Roberto, Amélie foi internada num hospital. Decidiu a junta médica que ela teria de passar por uma cirurgia de revascularização do miocárdio, a conhecida cirurgia de ponte de safena.

Plínio, tendo chegado às pressas no hospital, conversou com dr. Roberto, que lhe informou sobre a gravidade da situação, em particular pela fragilidade de Amélie naquela circunstância.

— Entretanto, Plínio, não há outra opção. Decidimos a princípio pela medicação, mas não surtiu o efeito desejado. É imprescindível que ela seja operada ainda hoje.

— Se não há outra alternativa, peço-lhe toda a atenção e todo o cuidado. Ela é quem mais amo na vida.

— Esteja certo disso, Plínio. E saiba também que esta é uma cirurgia muito comum hoje em dia. Há muitas e muitas pessoas que passam por ela e vivem ainda longos anos. Muitas vezes têm vida mais longa que os próprios cirurgiões que fizeram a operação. Fique tranquilo.

A cirurgia teve bom êxito. Quando Amélie acordou, Plínio, Giselle e Aline estavam sentados em silêncio, na sala de espera, aguardando notícias.

– Tudo correu bem – anunciou dr. Roberto –, no entanto, Amélie deve permanecer em repouso. Dada a sua fragilidade, no momento é melhor que ela permaneça sendo atendida apenas pelas enfermeiras. Assim que for possível uma visita, eu os avisarei. Estejam certos, porém, de que, tudo continuando assim, ela se recuperará com rapidez.

Não foi fácil para os familiares e amigos ficarem obtendo notícia apenas pelo telefone. Mas a resposta do cirurgião era sempre de bom ânimo. Não tardou muito para que pudessem, enfim, visitá-la.

– Exijo de vocês apenas uma coisa: – falou dr. Roberto com seriedade – nada de choro, nada de emoções fortes. Conversem com ela normalmente. Aquilo de que Amélie mais precisa agora é harmonia e serenidade.

A internação, que poderia ter sido de quatro ou cinco dias, estendeu-se para oito, devido à precaução e à prudência do médico diante do estado fragilizado da paciente. Já em casa, Amélie estava sorridente, embora ainda tivesse a tez amarelada, resultante da cirurgia invasiva pela qual havia passado.

Depois de um mês de repouso, mostrando sinais de plena recuperação, Amélie começava a se impacientar no desejo de voltar ao trabalho e, particularmente, ao voluntariado no centro espírita, junto às crianças. Todavia, dr. Roberto, com muita prudência, exigiu que ela permanecesse ainda algumas semanas a completar o restabelecimento. Pois foi exatamente nesse período que, certa noite, ela notou uma luz a seu lado. Plínio dormia em silêncio. Prestando bem atenção, percebeu que, em meio à luz, estava a sua avó, Collette, que, sorrindo, lhe disse:

– Amélie, tenho algo muito importante a lhe dizer.

– Fale, avozinha.

– O seu tempo nesta existência está chegando ao fim. Você já sabe disso, não é mesmo?

– Sim, avozinha. Eu intuí isso há pouco – respondeu Amélie.

– Entretanto, na ampulheta do tempo, ainda lhe restam alguns poucos grãos de areia. Aproveite-os bem.

– Estremece o meu coração por ter de deixar Plínio. Eu gostaria tanto de conviver com ele até a velhice. E sabe o que me angustia mais? É ter de deixar aquelas crianças maravilhosas do centro espírita. Como eu gostaria de continuar cuidando delas com o carinho que sempre lhes dediquei. E a minha mãe, avozinha, e Aline? E tia Adrienne? Como ficarão?

— Tranquilize-se, Amélie. Todos serão muito bem cuidados. Nenhum deles ficará sem o amparo divino. O amor entre Adrienne e Vítor crescerá ainda mais. Como você bem sabe, eles são Thérèse e Achille em nova oportunidade de progresso moral e espiritual. Sabe quem vai ficar com as crianças de quem você cuidou com tanto zelo?

— Quem, avozinha?

— Aline.

Amélie começou a chorar e disse entre lágrimas:

— Avozinha, ninguém melhor do que ela para fazer isso.

— Só que precisamos da sua ajuda, para que isso aconteça.

— Estou plenamente à disposição.

— Quando ela vier visitá-la, convide-a para tomar o seu lugar, dizendo que vai ter de descansar por algum tempo.

— Farei isso, claro.

— Agora, uma última revelação. Em sua última reencarnação, no século XIX, você foi internada num hospital, onde fez uma grande e sincera amizade com a jovem enfermeira que cuidava de você. O nome dela era Sophie. Quando você desencarnou, ela se casou com o seu noivo, que se chamava Apollinaire. Mas viveram juntos por pouquíssimo tempo, pois ela precisava da solidão para poder abrir-se aos semelhantes e resgatar dívidas passadas, em que viveu no egoísmo. Hoje ela está depurada e encontrou seu verdadeiro amor: Reinaldo. Juntos, eles têm ainda muito tempo para construir sobre os escombros do passado.

— E eu, avozinha?

— Você voltou a encontrar Apollinaire nesta encarnação. Ele é Aisar, com quem você viveu nos tempos de Jesus, como Esther. Ele foi também Jordanus, que desencarnou antes que vocês pudessem se unir. Nessa existência, você era Isabel e, após a desencarnação de Jordanus, se tornou freira. Enfim, o amor sempre os uniu. Nada mais justo que o encontro nesta encarnação.

— Plínio?

— Ele mesmo. O amor entre vocês é milenar. Mas não se entristeça por ter de deixá-lo. Ele precisa viver alguns anos sozinho. Há ainda algumas arestas que precisam ser aparadas antes de vocês reencontrarem-se na erraticidade e, depois, numa nova existência terrena.

Do mesmo modo que estivera entristecida por ter de deixar o esposo, Amélie estava agora radiante, afinal, eles se reencontrariam no período de intermissão ou erraticidade. Quanto à prima Aline, o elo de amizade entre elas tornou-se ainda mais forte. A avó de Amélie, antes de partir, prometeu que, no momento do desencarne da neta, ela, Armand e muitos amigos a aguardariam do outro lado da realidade.

❦

No dia seguinte, à noitinha, Aline entrou no quarto de Amélie. Estava sorridente e trazia um ramalhete de lindas flores amarelas.

– E aí, priminha, como está? Noto que está mais corada hoje.

– É a aura dos que me visitam que me ilumina, Aline.

– E está falando bonito também.

A conversa tomou o rumo da saúde de Amélie. Quando o tema se esgotou, Amélie olhou com seriedade para a prima e disse com vagar:

– Aline, quero fazer-lhe um pedido.

– Pode falar, Amélie. Farei tudo o que estiver ao meu alcance.

– Eu terei de estar afastada ainda por um tempo dos meus filhinhos do centro espírita.

– Mas logo você voltará. Não há ninguém que possa substituí-la. Todos sabemos do amor e da dedicação que você tem por aquelas crianças.

– É verdade, mas, como você bem sabe, ninguém é insubstituível. O que peço, Aline, é que tome o meu lugar com o amor que você tem no coração.

Ao dizer isso, Amélie não pôde impedir que duas lágrimas brilhassem em seus olhos. Aline bem que notou, mas nada comentou. Apenas respondeu ao pedido da prima:

– Amélie, eu não tenho nem um por cento da sua competência no trato com aquelas lindas crianças.

– Competência você tem. Apenas falta desenvolvê-la. E mais: não estou falando em competência, mas em carinho, dedicação e amor. E isso você tem tanto quanto eu. Aceita?

Desta vez foi Aline que, intuindo o que estava por acontecer, deixou escapar uma lágrima.

– Por você, minha querida prima e melhor amiga, eu aceito, apesar de todas as minhas deficiências.

Nesse momento, Amélie sorriu e falou, emocionada:

– Então dê um abraço nessa sua amiga.

Ao tocar em Amélie, Aline notou a fragilidade do corpo da prima. Em sua chegada, ela mentira. Na verdade, Amélie estava muito pálida. Agora, ao abraçá-la, ficou ainda mais preocupada. Foi conversar com Giselle.

– Amanhã cedo, doutor Roberto fará uma visita a Amélie para tomar todas as providências cabíveis. – Giselle fez uma pausa. Seus olhos encheram-se de lágrimas, e ela confessou: – Entretanto, Aline, eu penso que Deus a está chamando para novos aprendizados.

As duas abraçaram-se demoradamente. Aline deixou o apartamento com o coração apertado.

Assim que Plínio chegou do trabalho, foi ver a esposa. Giselle estava sentada numa poltrona e lia uma passagem de *O Evangelho Segundo o Espiritismo* para a meditação de Amélie. Ele deixou que a leitura terminasse e entrou no quarto, demonstrando otimismo:

– E então, minha querida, como está? Noto uma bela melhora em seu semblante.

– É a sua presença, Plínio.

Giselle saiu do quarto, alegando ter de fazer um chá. Amélie aproveitou a oportunidade para conversar a sós:

– Plínio, você sabe quanto o amo...

– Com certeza.

– Eu não o deixaria por coisa alguma no mundo.

– Que conversa é essa, Amélie?

– Minha avó Colette esteve aqui hoje. Ela me falou que já fomos casados em encarnações passadas e que poderemos continuar unidos ainda mais no futuro. Isso me deu um ânimo muito grande. Haverá uma breve separação entre nós, mas logo nos reencontraremos.

– Você me está dizendo...

– É isso mesmo, meu amor. Eu tenho de partir, chegou o meu momento. Você não sabe como eu gostaria de ficar e poder envelhecer a seu lado. Mas estava decidido na erraticidade que eu voltaria antes para a pátria espiritual. Você necessita de um tempo para reflexão e aprendizado. Estarei, porém, sempre próxima de você. Estarei sempre aguardando a sua volta para mim. Eu também preciso de aprendizado e trabalho no mundo espiritual, a fim de que tenhamos uma nova existência terrena mais produtiva e mais feliz. Não fique triste. Estamos cumprindo o que escolhemos juntamente com os espíritos superiores. Essa breve distância física estava programada. Tenha paciência; continue o seu trabalho espiritual com fé, amor e perseverança. Saborosos frutos serão colhidos no porvir. Confie na Providência Divina. O que pode parecer hoje um grande dano será visto amanhã como bênção providencial. Abrace-me, meu amor. Preciso também de forças para partir.

Plínio, completamente aturdido naquele momento, abraçou com todo o carinho a sua esposa, sem conseguir conter as lágrimas. Amélie, também com olhos avermelhados, tentou diminuir a carga emocional do momento, dizendo com um leve sorriso:

– O que são alguns anos diante da eternidade, que passaremos sempre unidos?

Embora sentisse que o mundo caía sobre sua cabeça, Plínio, espírita convicto, falou com forte emoção:

– Este é o momento mais triste da minha vida, Amélie, mas eu me dobro diante da vontade divina. Estarei sempre junto de você nas minhas recordações, nas minhas falas e nas minhas preces. Ficarei contando os dias, para que o tempo passe com rapidez e eu possa reencontrar-me com você em breve... muito em breve. Eu a amo do fundo do meu coração. Eu a amo, Amélie. Eu a amo.

Amélie segurou as mãos de Plínio, inteiramente abatido, mas convicto das verdades que aprendera com a doutrina dos espíritos, e que há vários anos repassava a seus alunos no centro espírita. Em sua mente, viu-se falando à classe atenta que a morte não existe, que não passa de uma mudança de endereço. E recordou-se também de momentos significativos na vida do casal. Ainda por alguns momentos, permaneceram a sós. Quando Giselle entrou no dormitório, ele saiu para fazer um telefonema. Chamou com urgência dr. Roberto. Que ele fosse ver Amélie imediatamente.

Assim que pôde, o médico foi visitá-la, recomendando sua internação imediata.

Ao chegar ao hospital, o médico tomou os cuidados necessários e deu ordem para que Amélie fosse internada na UTI. Em seguida, reuniu-se rapidamente com sua equipe para iniciar as providências cabíveis. Amélie, ainda na maca, olhou com ternura para Plínio e a mãe. Foi o seu último contato com eles nesta encarnação. Em seguida, foi encaminhada à UTI. Lá chegando, enquanto recebia os cuidados da enfermeira, fechou os olhos e iniciou uma prece, que saiu do fundo da alma:

Meu Senhor e meu Deus, sei que partirei em breve para o mundo espiritual, onde terei de dar continuidade ao meu aprendizado e ao meu desenvolvimento, de acordo com a lei do progresso.

Agradeço-Vos por todas as oportunidades maravilhosas que de Vós recebi nesta reencarnação e que nem sempre soube aproveitar. Que na próxima existência terrena eu esteja mais madura para poder tirar delas um bom proveito.

Agradeço-Vos igualmente pela proteção que dareis aos que deixo temporariamente e que necessitam da Vossa compaixão.

Que eu possa, meu Pai, aproveitar cada momento do período de erraticidade, pelo qual passarei brevemente. Amparai-me pelas mãos do vosso Filho Jesus, a fim de que eu possa dar cumprimento às minhas novas tarefas.

Perdoai todos os meus erros passados e dai-me forças para superá-los todos. Eu também perdoo a todos os que, de algum modo, colocaram barreiras em minha jornada evolutiva, assim como peço, humildemente, perdão a todos a quem possa ter ofendido ou desrespeitado.

Sei que sozinha nada posso, mas Convosco tenho Poder Infinito, pois sou Vossa filha e Vossa herdeira...

Nesse momento, uma dor imensa tomou conta do seu coração e, em seguida, nada mais sentiu. Uma luz alva, muito intensa, brilhou em todo o ambiente. Serenidade foi o que experimentou em todo o ser, como nunca lhe havia ocorrido antes. Um único pensamento surgiu em sua mente, como se lhe fosse dito suavemente ao ouvido: "Deixo-vos a paz, a minha paz vos dou; não como aquela que o mundo vos dá. Não se abale o vosso coração, nem se atemorize...".

A enfermeira, ao notar o que acontecia, acionou o dispositivo de chamada de emergência. Os médicos já entravam no local, todavia, nada mais havia a fazer. Tudo o que estava ao alcance do dr. Roberto foi tentado. Amélie, entretanto, já partia para novas experiências...

Fazia um mês que Amélie partira. Era noite, e Plínio, deitado, lia, como sempre tinha feito, um trecho de *O Evangelho Segundo o Espiritismo*. Após a leitura, surgiram em sua memória algumas cenas da convivência com a esposa. Seus olhos umedeceram-se. Estava resignado com os acontecimentos; sabia, de modo intuitivo, que ela estava bem, mas ainda sentia muito profundamente a ausência física de Amélie. Pois foi pensando nela que adormeceu. Em seguida, viu-se num pequeno quarto, onde predominava a cor branca. Estava sentado diante de uma cama. Para seu espanto, viu Amélie, que lhe sorria com suavidade.

– Que bom você ter vindo, Plínio. Eu precisava lhe dizer algo que somente aqui seria possível.

Ainda surpreso com a cena inesperada, Plínio olhou bem nos olhos de Amélie, que lhe falou com muita docilidade:

– Quando lhe falei que havíamos sido casados em outras existências, não pude dar-lhe detalhes. Quero fazê-lo agora, a fim de que não sofra tanto com a minha ausência. Terei de ficar um tempo aqui e, por enquanto, você não poderá mais encontrar-se comigo. No entanto, no futuro, os nossos encontros serão possíveis novamente.

– Você não sabe a felicidade que banha a minha alma neste momento, Amélie.

– Eu digo o mesmo, Plínio. E é por isso que nos foi autorizado este breve encontro.

– Por favor, diga-me o que lhe vai na alma, para amenizar o meu sofrimento.

– A nossa união vem de milênios. Resumirei para você as nossas três últimas reencarnações. Após ouvir, você sairá daqui convicto de que continuamos ligados afetivamente por um amor milenar.

Amélie sorriu mais uma vez para Plínio e deu início à revelação:

– A primeira das reencarnações que me foi permitido revelar passou-se há dois mil anos. Éramos pastores, vivendo entre o povo de Israel, nas proximidades de Jericó. Seu nome era Aisar, e o meu, Esther. Ouvindo falar de um grande profeta, eu quis conhecê-lo, pois diziam alguns que era o Messias prometido. Chegou enfim o momento em que pude vê-lo. Dias antes, entretanto, tive um sonho em que um homem de olhos ternos me disse: "Esther, quem me seguir nunca mais terá sede". Quando, diante do

Rabi, olhei em seus olhos, vi – para meu espanto – que era o mesmo que me havia falado em sonho. Ele curou um cego e prosseguiu em seu caminho. Era Jesus.

– Jesus?

– Ele mesmo, Plínio. Vivemos na mesma época. Mais ainda: ouvimos seus ensinamentos, estivemos entre os personagens da Quinta-Feira Santa, em que ele foi ovacionado e glorificado pelo povo; presenciamos o seu julgamento e seguimos-lhe os passos durante todo o seu caminhar para a crucificação. Mais tarde, fomos trabalhadores na Casa do Caminho, onde você desencarnou.

Como a se recordar daqueles longínquos acontecimentos, Plínio foi tomado por uma grande emoção. Amélie aguardou alguns instantes e prosseguiu:

– Passado algum tempo, nosso filho Isaac vendeu suas pequenas posses e o rebanho, partindo para seguir o Evangelho do Cristo. Ficou comigo na Casa do Caminho por algum tempo, quando desencarnei.

– Tínhamos um filho, Amélie?

– Um amor de filho, Plínio. Quando deixou a Casa do Caminho, continuou aprendendo e divulgando os ensinamentos de Jesus, tendo sido mais tarde assassinado como mártir cristão.

– O que você me diz me enche de orgulho, Amélie, tanto em relação a você como ao nosso filho.

– Não é à toa, Plínio, que ingressamos nas fileiras do Espiritismo, que busca restaurar a real essência do Cristianismo.

– E o que aconteceu com nosso filho?

– Não tenho permissão para falar neste momento sobre ele, mas posso dizer que teve mais duas reencarnações e está próximo a reencarnar de novo. Revelarei agora a segunda das nossas reencarnações.

Plínio sentia nesse momento uma alegria muito grande. O que poderia ter ocorrido posteriormente?

– No período entre o final da Idade Antiga e o início da Idade Média, voltamos a nos encontrar, desta vez brevemente. Findavam os anos trezentos. Você tinha o nome de Jordanus e era filho de um grande mercador, que fazia longas viagens para buscar suas mercadorias. Eu, que me chamava Isabel, também era filha de um grande comerciante. Desde criança, fomos prometidos um para o outro pelos nossos pais. Mas, como fora acertado na erraticidade, não deveríamos unir-nos nessa existência. Numa das viagens do seu pai, você foi ferido mortalmente por assaltantes, tendo desencarnado depois que chegou em sua casa. Foi difícil para você aceitar o ocorrido, pois me amava, como Aisar amava Esther. De meu lado, também sofri muito, e decidi ingressar no convento. Admitida no mosteiro, ali vivi muitos anos, tendo trocado palavras de elevação espiritual com Agostinho de Hipona, conhecido como santo Agostinho, e tendo podido estudar as suas obras. Desencarnei pela espada de um vândalo, quando tinha a visão interior da face do Cristo, com os mesmos olhos suaves e penetrantes que um dia tive a graça de ver.

Plínio tentava refletir sobre tudo o que escutava. Mas ainda havia outra revelação:

– Em nossa última reencarnação, no século XIX, conseguimos encontrar-nos, Plínio, mas, por uma grande prova, não nos foi possível a união no casamento. Seu nome era Apollinaire, e o meu, Nicole. Cheguei a conhecer, embora não profundamente, a pessoa de Allan Kardec, que hoje tanto admiramos. Desencarnei quando éramos noivos. Mais tarde, você casou-se com uma jovem chamada Sophie. Viveu pouco tempo com ela, vindo também a desencarnar. Ela precisava igualmente do aprendizado na solidão. E foi assim que conseguiu mudar e obteve permissão para encontrar-se com seu verdadeiro amor, Reinaldo. Como você já perebeu, essa jovem é hoje Aline, que voltou a ser a minha grande amiga.

– Então é por isso que nunca me senti bem junto dela. Gosto muito do Reinaldo, mas sempre me senti inquieto na presença de Aline, embora muito a respeite.

– De agora em diante, isso não acontecerá mais, Plínio. Afinal, nada mais há entre vocês.

– E quanto a nós, Amélie?

– Viva muito bem o tempo que lhe resta nesta reencarnação. Promova a sua reforma íntima com dedicação e responsabilidade. Se assim fizer, nos reencontraremos na erraticidade e numa futura existência, quando teremos oportunidade de viver juntos por muitos anos. É hora de encerrar o nosso diálogo, Plínio. Saiba que o amo profundamente e o espero para continuarmos, juntos, nosso desenvolvimento interior. Fique com Deus.

Plínio apenas teve tempo de dizer:

– Eu também a amo, Amélie.

Em seguida, acordou com uma sensação de leveza. Acendeu a luz do abajur e olhou para o retrato de Amélie sobre o criado-mudo. Em meio à sonolência, falou com afeto:

– Eu também a amo – e voltou a dormir.

Ao acordar, apenas se recordava de ter sonhado com Amélie e de tê-la visto em recuperação, alegre e plena de amor por ele. O restante fora apagado de sua memória. Ele sabia que não tinha sido um sonho, e sim um desdobramento, em que tivera a oportunidade de aproximar-se de quem mais amava. Levantou-se cheio de bom ânimo e alegria.

✦

Um ano após o desencarne de Amélie, Plínio conversava no centro espírita com um grupo muito especial para ele, formado por Giselle, Mara, Adrienne, Vítor, Reinaldo e Aline, após a sessão em que mensagens do plano espiritual haviam chegado a vários frequentadores por meio da psicografia. De maneira inesperada, um trabalhador da casa surgiu com um papel dobrado nas mãos.

– É para você, Plínio. Uma mensagem.

– Para mim? Mas não solicitei nenhuma mensagem.

Lembrando a frase de Chico Xavier, o trabalhador falou sorrindo:

– Às vezes, "o telefone toca de lá para cá", meu amigo...

Plínio abriu a mensagem, composta por mais de uma folha, onde se lia: "De Amélie – Para Plínio".

Respeitosamente, todos afastaram-se, mas Plínio os chamou para perto e leu em voz alta, com visível emoção:

Querido Plínio,

Sinto-me feliz e agradecida por poder dirigir-me a você e, por meio de você, a todos os nossos amigos e familiares. Digo-lhes inicialmente que estou muito bem, consagrando-me ao estudo e ao trabalho com dedicação e amor. Isto não significa que não sinta falta de vocês. Sei, entretanto, que aqueles que se amam permanecem unidos pelos laços do amor e da amizade. E isto me reconforta.

Permaneça, Plínio, atuante nas fileiras do Espiritismo, como sempre foi, e, quando bater a saudade, lembre-se de que, no tempo certo, estaremos unidos no estudo e no trabalho para o bem.

De longa data, estamos vivendo na busca e na consagração aos mesmos ideais. Continuemos agindo assim, mesmo quando a tormenta parecer abater-se sobre nós. Sempre, após o vendaval, chega a bonança.

Um grande abraço e um beijo à mamãe, que é uma grande lutadora sob a armadura da humildade. Minhas saudades sinceras a todos os amigos que continuam no plano terreno aperfeiçoando-se para crescer espiritualmente.

Permaneçam todos vocês praticando o que há de mais importante na existência de um ser humano: a renovação interior.

Papai está muito bem e manda um beijo carinhoso à mamãe e um forte abraço a todos os nossos amigos.

Volto a meus afazeres, mas meu coração permanece com cada um de vocês. Amo-o, Plínio.

Amélie

Fez-se um silêncio respeitoso. A emoção invadia a alma dos circunstantes. Parecia-lhes que a mensagem, embora dirigida particularmente a Plínio, tivesse sido ditada a cada um deles.

Ainda estancando uma lágrima, Plínio, para dar um tom alegre ao momento, comentou com um sorriso:

– Esta é a Amélie que eu conheço.

Após a mensagem recebida de Amélie, Plínio sentiu-se mais reconfortado e mais motivado para o trabalho e para ministrar aulas no centro espírita. Havia decidido que nesta existência não se uniria mais pelos laços do matrimônio a ninguém. Entretanto, passou a juntar-se aos amigos com redobrada afeição, fazendo longas visitas que, às vezes, entravam pela madrugada. Sua presença era sempre bem acolhida.

Em seu apartamento, Mara tinha o hábito de deixar a porta fechada apenas pelo trinco. Combinara com uma vizinha que, se passasse muito tempo e ela não desse nenhum "sinal de vida", poderia ser procurada em seu interior. Pois, após três anos do desencarne de Amélie, fora encontrada pela vizinha em sua cama, com *O Livro dos Espíritos* caído a seu lado. Seguira viagem para novas experiências no mundo espiritual. Giselle sentiu muito a partida da amiga, que a levara pela mão ao conhecimento da doutrina dos espíritos.

Foi por essa época que Plínio, ministrando uma aula sobre desencarnação, sentiu repentinamente uma enorme saudade de Amélie. Ao sair da sala, seus olhos estavam lacrimejantes. Para não ser notado, seguiu com rapidez pelo corredor, quando viu uma de suas alunas deixar cair do caderno um papelzinho. Recolheu-o e lhe devolveu. Ela riu e lhe disse:

– Leia. Escrevi em sua aula.

Plínio desdobrou o papel e leu:

– "O fim é um recomeço."

Imediatamente, a tristeza esvaiu-se, e uma onda de alegria tomou conta do seu ser. "É isso mesmo!", refletiu. "Por que entristecer-me? Amélie está vivendo um novo começo, e não posso perturbar-lhe essa experiência. Um dia, eu também passarei por isso". Após essa reflexão, quis entregar o papel à jovem, mas ela já se misturara aos muitos alunos que seguiam para a rua. Guardou-o carinhosamente no bolso do paletó.

A seu lado, Amélie, em espírito, sorriu e lhe soprou ao ouvido:

– É assim que se faz, Plínio. Siga em paz, com a bênção do Senhor... Mais cedo do que você pensa, estaremos novamente unidos para uma nova experiência, para uma nova oportunidade, para um renovado amor, o amor ao próximo. Lembre-se do que você sempre me dizia: nascer, viver, morrer e renascer de novo, progredindo sempre. Tal é a lei.

Fazia uma noite enregelada de forte inverno em São Paulo. Já na rua, Plínio olhou para o céu e viu algumas estrelas. Em seu coração, reinava a primavera...

Leia os romances do espírito Marius
Psicografia de Bertani Marinho

Sempre é tempo de aprender

Maurício passou quase toda a vida sem demonstrar seus sentimentos. Porém, a morte o fez abrir seu coração.

Portais da eternidade

Ivete, uma jovem executiva bem-sucedida, resolve mudar radicalmente sua vida. Abandona tudo e vai para um mosteiro. Será que ela conhecerá a verdadeira humildade?

Deus sempre responde

Donato, Marcela, Giuseppe e Roberta: uma família italiana e amorosa. Mas uma notícia ruim vai testar essa união.

Livros de Elisa Masselli

As chances que a vida dá

Selma leva uma vida tranquila em uma pequena cidade do interior. O reencontro inesperado com uma amiga de infância traz à tona todo o peso de um passado que ela não queria recordar, e toda a segurança de seu mundo começar a ruir de um dia para o outro. Que terrível segredo Selma carrega em seu coração? Neste livro vamos descobrir que o caminho da redenção só depende de nós mesmos e que sempre é tempo de recomeçar uma nova jornada.

Apenas começando

Ao passarmos por momentos difíceis, sentimos que tudo terminou e que não há mais esperança nem um caminho para seguir. Quantas vezes sentimos que precisamos fazer uma escolha; porém, sem sabemos qual seria a melhor opção? Júlia, após manter um relacionamento com um homem comprometido, sentiu que tudo havia terminado e teve de fazer uma escolha, contando, para isso, com o carinho de amigos espirituais.

Não olhe para trás

Olavo é um empresário de sucesso e respeitado por seus funcionários. Entretanto, ninguém pode imaginar que em casa ele espanca sua mulher, Helena, e a mantém afastada do convívio social. O que motiva esse comportamento? A resposta para tal questão surge quando os personagens descobrem que erros do passado não podem ser repetidos, mas devem servir como reflexão para a construção de um futuro melhor.